Heinz Magenheimer

Kriegsziele und Strategien der großen Mächte 1939-1945

HEINZ MAGENHEIMER

Kriegsziele und Strategien der großen Mächte 1939-45

OSNING VERLAG

Heinz Magenheimer
Kriegsziele und Strategien der großen Mächte
1939 – 1945
Bielefeld-Bonn: Osning Verlag 2006
ISBN 3-9806268-4-9

Gestaltung, Satz:
Grafikatelier Manfred Sehring, Dreieich

Druck und Verarbeitung:
Westermann Druck Zwickau GmbH

Printed in Germany 2006

Die Deutsche Bibliothek verzeichnet diese Publikation in der Deutschen Nationalbiographie; detaillierte bibliografische Daten sind im Internet über http://dnb.ddb.de abrufbar.

Inhaltsverzeichnis

Vorwort

Veritatem dies aperuit.

„Es ist im Kriege alles sehr einfach, aber das Einfachste ist schwierig“[1]. Dieser Satz des Carl von Clausewitz lässt sich auf viele Fragestellungen anwenden, da die am einfachsten erscheinenden Fragen oft am schwersten zu beantworten sind. Wenn auch in Jahrzehnten nach 1945 eine kaum mehr zu überblickende Fülle an Fachbüchern, Erlebnisberichten, Studien, Memoiren und Essays – ganz zu schweigen von Enthüllungen, Pamphleten, Streitschriften und Rechtfertigungen – entstanden ist, so hat doch immer mehr der Trend zur Spezialstudie mit eng begrenztem Gesichtsfeld zugenommen. Das mag wahrscheinlich daran liegen, dass die umfassende Darstellung des Zweiten Weltkrieges relativ frühzeitig in die Domäne prominenter Historiker oder Zeitzeugen geraten ist, die noch die Kühnheit besessen hatten, einen großen, kompakten Wurf zu wagen.

Viele andere Angehörige der „Zunft“, die sich ebenfalls zu einer solchen Leistung fähig fühlten, gaben sich mit einem noch nicht erforschten Spezialthema zufrieden. Dazu hatten sie auch gute Gründe. Denn jeder Historiker, der einen „großen Wurf“ wagen will, und sei er auch noch so ambitioniert, steht vor einer wesentlichen Frage: Verfügt er überhaupt über das nötige fachliche Rüstzeug und die Spezialkenntnisse, um ein auf dem letzten Quellenstand beruhendes Werk zu schaffen, das sowohl die Details berücksichtigt als auch die Leitlinie im Auge behält? Des Weiteren ist zu fragen: Kann er dem Leser überhaupt etwas bisher Unbekanntes und deshalb Wissenswertes bieten? Welchem erkenntnisleitenden Interesse folgt er? Hat er wirklich eine neue, überzeugende Interpretation zu bieten oder will er bloß von sich reden machen?

Gerade beim Themenbündel des Zweiten Weltkrieges steht der Historiker vor einer gefährlichen Gratwanderung. Hält er sich an die bekannten, kaum in

1 Carl von Clausewitz, Vom Kriege, 16. Auflage, Bonn 1952, S. 159.

Frage gestellten Grundthesen, wird er zwar nirgends Widerspruch hervorrufen, aber auch kein Echo finden; versucht er hingegen, neue Erkenntnisse und bedeutsame Einzelheiten in eine umfassende Darstellung einzubetten, um somit ein Gesamtbild zu schaffen, läuft er Gefahr, in die „Revisionismusfalle" zu geraten. So liegt es im Selbstverständnis jedes Historikers, ob er sich mit dem herkömmlichen Wissens- und Deutungsstand begnügt oder den Zweifel walten lässt, um scheinbar gesicherte Erkenntnisse zu überprüfen, sie zu bekräftigen oder aber zu widerlegen.

Wenn aber der Zweifel seine Berechtigung hat, dann sollte es die berufliche und moralische Pflicht des Historikers sein, sein frisch gewonnenes Wissen auch der Öffentlichkeit darzubieten. Sich wider bessere Einsicht der Hauptlinie der Geschichtsschreibung anzuschließen, verletzt jedoch das ureigene Ethos des Historikers. Es sei eingeräumt, dass die genannte Problematik nur in sehr geringem Maße auftritt, wenn Historiker im Reich der Randthemen und so genannten Forschungslücken tätig sind. Es bleibt daher nur wenigen überlassen, den großen Linien des Zweiten Weltkrieges nachzuspüren und dabei ihre Reputation aufs Spiel zu setzen. In Sachen der großen Strategie und Politik hat in letzter Zeit im Grunde genommen nur die Monographie von Richard Overy überzeugen können[2].

Doch kommen dem Historiker aber auch neue Quellen- und Aktenfunde sowie die Ergebnisse der Detailforschung zugute, die es erlauben, die Strategie der führenden Mächte 1939 – 1945 neuerlich einer Betrachtung zu unterziehen. So haben vor kurzem mehrere Autoren zu den Ursprüngen und Ursachen des Zweiten Weltkrieges Darstellungen vorgelegt, die kräftiges Licht auf die Thematik werfen und sich in der Kernaussage decken: Das Deutsche Reich trage demnach nicht die Alleinschuld an der Entfesselung des Krieges, eine These, die lange Zeit hindurch als unerhört, zumindest als „revisionistisch" galt[3]. Diese drei Darstellungen fördern zwar keine neuen Details ans Tageslicht, stützen sich aber auf Berichte und Dokumente, die in den fünfziger und sechziger Jahren zum Repertoire vieler Historiker gehört haben, die damals als achtenswert galten. Dem Betrachter fällt auf, dass die Kernaussage der drei genannten Autoren dem damaligen Geschichtsbild sehr ähnelt. Warum sollte man nicht diese Methode auf die Strategie der großen Mächte anwenden?

Nachfolgende Ausführungen verfolgen die Absicht, nur die als wesentlich erscheinenden Zielsetzungen, Konzeptionen und Weichenstellungen der Jahre 1939 bis 1945 in komprimierter Form herauszustellen. Die Erörterung von Hintergründen und Alternativen erfolgt nur in dem für das Verständnis des Textes erforderlichen Ausmaß. Dies gilt auch für die Exkurse zu operativen

Abläufen. Die Knappheit der Darstellung legte es nahe, die Literaturbasis auf ein absolutes Minimum zu beschränken. Nur dort, wo Belege als unverzichtbar erschienen, wurden sie beigefügt. Die Darstellung erhebt nicht die Absicht, ein lückenloses Bild der strategischen Handlungsstränge zu zeichnen. Das Hauptanliegen ist eine straffe Präsentation derjenigen Faktoren, die den Kriegsverlauf prägten und letztlich entschieden, ohne in die Überfülle der Detailforschung abzugleiten.

Wien, März 2006 Der Verfasser

---

2 Richard Overy, Die Wurzeln des Sieges. Warum die Alliierten den Zweiten Weltkrieg gewannen, München 2000.

3 Es sind dies Walter Post, Die Ursachen des Zweiten Weltkrieges, Tübingen 2003; Gert Schultze-Rhonhof, Der Krieg der viele Väter hatte, München – Landsberg 2003; Stefan Scheil, Fünf plus zwei. Die europäischen Nationalstaaten, die Weltmächte und die vereinte Entfesselung des Zweiten Weltkrieges, Berlin 2003; neuerdings auch: 1940 – 41. Die Eskalation des Zweiten Weltkrieges, München 2005.

I. Die Ausgangslage: Die Zielsetzungen der Hauptakteure bei der Kriegsentfesselung 1939

Man muss sich vor Augen halten, dass im Sommer 1939 fünf strategische Zielsetzungen aufeinanderstoßen, Parallelen aufweisen, auf jeden Fall zur Entladung drängen. Fasst man „Strategie" als optionsorientierten Einsatz sämtlicher Ressourcen zur Erreichung des Staatszieles auf, so leuchtet auch ein, dass die möglichst realitätsnahe Einschätzung der machtpolitischen Konstellation zu den Grundvoraussetzungen des Erfolges zählt[4]. Zunächst tritt auf den ersten Blick die Partei der Achsenmächte als aggressives, auf die Änderung des bisherigen Status quo abzielendes Bündnis in Erscheinung. Noch ist von akuter Kriegsgefahr nicht die Rede, noch bemühen sich im Juli und August 1939 Deutschland und Großbritannien um einen Ausgleich ihrer Interessen; es sei nur auf die Wohlthat- und Dahlerus-Mission verwiesen, wobei vor allem wirtschaftspolitische Aspekte vorherrschen.

Es wird aus Gründen der vereinfachten Komplexität auf eine nähere Analyse der Interessen Italiens verzichtet. Rom hatte zwar grundsätzlich Kriegsziele und beanspruchte, zum Kreis der großen Mächte zu gehören, wozu damals Großbritannien, Frankreich, Deutschland und die Sowjetunion sowie die außereuropäischen Mächte USA und Japan zählten. Italien wählte aber in der Konstellation des Sommers 1939 aus triftigen Gründen die Rolle der Neutralität. Dazu trugen vor allem der Zustand der Rüstung und die mangelnde Kriegsbereitschaft überhaupt bei.

4 Jede erfolgversprechende Strategie, die diese Namen verdient, muss sämtliche wesentliche Faktoren berücksichtigen und darf keineswegs die gegnerischen Voraussetzungen und Sichtweisen vernachlässigen. Der Kriegstheoretiker Suntse spricht nicht umsonst davon, dass man nicht nur die eigene Seite, sondern genauso den Gegner möglichst genau kennen müsse. Erst aus dieser Kenntnis entspringt die richtige Beurteilung der Lage und der richtige Entschluss. Ein solcher Staatsführer sei unbesiegbar (Sunzi, Die Kunst des Krieges, München 2001, S. 35).

Im Folgenden wird versucht, an Hand von „dynamischen Dreiecken" das Zusammenwirken bzw. das Gegeneinander der Kräfte vor dem Kriegsbeginn zu verdeutlichen, um auch die Vor- und Nachteile der jeweiligen Position zu erläutern.

Im Frühsommer 1939 sprach einiges dafür, dass die führenden Kreise in London trotz der an Polen und Rumänien gegebenen Garantie es für sinnvoll hielten, zu einem Modus Vivendi mit dem Deutschen Reich zu kommen und gleichzeitig Polen zu einem diplomatischen Einlenken mit Berlin zu bewegen. Warum einen Krieg und das britische Weltreich riskieren, wenn auf dem Verhandlungsweg ein Ausgleich möglich erschien? Man steht also vor dem ersten „dynamischen Dreieck" London – Berlin – Warschau. Dieses Dreieck war von großen Spannungen, aber auch von Appeasement-Versuchen geprägt, die schließlich erfolglos blieben. Während die Reichsregierung versuchte, mit Polen zu einer Regelung in der Frage Danzigs und einer exterritorialen Landverbindung mit Ostpreußen zu kommen und dafür Kompensationen anbot („Korridorlösung"), verhielt sich die Regierung in Warschau abwartend bis dilatorisch. Man stützte sich in Warschau auf die britische und französische Garantieerklärung vom 31. März sowie auf das „sehr geheime" Militärabkommen zwischen Frankreich und Polen vom 19. Mai 1939. In den spannungsreichen Tagen des August zeigte sich aber der französische Generalstab weder willens noch fähig, einen Großangriff gegen die deutsche Westgrenze vorzubereiten, wenn er auch eine Mobilmachung von 110 Divisionen beschloss. Damit war der zentrale Pfeiler der Strategie Polens, nämlich das Bündnis mit Frankreich, kräftig unterminiert, bevor es zum ersten Schuss kam.

Die Politik Hitlers und Ribbentrops zielte zwar auf eine Festigung der deutschen Position in Europa und auf eine Erweiterung der Machtsphäre ab, doch erscheint es apodiktisch, beiden von vornherein ein schrankenloses Hegemonialstreben zu unterstellen. Es ist längst bekannt und kann als unumstößlich gelten, dass Hitler von einer Grundkonzeption ausging, die nicht die Revision der Grenzen von 1914, sondern eine Machtposition anstrebte, die dem deutschen Volk einen „notwendigen Lebensraum in Größe und Güte"[5] sichern sollte. Dass Deutschland im Sommer 1939 durch die bisherigen außenpolitischen Erfolge – Anschluss Österreichs, Anschluss des Sudetenlandes und Annexion der restlichen Tschechei als Protektorat, Angliederung des Memellandes – eine starke Stellung in Mitteleuropa gewonnen hatte, liegt auf der Hand; des Weiteren ist festzustellen, dass Hitler in mehreren Reden geäußert hatte, dass der angestrebte „Lebensraum" im Wesentlichen nur auf Kosten Sowjetrusslands gewonnen werden konnte. Erst dieser Erfolg hätte die Erringung einer Hegemonialstellung über ganz Europa bedeutet.

Daraus aber zu schließen, dass die deutsche Führung im September 1939 durch den Angriff auf Polen den Startschuss zur Erringung dieser Hegemonialstellung, gefolgt von einem Angriff auf die Sowjetunion, gegeben habe, erscheint irreführend. Es trifft zwar zu, dass Hitler das bolschewistische Russland nach wie vor als ideologischen Hauptgegner ansah, doch würde eine Bekämpfung erst dann in Betracht kommen, wenn wesentliche Vorraussetzungen geschaffen wären, etwa ein einiges Europa. Für Hitler stand im Sommer 1939 jedoch nur das Problem Polen im Mittelpunkt, verbunden mit dem Kalkül, die Westmächte aus dem Konflikt herauszuhalten. Ein solcher Krieg lag nicht in seiner Absicht und kam für ihn erst 1943/44 in Betracht[6].

Außerdem erscheint es überspitzt, von einem geheimen, langfristig angelegten und folgerichtigen „Stufenplan" zu sprechen, demgemäß Hitler seinen Expansionskurs von 1933 an bis zur Gewinnung einer Weltmachtstellung mit Waffengewalt verwirklichen wollte. Gewiss, Hitler wollte durch die Niederwerfung Polens seine Machtbasis wesentlich erweitern und Lebensraum gewinnen, doch im Sommer 1939 sah sich Deutschland so vielen Problemen gegenüber, dass man seine Strategie viel eher als Improvisation als einen Stufenplan bezeichnen kann. Das ursprünglich als künftiger Kooperationspartner ausersehene Polen, mit dem man im Januar 1934 sogar einen Nichtangriffspakt geschlossen hatte, weigerte sich, den Forderungen Hitlers nachzukommen und beharrte auf seiner starren Haltung. Von einer engen Bindung an Deutschland, wie sie noch im Herbst 1938 möglich schien, konnte keine Rede mehr sein. Es war dasjenige eingetreten, was Hitler tunlichst vermeiden wollte, nämlich Polen an England zu ketten. Die Führung in Berlin hatte also im Falle eines Angriffs auf Polen mit einem militärischen Eingreifen Englands und Frankreichs zu rechnen, auch wenn man über das Wann und Wie dieses Eingreifens spekulieren mochte; sie konnte nur sehr bedingt auf die Unterstützung Italiens als einzigen Verbündeten bauen und sie musste vor allem die Haltung der Sowjetunion als große Unbekannte berücksichtigen.

Gelänge es z. B. den Westmächten, die seit 14. Juni 1939 in Moskau laufenden Bündnisverhandlungen mit Moskau erfolgreich abzuschließen, sähe man sich in Berlin einer übermächtigen Konstellation gegenüber, und ein Mehrfrontenkrieg läge in Reichweite, den Deutschland unbedingt vermeiden musste. Jeder Angriffsgedanke gegen Polen wäre damit obsolet gewesen. Selbst wenn man davon ausginge, dass die deutsche Wehrmacht einen raschen,

---

5 Hitlers Zweites Buch, eingeleitet und kommentiert von Gerhard L. Weinberg, Stuttgart 1961, S. 62, 114.

6 Nicolaus v. Below, Als Hitlers Adjutant 1937 – 45, Nachdruck, Selent 1999, S. 164, 169.

„blitzartigen“[7] Sieg über Polen erzielte, konnte man keineswegs sicher sein, dass Frankreich und England untätig abwarten würden; wie würde in diesem Fall die Militärmacht Sowjetunion reagieren? Wenn auch Hitler bis zuletzt darauf hoffte, Polen angreifen zu können, ohne gleichzeitig mit den Westmächten in einen militärischen Konflikt zu geraten, war er sich des großen Risikos einer solchen Strategie bewusst? Denn der Krieg mit England und Frankreich würde nach seinen Worten „ein Krieg auf Leben und Tod“ werden[8].

Solcherart nimmt es nicht wunder, wenn hochrangige deutsche Persönlichkeiten, wie etwa Göring oder Hess, nach einem Ausgleich mit Großbritannien suchten. Deren Strategie hieß Erweiterung, jedoch möglichst ohne Schädigung von vitalen Interessen der Westmächte. Die Mission des Wirtschaftsfachmannes Helmuth Wohlthat im Frühsommer 1939 ließ erkennen, dass die Regierung in London weiterhin an einem Ausgleich mit Deutschland interessiert war; sie warnte jedoch davor, an der britischen Entschlossenheit zu zweifeln, Polen im Kriegsfall Beistand zu leisten. Wie Horace Wilson, der Vertraute Chamberlains, mitteilte, halte man ein starkes Deutschland als Widerpart gegen Sowjetrussland für wichtig; auch sei man sich bewusst, dass ein neuer Krieg viel mehr kosten werde als er einbrächte. Deshalb sei eine umfassende Verständigung wünschenswert. Die verantwortlichen Politiker, Chamberlain, Halifax, Eden, waren sich darüber im Klaren, dass ein langdauernder Krieg für Großbritannien nur zu gewinnen wäre, wenn es massive Unterstützung durch die USA erhielte, was letztlich zur Unterordnung der britischen Weltmacht unter Washington führen würde.

Doch die mit der Wohlthat-Mission aufflammende Pressekampagne ließ erkennen, dass neben der offiziellen Außenpolitik mächtige Gruppen am Werk waren, die einer deutsch-britischen Verständigung massiv entgegenwirkten. Eines kam jedoch durchwegs zum Ausdruck: Großbritannien war nicht bereit, eine weitere Brüskierung hinzunehmen und den Deutschen freie Hand im Osten Europas zu gewähren. Dies hing mit der fehlerhaften Einschätzung der sowjetischen Streitkräfte zusammen, ein wichtiger Umstand, der noch behandelt werden soll. Das Streben nach freier Hand im Osten bildete nachweislich den Kern von Hitlers Strategie im Sommer 1939[9].

Fast gleichzeitig mit den Ausgleichssondierungen erfuhr das Foreign Office von der aufgeheizten antideutschen Stimmung in Polen, die einem deutsch-polnischen Ausgleich entgegenstand. Die polnische Strategie war nicht nur auf strikte Bewahrung des territorialen Besitzstandes gerichtet, sondern sie zielte auch auf Erweiterung ab, wie dies von extremen nationalen Fraktionen in der Ära Pilsudskis seit 1932/33 gefordert wurde. Seit damals gehörte die Gewinnung zumindest Ostpreußens, darüber hinaus von Hinterpommern und eines

Teils Schlesiens zu den außenpolitischen Zielen dieser Fraktionen. Im Frühsommer 1939 zeichnete sich im Fall eines erhofften Sieges über Deutschland als konkretes Ziel sogar die Gewinnung der Oderlinie von der Ostsee bis nach Oberschlesien ab. Dieses Ziel hatte eine profunde Tradition. In zahlreichen Veröffentlichungen hatten Politiker, Wissenschaftler und Journalisten seit den zwanziger Jahren immer wieder die Herstellung eines mächtigen Großpolens mit der Gewinnung der „natürlichen Grenze" der Oder und der gesamten Küstenlinie von Stettin bis Riga mit Nachdruck gefordert[10].

Wie aus einem geheimen Gesandtschaftsbericht vom 13. Juni 1939 hervorgeht, den zwei hochrangige britische Diplomaten nach ihrer Erkundungsmission in Polen vorgelegt hatten, herrschte im Lande eine geradezu euphorische Stimmung. Diese Stimmung wurde nicht nur von breiten Schichten der Bevölkerung getragen, sondern griff auch auf hochrangige Beamten- und Militärkreise über. Demnach fühlten sich die Polen durch das Bündnis mit London und Paris so gestärkt, dass man überzeugt war, den ersten Angriff der Deutschen aufzufangen und dann gemeinsam mit den Westmächten Deutschland zu besiegen, selbst wenn der Krieg ein Jahr lang dauern sollte. Auf jeden Fall wollte man Ostpreußen in Besitz nehmen und die dortige Bevölkerung „umsiedeln". Publizistisch wurden die polnischen Gebietsansprüche durch eine Karte bekräftigt, aus der man u.a. die Westgrenze Polens zur Zeit von Boleslaw des Tapferen zu Beginn des 11. Jhdts. und zur Zeit des Königs

---

7 Der Begriff „Blitzkrieg" kam erst nach dem deutschen Sieg im Westen in Gebrauch und wurde von britischer Seite verwendet, um die Verblüffung über den Erfolg der Deutschen auszudrücken. Die Idee des „Blitzkrieges" umschrieb die Verschmelzung von politischen, strategischen, operativen, wirtschaftlichen und psychologischen Elementen. Das Prinzip lautete, die eigenen Stärken gegen die Schwächen des Gegners einzusetzen, indem man ein Höchstmaß an Kampfkraft zeitlich eng begrenzt auf einen einzigen Gegner konzentrierte. Die deutsche Generalität verstand darunter nur den operativen Bewegungskrieg, der unter Zusammenwirken von Panzertruppe, Luftwaffen- und Luftlandekräften eine schnelle Entscheidung anstrebte.

8 Siehe die Ansprache Hitlers vor den Oberbefehlshabern der Wehrmachtteile in der Reichskanzlei am 23. Mai 1939; die Kenntnis des Inhalts beruht im Wesentlichen auf den Notizen des Adjutanten Rudolf Schmundt (Zitiert nach Joachim C. Fest, Hitler, Ullstein-Buch 33087, Frankfurt/M. – Berlin 1987, S. 803). Hitler meinte dazu: „Wir werden nicht in einen Krieg hineingezogen werden, aber um ihn herum kommen wir nicht."

9 Dieses Bemühen kam deutlich in dem „Schlüsselgespräch" Hitlers mit Carl Jacob Burckhardt, dem Völkerbundskommissar von Danzig, am 11. 8. 1939 zum Ausdruck: „Vor allem aber will ich vom Westen nichts, heute nichts und nicht morgen. Ich wünsche nichts von den dichtbesiedelten Regionen der Welt... Aber ich muss freie Hand im Osten haben."

10 Siehe „Kurjer Poznaskiam" vom 5. 1. 1930 über eine Tagung der akademischen Jugend Polens.

Boleslaw Schiefmund († 1138) darstellte[11]. Von polnischer Seite wurde auch die Befürchtung ausgesprochen, dass es im Kriegsfall zu einem furchtbaren Massaker unter den Volksdeutschen kommen werde. Die Siegeszuversicht in Polen ging in diesem Sommer bereits so weit, dass der Oberbefehlshaber, Marschall Rydz-Smigly, ein Gemälde in Auftrag gab, das ihn als Sieger hoch zu Ross unter dem Brandenburger Tor darstellte[12].

Die britische Strategie musste diese überschwängliche Siegeszuversicht missbilligend zur Kenntnis nehmen, versuchte auch, sie zu dämpfen, zielte aber weiterhin auf einen Interessenausgleich mit Deutschland ab, ohne jedoch Handlungsfreiheit in Ostmittel- und Osteuropa zu gewähren. Das hieß auch Festhalten am unpopulären Bündnis mit Polen, womit höchst unangenehme Konsequenzen verbunden waren. Einerseits hatten die Verantwortlichen in London erkannt, dass die polnische Führung in ihrer maßlosen Zuversicht nicht mehr bereit wäre, Zugeständnisse in der Danzig-Frage zu gewähren, worunter jedoch die Ausgleichsbemühungen mit Deutschland schwer leiden mussten[13]; andererseits zweifelte man in Regierungskreisen nicht daran, dass die Polen zwar tapfer kämpfen, aber der Wehrmacht letztlich unterliegen würden. Die höchst einseitige Optik von der „Unannehmbarkeit" der deutschen Forderungen und der Kampfbereitschaft Polens wurden vom britischen Botschafter in Warschau, Sir Howard Kennard, mit Nachdruck ans Foreign Office berichtet, der sich somit zum Anwalt der polnischen Interessen machte, aber nach keiner Lösung suchte. Die britische Politik konnte aber keinen Schritt zurück machen, ohne einen gewaltigen Verlust an Glaubwürdigkeit und politischem Terrain hinzunehmen. Das mühsam errichtete Appeasement stand vor dem Scheitern.

Polen wurde somit zu einem unverzichtbaren, aber auch äußerst lästigen Verbündeten, der obendrein an inneren Problemen, etwa in der Judenfrage, litt. Die Auseinandersetzung mit der starken jüdischen Minderheit – über 4 Millionen – hatte nämlich nicht nur zu Zwischenfällen, sondern auch zu Morden an jüdischen Studentinnen in Lemberg im Mai 1939 geführt[14]. Aber obwohl London keinen unmittelbaren militärischen Beistand für Warschau leisten konnte, musste ein deutscher Sieg über Polen schon deshalb verhindert werden, da das Deutsche Reich in diesem Fall eine überlegene Stellung in Ostmitteleuropa erlangt hätte. Die übrigen Staaten Ostmittel- und Südosteuropas würden sich der deutschen Vorherrschaft beugen oder ein Bündnis mit Berlin suchen, sofern sie nicht Anlehnung an Moskau suchten. Die Wehrmacht hätte dann nur mehr an einer Front zu kämpfen. Damit trat die Frage einer Einbeziehung der Sowjetunion in den Vordergrund.

Da die maßgeblichen Politiker in London die sowjetische Militärmacht infolge der blutigen Säuberungen im Zuge der „Jeschovtschina" von 1936 –

1938 als sehr geschwächt einstufte, traute man der sowjetischen Führung – Stalin, Molotov, Berija, Kaganovitsch, Voroschilov – nicht den Willen zu einem Angriffskrieg zu, solange die Sowjetunion auf sich allein gestellt wäre. Daraus resultierte der britisch-französische Plan, Sowjetrussland in ein Bündnissystem einzubinden, um eine potentielle Ostfront gegen Deutschland zu bilden. Obwohl Premierminister Chamberlain die sowjetische Ideologie strikt ablehnte und sich lange Zeit gegen die Aufnahme von Verhandlungen wehrte, stimmte er schließlich zu, ein Schritt, der nicht zuletzt von der unsicheren Haltung Frankreichs bestimmt wurde.

Paris bildete mit London und Warschau das zweite „dynamische Dreieck", das für die Entfesselung des Krieges maßgeblich wurde. Frankreich befand sich im Frühsommer 1939 in einer Lage, die einen Krieg gegen Deutschland trotz der scheinbaren eigenen Stärke nicht ratsam erscheinen ließ. Innenpolitisch durch die „Volksfront"-Regierungen und soziale Gegensätze geschwächt, nahmen Regierung und Armeeführung wahr, dass die strategische und politische Vormachtstellung in Europa, wie man sie in Paris mit den Friedensverträgen von 1919 errichtet hatte, fernab der Realität lag. Bereits der

---

11 Die Graphik erschien am 26. 6. 1939 in der Zeitung „Dzennik Poznanski". Gemäß dieser Darstellung umfasste das Königreich Polen noch im 12. Jhdt. ganz Hinterpommern, Teile Brandenburgs und fast ganz Schlesien. Ähnliche Kartenskizzen, die zur Untermauerung des polnischen Expansionsstrebens dienten, fanden sich auch in anderen Publikationen, sogar auf Postkarten.

12 „Polen 1939 – gesehen mit britischen Augen"; in: „Frankfurter Allgemeine", 31. 8. 1979, S. 5/6.

13 Die polnischen Anmaßungen kommen auch in einem Briefwechsel zwischen Lord Halifax und Kardinal Hinsley, dem Erzbischof von Westminster, Anfang Juli 1939 zum Ausdruck, wobei der Kardinal große Besorgnis über den polnischen „Aggressionsgeist" äußerte.

14 „Polen 1939 – gesehen mit britischen Augen", a.a.O. Angesichts der judenfeindlichen Stimmung in Polen hatte man im verbündeten Frankreich überlegt, wie Polen in der Judenfrage zu helfen wäre und dabei ins Auge gefasst, die unter eigener Verwaltung stehende Insel Madagaskar als nationale Heimstätte für die Juden aus Polen anzubieten. Schon Ende 1938 hatte Außenminister Ribbentrop erfahren, dass Frankreich an Madagaskar als Zuflucht für jüdische Flüchtlinge aus Deutschland dächte (Nicolaus v. Below, Als Hitlers Adjutant 1937 – 45, Nachdruck, Selent 1999, S. 137). – Hitler kam noch im Februar 1941 auf den Madagaskar-Plan zurück, wobei er hoffte, die Vichy-Regierung für die Aussiedlung der europäischen Juden auf diese Insel zu gewinnen.
Dass in Polen starke antisemitische Tendenzen auch während des Krieges bestanden, geht etwa aus dem großen Progrom in Jedwabne (nordostwärts von Lomza) am 10. Juli 1941 hervor. Dem im Jahre 2001 erschienenen Buch über dieses Ereignis von Jan Tomasz Gross folgte das Weißbuch „Rund um Jedwabne" (ed. Pawel Machcewicz, 2002), das umfangreiche Belege über Judenverfolgungen in 23 Ortschaften im Raum Bialystok vorlegte. Im Polen der Nachkriegszeit fanden ebenfalls Progrome statt, schon am 11. 8. 1945 in Krakau und am 4. 7. 1946 in Kielce (siehe: „Antisemitismus in Polen", in: Osteuropa 1/1991, A 12).

Bau der Maginotlinie ab 1929/30 hatte ein unübersehbares Signal gesetzt, wonach die stärkste Militärmacht Europas auf Verteidigung umstellte, wogegen die französische Diplomatie danach strebte, Ostmittel- und Osteuropa mittels eines dichten Bündnissystems unter Einschluss Sowjetrusslands die eigene Vormachtstellung zu erhalten. Aber bereits der Anschluss Österreichs und vielmehr noch das Münchner Abkommen vom 28. 9. 1938 hatten aufgezeigt, dass Frankreich nicht mehr den politischen Willen und die Kraft hatte, dem auch militärisch erstarkten Deutschen Reich energisch entgegenzutreten. Im Falle der Tschechoslowakei hatte man eingestehen müssen, dass Frankreich seinen Bündnispartner nicht vor Niederlagen bewahren konnte. Die gegensätzliche Haltung zum Münchner Abkommen spaltete die politischen Kräfte des Landes. Nun ging es um die Lösung der Korridorfrage. Mourir pour Danzig?

Die britisch-französischen Stabsbesprechungen gingen von einem jahrelangen Krieg gegen Deutschland und Italien aus, der zunächst rein defensiv geführt werden sollte. Als man am 4. Mai auch Polen in die Überlegungen einbezog, hielten die Militärs an der grundsätzlichen Defensivstrategie fest, wobei man Polen einen Widerstand von höchstens 6 Monaten zubilligte, aber – in Fehleinschätzung der Kräfteverhältnisse – einen kräftigen Entlastungsangriff gegen den deutschen Westwall ausschloss. Dieser Verzicht auf einen Entlastungsangriff wurde jedoch der polnischen Seite verschwiegen, um keine Zweifel an der Bündnistreue der Westmächte zu wecken, was zu einer Ernüchterung Polens und möglicherweise zu einer Neuausrichtung seiner Politik geführt hätte.

Dennoch kam es am 19. Mai 1939 zwischen dem französischen Generalstab, vertreten durch die Generäle Gamelin und Georges, und dem polnischen Kriegsminister zu einer Vereinbarung: Demnach sollte die französische Armee für den Fall, dass die Deutschen mit Schwergewicht gegen Polen vorgingen, mit der Masse ihrer Streitkräfte („avec les gros de ses forces") ab dem 15. Tag nach Beginn der Mobilmachung zur Offensive schreiten. General Gamelin behauptete nach Kriegsende, dass hierbei ein sprachliches Missverständnis entstanden sei, da er nur ein Drittel seiner Kräfte, also rund 40 Divisionen, gemeint hätte. (Es sei vorweggenommen, dass die französische Armee diese Vereinbarung nicht eingehalten hat.) Seitens des polnischen Generalstabes rechnete man aber mit dem Aufgebot von 110 französischen Divisionen. Gemeinsam mit den eigenen 39 Divisionen und 12 Brigaden würden die Verbündeten eine erhebliche Überlegenheit gegen die $102^{2/3}$ deutschen Divisionen entwickeln können, auch wenn man den technischen Vorsprung der deutschen Luftwaffe berücksichtigte.

Seitens der Briten wurde kräftige Unterstützung in der Luft zugesagt, wobei sich eine britische Militärmission Ende Mai bereit erklärte, sogar zivile militärische Ziele in Deutschland anzugreifen, selbst wenn die Deutschen britisches Gebiet vorher nicht bombardiert hätten. General Ironside, der Chef des britischen Generalstabes, versprach am 19. Juli obendrein die Lieferung von 100 Bombern und 40 Jägern modernster Bauart. Schon daraus ist erkennbar, dass die polnische Führung durchaus davon ausging, im Kriegsfall tatkräftige Unterstützung zu Lande und in der Luft zu erhalten. Auch dieses Versprechen wurde nach dem 1. September nicht eingehalten.

Das strategische Ziel der Regierung Daladier bestand im Sommer 1939 darin, einen Krieg tunlichst zu vermeiden, England den Vortritt in der Außenpolitik zu überlassen, wobei unterschwellig anti-britische Töne anklangen, ansonsten den Rüstungsvorsprung Deutschlands einzuholen. Fatalerweise hatte es jedoch der Generalstab unterlassen, den Verbündeten in Warschau über die zweifelhaften Aussichten eines Angriffs gegen die Deutschen, die sich obendrein auf den Westwall stützen konnten, zu informieren. Die polnische Armeeführung sah daher keinen Grund, an der Verlässlichkeit des Verbündeten zu zweifeln.

Was lag für die Westmächte in dieser heiklen Situation näher, als sich um den Beistand der Sowjetunion zu bemühen? Chamberlain hätte viel lieber ein festes Bündnissystem mit den ostmitteleuropäischen Staaten den Verhandlungen mit der Sowjetunion vorgezogen. Mit diesen Verhandlungen entstand das dritte „dynamische Dreieck“ London – Paris – Moskau. Es war einerseits geprägt vom Bemühen der britischen und französischen Militärdelegation, im Falle eines deutschen Angriffs auf Polen Stalin zu direktem Beistand zu verpflichten, andererseits vom Verhalten Stalins und Molotovs, keine frühzeitige Bindung einzugehen und sich alle Optionen offen zu lassen.

Stalin hatte sehr bald erkannt, dass er bei einem Angriff der Wehrmacht auf Polen die Hauptlast der Unterstützung für Warschau zu tragen haben würde, da Großbritannien nur in der Luft zugunsten Polens eingreifen konnte und Frankreich keine konkreten Zusagen für eine Entlastungsoffensive im Westen machte. Die Westmächte wurden hierbei durch die ablehnende Haltung Polens, irgendwelche Zugeständnisse im Falle einer sowjetischen Hilfe zu gewähren, außerdem durch das anmaßende Verhalten polnischer Amtsträger behindert. Stalin strebte dagegen ein festes Defensivbündnis mit London und Warschau an, wogegen Chamberlain und Halifax den Vorrang für eine sowjetische Garantie zugunsten Polens betonten. Nicht zuletzt wollten sie durch ein Bündnis mit Sowjetrussland nicht das Gespenst einer übermächtigen ideologischen Front heraufbeschwören und Hitler vor den Kopf stoßen. Die sehr zäh geführten Verhandlungen scheiterten schließlich am 19. August vor allem deshalb, da die Westmächte nicht imstande waren, das Einverständnis Polens für eine Stationierung sowjetischer Truppen auf seinem Territorium zu erreichen.

Deshalb kam auch das von Moskau forcierte Militärbündnis, das von sowjetischer Seite ein Aufgebot von 136 Divisionen mit 9.000 – 10.000 Panzern und rund 5.000 Kampfflugzeugen vorsah, nicht zustande.

Außerdem erregte das weiterhin bestehende Interesse Chamberlains an einem Arrangement mit Deutschland den Verdacht Stalins. Eine deutsch-britische Verständigung hätte nämlich die Politik Stalins durchkreuzt. Er wusste sehr wohl, dass er sich in der stärkeren Position befand und dass er den Preis für seine Hilfeleistung hochschrauben konnte. Außerdem verspürte er wenig Veranlassung, den „kapitalistischen“ Mächten in ihrer Konfrontation gegen Hitler beizustehen und den Bestand eines Staates zu verteidigen, mit dem man 1920 Krieg geführt und zu dem man ein spannungsreiches Verhältnis und offene Gebietsansprüche hatte. Große Teile Weißrusslands und der Westukraine standen unter der Herrschaft Polens, die aber gemäß der von den Alliierten im Dezember 1919 vorgesehenen „Curzon-Linie“[15] der Sowjetunion zugeschlagen werden sollten.

Aus späterer Sicht steht fest, dass ein Militärbündnis zwischen den Westmächten und der Sowjetunion das beste Mittel gewesen wäre, um jede Angriffsabsicht Hitlers gegen Polen im Keim zu ersticken. Es liegt auf der Hand, dass der keineswegs überragende Zustand der Wehrmacht 1939 nur zu einem „isolierten“ Krieg gegen Polen und notfalls zu einer zeitlich begrenzten Verteidigung des Westwalls ausgereicht hätte. Wenn es der sowjetischen Führung wirklich, wie sie in der Folgezeit immer wieder betonte, um den Erhalt des Friedens in Europa gegangen wäre, hätte sie nichts Besseres tun können, als ein Militärabkommen mit den Westmächten zu schließen. Damit hätte sie Hitler von jedem Abenteuer abgeschreckt und den Bestand Polens garantiert. Wollte dies aber Stalin tatsächlich?

Damit steht man vor der Bildung des vierten „dynamischen“ Dreiecks, nämlich Moskau – Berlin – Warschau. Stalin hatte die Folgen eines Paktes mit den Westmächten in Alternative zu einer deutsch-sowjetischen Annäherung sehr genau erwogen. Nachdem er über den bulgarischen Gesandten am 14. Juni seine Bereitschaft, im Falle deutscher Konzessionen auf einen Pakt mit England zu verzichten, erklärt hatte, kam es schnell zu einer Annäherung beider Mächte. Als die Verhandlungen über einen Militärpakt zwischen Sowjetrussland und den Westmächten auf des Messers Schneide standen, übermittelte die deutsche Seite am 15. August über ihren Botschafter in Moskau das Angebot einer Zusammenarbeit mit der Sowjetunion. Nachdem Molotov unverblümt sein starkes Interesse am Abschluss eines Nichtangriffspaktes samt einer territorialen Regelung in Ostmitteleuropa bekundet hatte, kam es sehr rasch zur Verständigung.

Der deutsch-sowjetische Nichtangriffspakt, der in der Nacht des 23. August in Moskau unterzeichnet wurde, stellte auf Grund einer uneingeschränkten Neutralitätsverpflichtung eine diplomatische Neuheit dar. Er besiegelte mehr oder minder das Schicksal Polens in Form eines geheimen Zusatzprotokolls, das eine Trennlinie zog und das Land fast zu gleichen Teilen der jeweiligen Einflusssphäre zuschlug; der Pakt legte aber auch den Grundstein für den späteren deutsch-sowjetischen Gegensatz in den baltischen Staaten und in Rumänien.

Diesem für den Verlauf der Dinge äußerst wichtigen Schritt war eine Grundsatzentscheidung vorausgegangen. Stalin wog die Vor- und Nachteile einer vertraglichen Unterstützung der Westmächte gegenüber einer wohlwollenden Neutralität zugunsten des Drittes Reiches ab. Zieht man das Protokoll der Rede Stalins vor dem Politbüro am 19. 8. 1939 heran, an deren Echtheit jedoch einige Zweifel angebracht sind[16], und dessen Text bei Kriegsende 1945 in einen Beutefonds der Roten Armee gelangt ist, so geht daraus hervor: Stalin habe mit einem unmittelbar bevorstehenden Krieg zwischen Deutschland und den „kapitalistischen“ Westmächten samt Polen gerechnet; die Sowjetunion solle daher das schwächer beurteilte Deutschland nach Kräften unterstützen, damit der Krieg möglichst lange andauere und bis zur Erschöpfung beider Seiten geführt würde. Im eher unwahrscheinlichen Fall eines deutschen Sieges setzte er auf die französischen Kommunisten, auf deren Widerstand, und nannte die von Deutschland unterdrückten Nationen seine künftigen Verbündeten. Die sowjetische Führung werde also „ein breites Tätigkeitsfeld zur Entwicklung der Weltrevolution haben“[17]. Selbst wenn man die Echtheit von

---

15 Diese Linie geht auf die Erkundungsmission des ehemaligen Generalgouverneurs von Indien und späteren britischen Außenministers, Lord George Curzon, zurück und entspricht in groben Zügen dem heutigen Grenzverlauf zwischen Polen und Belarus bzw. der Ukraine.

16 Sergej Slutsch, Stalins „Kriegszenario“ 1939: Eine Rede, die es nie gab, in: Vierteljahreshefte für Zeitgeschichte 4/2004, S. 597 – 635. Hierin argumentiert der Autor, dass es sich bei der vermeintlichen Rede Stalins um ein „Machwerk“ der Agentur HAVAS handle, die von Stalin am 28. 11. der Fälschung bezichtigt wurde; der französische Text sei später in den Aktenbestand des Kriegsministeriums der Vichy-Regierung gelangt. Das russische Original soll im Archiv des Präsidenten der Russischen Föderation liegen, was aber dementiert wurde. Eine Erklärung lautet, dass ein Vertrauter von Ex-Außenminister Litvinov den Text der „Revue de Droit International“ in Genf zugespielt habe, wo er in der Ausgabe Juli/September 1939, S. 247ff., veröffentlicht worden ist.

17 Dieses von Tatjana Buschujeva in einem Sonderarchiv in Moskau 1994 aufgefundene Dokument, hat höchstwahrscheinlich einen anderen Weg der Überlieferung, was seine Beweiskraft erhöht. Es dürfte sich um ein Dokument handeln, das in den Bestand des deutschen Auswärtigen Amtes geriet, bei Kriegsende 1945 von der Roten Armee beschlagnahmt, in ein sowjetisches „Beutearchiv“ verbracht und später ins Russische rückübersetzt wurde. (Siehe 'Novy Mir' 12/1994, S. 232/33).

Stalins Ausführungen in Abrede stellt und in ihr eine Fälschung sieht, so entsprechen sie doch voll und ganz den Grundzügen der sowjetischen Außenpolitik jener Phase und werden durch die Vorteile, die der Pakt für die UdSSR bis zum Juni 1941 brachte, untermauert.

Die Nachricht vom Paktabschluss erschütterte zunächst das Geflecht der internationalen Politik. So waren etwa Italien und Japan schon aus ideologischen Gründen darüber bestürzt, noch dazu, da Japan zu dieser Zeit gerade eine schwere Niederlage gegen die Rote Armee am Chasan-See im Grenzgebiet zur Mongolei erlitt. Japan betrachtete den Schritt als Verletzung des „Antikomintern-Paktes" vom November 1936 und hatte nun guten Grund, sich aus dem europäischen Krieg herauszuhalten. Mussolini nahm die Mitteilung Hitlers über den Vertrag mit der UdSSR mit Unverständnis zur Kenntnis und fühlte sich obendrein als Partner des „Stahlpaktes" übergangen, was seine Abneigung, Deutschland Beistand zu leisten, wie es der Pakt vorsah, deutlich verstärkte.

Während die kommunistischen Parteien in- und außerhalb Europas mit großer Mühe daran gingen, ihren Mitgliedern den abrupten Kurswechsel der sowjetischen Außenpolitik zu erklären, hoffte nun Hitler, gegen das isolierte Polen leichtes Spiel zu haben. Auf den ersten Blick schien ihm die Neukonstellation der Mächte Recht zu geben. Doch Chamberlain ließ Hitler unmissverständlich wissen, dass dessen Pakt mit Moskau an der Bündnistreue Großbritanniens zu Polen nichts ändere. Diese Nachricht und der Abschluss eines britisch-polnischen Militärbündnisses am 25. August bewirkten eine Ernüchterung in Berlin. Fast gleichzeitig teilte Mussolini mit, dass Italien im Kriegsfall nicht an der Seite Deutschlands mitkämpfen würde, da ihm die rüstungswirtschaftliche Basis fehle. Obendrein hatte Außenminister Ciano bekundet, dass der Konflikt nicht auf Polen beschränkt bleiben, sondern zu einem europäischen Krieg eskalieren werde. Dies alles veranlasste Hitler, den bereits erlassenen Befehl zum Angriff auf Polen für den 26. August zurückzunehmen.

Nun begann die letzte, heiße Phase der diplomatischen Schritte. Inzwischen hatten sich die Meldungen über Ausschreitungen an Volksdeutschen – wenn auch von der Presse aufgebläht – gemehrt, was die Lage zusätzlich dramatisierte. Noch wäre Gelegenheit für Polen gewesen, auf die deutschen Vorschläge einer Volksabstimmung im „Korridor" und die entschädigende Regelung für die unterlegene Seite einzugehen. Hitler versuchte durch einige – aus seiner Sicht – großzügige Angebote, etwa durch eine Garantie des britischen Empire und durch den endgültigen Verzicht auf Elsass-Lothringen, die Westmächte zu bewegen, ihm freie Hand gegen Polen zu lassen. Noch bestanden, wenn auch geringe Chancen, zu einer friedlichen Lösung zu kommen. Die deutsche Politik zielte also auf Sprengung der gegnerischen Koalition ab. In den letzten Tagen hatte sich bei Hitler, im Gegensatz zu seiner Einschätzung im Frühjahr, die Einstellung verstärkt, dass man einem Krieg nicht mehr ausweichen könne.

Jetzt kam es entscheidend auf die gegenseitigen Perzeptionen der Akteure an. Hitler sah keinen ernsthaften Grund für ein militärisches Eingreifen Englands und Frankreichs zugunsten eines isolierten Polens, dem sie ohnehin keine wesentliche Entlastung bringen konnten. Er kalkulierte, dass man auch in London und Paris die exponierte Lage Polens erkennen und dementsprechend Druck auf Warschau ausüben würde. Noch bestand Hoffnung auf eine Verhandlungslösung. Es stand noch nicht unwiderruflich fest, dass Hitler bereits entschlossen war, Polen auf jeden Fall seine Unabhängigkeit zu rauben, auch wenn er der militärischen Lösung den Vorzug gab[18]. Er kalkulierte ferner, dass die Wehrmacht bereits eine beeindruckende Stärke erreicht hatte und dass dieses Faktum auch den Westmächten bekannt wäre, die sich in ihrer Aufrüstung noch im Rückstand befanden. Er ging von der Erwartung aus, dass der Pakt mit Sowjetrussland den Westmächten die Aussichtslosigkeit demonstrieren würde, Deutschland von kriegswichtigen Rohstoffen abzuschneiden, da nun die UdSSR als Lieferant einspringen werde. Eine britische Seeblockade würde also keine wesentliche Wirkung entfalten.

Bis zu einem gewissen Grad stimmte diese Perzeption. Die Westmächte, besonders Frankreich, wussten um den für sie ungünstigen Zeitpunkt eines Krieges und wollten Polen durchaus veranlassen, substantielle Verhandlungen mit Berlin aufzunehmen. Ihre Perzeption lief darauf hinaus, dass ihr striktes Festhalten am Bündnispartner Polen Hitler letztlich doch vor einer riskanten militärischen Aktion abhalten würde. Jedenfalls gewann die britische Kriegspartei – Winston Churchill, Lord Vansittart[19], General Hastings Ismay, Duff Cooper u.a. – zusehends an Boden, was die Politik des Premierministers keinesfalls erleichterte.

---

18 Da Hitler in den Tagen nach dem 23. August auf ein Entgegenkommen Polens hoffte, wird durch seinen 16-Punkte-Vorschlag vom 30. 8. belegt, der immer noch eine Verhandlungslösung anbot, auch wenn sich die Voraussetzungen hierfür sehr verschlechtert hatten. Es erscheint überspitzt, davon zu sprechen, dass Hitler Polen „so oder so" seiner Unabhängigkeit berauben wollte (Lothar Gruchmann, Der Zweite Weltkrieg. Kriegführung und Politik, 11. Auflage, Lizenzausgabe, Wiesbaden 2004, S. 21).

19 Lord Vansittard hatte bereits 1933 behauptet, dass Hitler im Falle eines Erfolges innerhalb von fünf Jahren einen Krieg bekommen würde. Von Churchill liegen zahlreiche Äußerungen vor, dass der Krieg nicht gegen Hitler, sondern gegen die Deutschen und die deutsche Wirtschaft geführt würde; am 21. 6. 1939 meinte er, dass die Vorwürfe wegen der Einkreisungspolitik gegen die „Achsenmächte" zum Großteil zuträfen, dass es aber nicht mehr nötig sei, die Wahrheit zu verbergen.

Doch die „Ausgleichspolitiker“ hatten nicht mit der Starrköpfigkeit des polnischen Regimes gerechnet. In Polen brach sich nämlich ein Selbstbild Bahn, an dessen Entstehung die Westmächte massiv mitgewirkt hatten: In einer argen Fehlperzeption überschätzte man die eigene Stärke, verhielt sich weiterhin dilatorisch und spielte trotz des auf Warschau ausgeübten Druckes aus London auf Zeit. Man meinte, durch den Militärpakt, der sich bewusst einseitig gegen Deutschland, nicht aber gegen einen anderen potentiellen Aggressor richtete[20], ausreichend gesichert zu sein. Was man nicht wusste, war der Umstand, dass Polen gemäß dem Geheimen Zusatzprotokoll zum Hitler-Stalin-Pakt bereits durch eine Demarkationslinie geteilt war und dass im Kriegsfall auch der Einmarsch aus dem Osten drohte.

Die Mission des Schweden Birger Dahlerus, die dem Wunsch Görings entsprang, sollte der britischen „Ausgleichspartei“, vor allem Chamberlain, Halifax und Lord Lothian, Aufwind geben, erbrachte aber nur eine scheinbare Entschärfung, da Polen nicht bereit war, auf den 16-Punkte-Vorschlag Hitlers vom 30. August einzugehen. Besonders die geforderte Rückgabe Danzigs an Deutschland wurde entschieden abgelehnt. Nachdem der polnische Generalinspekteur bereits am 23. August große Teile des Heeres in den sechs an Deutschland grenzenden Korpsbezirken und die gesamte Fliegertruppe mobilisiert hatte, ordnete er am Vormittag des 30. August die Generalmobilmachung an. Er konnte aber bis zum 1. September nicht alle Armeeteile in die Aufmarschräume verlegen, was den Deutschen einen Vorteil verschaffte. Obwohl die Diplomaten der Westmächte ihren Druck auf Außenminister Beck in Warschau verstärkten, erhielt der polnische Botschafter in Berlin, Lipski, Anweisung, sich auf keine Erörterung der deutschen Vorschläge einzulassen. Lancierte Gerüchte, wonach ein Putsch der Militäropposition gegen Hitler bevorstünde, bestärkten Anhänger einer harten Linie gegen Berlin und behinderten die diplomatischen Schritte.

Ein letzter Versuch Mussolinis am 31. August, die Polenfrage auf einer internationalen Konferenz zu lösen, um die völlig verfahrene Lage zu retten, kam zu spät. So entschloss sich Hitler am Abend dieses Tages, den bereits unterzeichneten, aber bis dahin zurückgehaltenen Angriffsbefehl zu geben. Dies geschah auf Grund der Überlegung, dass Polen nicht von seiner Intransigenz ablassen werde und dass die deutschen Vorschläge als obsolet zu betrachten seien. Es mag auch die Hoffnung mitgespielt haben, dass sich die Westmächte mit einem scharfen Protest begnügen und vor dem Kriegsrisiko zurückschrecken würden. Doch als die Wehrmacht am 1. September um 5 Uhr 45 den Angriff eröffnete, konterten die Westmächte mit dem auf den 3. September, 11 Uhr, befristeten Ultimatum, das unbeantwortet verstrich. Sowohl das Kalkül Hitlers als auch der

Westmächte war gescheitert. In kurzer Frist traf dies auch auf das Kalkül Polens zu. Der einzige, dessen Kalkül voll aufging und der sich als Herr der Lage fühlen durfte, war Stalin.

Übrigens erscheint es unzutreffend, den deutschen Angriff auf Polen als „Überfall" zu deklarieren, auch wenn er ohne Kriegserklärung erfolgte; ein Überfall kann nur einen Gegner treffen, der gegenüber der Bedrohung ahnungslos ist und keine entsprechenden Vorbereitungen getroffen hat. Beides traf im Falle Polens nicht zu. Polen war weder unvorbereitet noch wurde es durch die deutsche Offensive strategisch oder politisch überrascht. Obendrein hatten die militärischen Grenzzwischenfälle in den Morgenstunden des 26. August bei Dirschau an der Weichsel und am Jablunkapass, die durch deutsche Stoßtrupps ausgelöst wurden, die der Widerruf des Angriffsbefehls nicht rechtzeitig erreicht hatte, den Polen den Ernst der Lage demonstriert.

Das fünfte „dynamische Dreieck" hieß Washington – London – Moskau. Die Flankenmacht USA unter Präsident Roosevelt hatte in den vergangenen Monaten viel unternommen, um Polen auf einem harten Kurs zu halten und die Kriegsbereitschaft Englands und Frankreichs zu stärken. Bereits der im Januar 1938 dem britischen Premierminister zur Begutachtung vorgelegte „Weltfriedensplan" hatte eine enge Kooperation zwischen Washington und London in Sachen der Außenpolitik vorgeschlagen, was mittelfristig auf ein Bündnis hinausgelaufen wäre. Dies wurde jedoch von Chamberlain abgelehnt, da er damit seine „Appeasement-Politik" gefährdet hätte. Ihm war bewusst, dass im Kriegsfall die USA in der viel besseren Position wären und im Endeffekt Großbritannien zur Unterordnung zwingen würden. In der Folge versuchte Roosevelt, der innenpolitisch durch das Neutralitätsgesetz gebunden war, auf diplomatischem Weg Verbündete zu gewinnen, die so wie er in Deutschland und Japan die Hauptgefahr für den Weltfrieden erblickten. Besonders Botschafter William Bullitt in Paris, ein Freund Roosevelts, bemühte sich nach Kräften, die Haltung Frankreichs gegenüber Deutschland zu versteifen. In den USA ging Roosevelt daran, durch eine Pressekampagne eine deutschfeindliche Stimmung zu erzeugen, um Bevölkerung und Wirtschaft auf

20 Das britisch-polnische Militärbündnis vom 25. 8. 1939 enthielt ein geheimes Protokoll. Im Artikel I dieses Dokuments kam zum Ausdruck, dass unter dem Begriff „eine europäische Macht", der im Abkommen Anwendung fand, nur Deutschland zu verstehen sei. Daraus erklärt sich die des öfteren gestellte Frage, warum Großbritannien nicht auch der Sowjetunion nach ihrem Einmarsch in Polen am 17. September 1939 den Krieg erklärt habe. Diese Frage wurde schon am 19. 10. 1939 im britischen Unterhaus gestellt und so beantwortet, dass die britische Garantie nur im Falle eines Angriffs der Deutschen gegolten habe.

eine Intervention in Europa vorzubereiten, sobald die gesetzlichen Voraussetzungen dafür geschaffen wären[21].

Während in der Gedankenwelt Roosevelts Deutschland die Hauptgefahr bildete, hielt die Generalität nach wie vor Japan für den mutmaßlichen Hauptgegner und konzentrierte dementsprechend ihre Planungen auf den pazifischen Raum. Die Kündigung des Handelsvertrages mit Japan am 26. 7. 1939 belastete das Verhältnis zu Tokio, ohne aber Kriegsgefahr zu schüren. Die Gegnerschaft zu Deutschland ging hingegen Hand in Hand mit einer Langzeitstrategie Roosevelts, die sich seit Mitte der dreißiger Jahre nachweisen lässt. Roosevelt verknüpfte geschickt die nationalen Interessen der USA mit seinem Friedenswillen und hohen moralischen Ansprüchen gegenüber dem nationalsozialistischen Deutschland. Offenbar störten die erstaunlichen wirtschaftlichen Erfolge Deutschlands seit 1933 und dessen Ablehnung eines möglichst schrankenlosen Freihandels die amerikanischen Absichten ganz empfindlich. Roosevelt fürchtete ein attraktives „Gegenmodell", das Deutschland in Europa mittelfristig zur führenden Position verhelfen könnte, woraus von selbst eine ernst zu nehmende machtpolitische Konkurrenz entstünde. Eine solche Konkurrenz wollte Roosevelt und das ihm nahe stehende Establishment unbedingt verhindern, noch dazu, da die USA wirtschaftlich in einer schweren Depression steckten. Seine Rede vom 5. 10. 1937 – die bekannte „Quarantäne-Rede" – sowie die Rede vor dem US-Kongress vom 4. 1. 1939 illustrieren, wenn auch abgemildert, seine feindselige Haltung. Obwohl zu diesem Zeitpunkt noch kein Krieg in Europa drohte, prangerte er gewaltbereite Regierungen an, die „bis an die Zähne bewaffnet" seien und gegen die man frühzeitig Gegenmaßnahmen, insbesondere in der Rüstung, ergreifen müsse[22].

Damit rief er zur Abwehr gegen einen präsumptiven Gegner auf, ohne zu konkretisieren, in welcher Weise dieser mutmaßliche Gegner zu einer Bedrohung für die USA werden könnte. Bereits um die Jahreswende 1938/39, als der Aufbau einer Zwei-Ozean-Flotte schon Fortschritte machte, begann man im Generalstab mit Planstudien, um für den Fall vorzusorgen, dass die USA in einen Krieg verwickelt würden. Die „Rainbow-Studie" vom 30. 6. 1939 enthielt u.a. den Vorschlag, dass die Seemacht USA gemeinsam mit England und Frankreich gegen Deutschland und Italien vorgehen sollten, um diese entscheidend zu besiegen. Damit hatte die strategische Planung der USA bereits Monate vor Kriegsbeginn deutliche Konturen angenommen. Daraus wird auch ersichtlich, dass die amerikanische Führungsspitze keine reaktive Haltung als Antwort auf die Schritte Deutschlands einnahm, sondern selbst Zielsetzungen vornahm.

Im Sommer 1939 griff Roosevelt seltsamerweise erst sehr spät in die Verhandlungen in Moskau ein. Botschafter Lawrence Steinhardt informierte erst am 16. August Molotov, dass die USA einen Vertrag zwischen den Westmächten und Sowjetrussland begrüßen würden. Doch dieser Schritt kam offenbar zu spät, um einen Sinneswandel Stalins zu bewirken. Die Fortschritte der deutsch-sowjetischen Annäherung wurden durch den Sekretär der deutschen Botschaft in Moskau, Herwarth von Bitterfeld, an den Sekretär der amerikanischen Botschaft, Charles Bohlen, verraten. Am 24. August mittags lag der Inhalt des Vertrages und des geheimen Zusatzprotokolls auf dem Schreibtisch von Botschafter Steinhardt, der ihn unverzüglich nach Washington weitergab. Damit hätte es der amerikanische Präsident in der Hand gehabt, einer Kriegsentfesselung entgegenzuwirken.

Aber Roosevelt und Außenminister Cordell Hull unternahmen nichts, um die britische, französische und polnische Regierung zu warnen. Es dürfte einleuchten, dass eine diesbezügliche Warnung zu einer Neubeurteilung der Konstellation geführt hätte; insbesondere wäre die überaus gefährdete Lage Polens zutage getreten. Noch war es Zeit, die Verhandlungspositionen der Westmächte und Polens zu ändern. Möglicherweise wäre auch der Vermittlungsversuch Mussolinis erfolgreich gewesen, und es hätte eine zweite Münchner Konferenz gegeben. Doch die amerikanische Administration wollte offenbar jeden Schritt vermeiden, der zu einer Entspannung zu führen versprach.

Roosevelt richtete hingegen am 24. August einen Appell an Hitler, worin er Deutschland und Polen aufforderte, die Streitigkeiten auf dem Verhandlungsweg oder mittels eines Schiedsgerichts beizulegen. Auf den gleichzeitigen Appell Roosevelts an den polnischen Staatspräsidenten Moscicki erklärte dieser in seiner Antwort die scheinbare Bereitschaft zu Verhandlungen, ohne aber konkrete Vorschläge zu unterbreiten. Weder der polnische Außenminister noch Botschafter Lipski änderten ihre ablehnende Haltung gegen die Vorschläge aus Berlin. Außerdem sah Roosevelt keine Veranlassung, eine harte Linie gegenüber der Sowjetunion einzuschlagen, die immerhin als Bündnispartner des „Frie-

---

21 Der polnische Botschafter in Washington, Graf Jerzy Potocki, berichtete im Januar 1939 über die gesteuerte öffentliche Meinung, die ein arg verzerrtes Bild Deutschlands und des Nationalsozialismus verbreitete. Aus einem Gespräch Potockis mit William Bullitt ging hervor, dass Roosevelt jedes weitere Zurückweichen vor Hitler verurteilte, jeden Widerstand gegen Ansprüche Hitler-Deutschlands unterstützen und im Falle eines Kriegs auf Seiten Englands und Frankreichs eingreifen werde. Demnach habe er betont, dass die USA nicht sofort in den Krieg eingreifen, ihn aber beenden würden („Blankoscheck für Hitler-Gegner", in: Deutsche Zeitung, 17. 8. 1979, S. 17).

22 Roosevelt spricht. Die Kriegsreden des Präsidenten, Stockholm 1945, S. 52.

densstörers“ Hitler agierte[23]. Auf keinen Fall sollte die deutsch-sowjetische Bindung verstärkt werden. Es spricht viel dafür, dass manche Akteure, vor allem Roosevelt, ein „zweites München“ unbedingt verhindern wollten.

Mit einem Blick auf Fernost sei die Konstellationsanalyse abgeschlossen. Die aufstrebende Großmacht Japan, dessen Bevölkerung sich innerhalb der letzten 50 Jahre verdoppelt hatte, war seit 1931 in eine Auseinandersetzung mit China verwickelt, die zwar im August 1937 eskalierte, aber kaum Auswirkungen auf Europa hatte. Erst 1941 sollte der Faktor Japan im Zusammenhang mit dem deutsch-sowjetischen Krieg eine Aufwertung erfahren. Noch bestand keine Gefahr einer Frontstellung gegen die USA, auch wenn die Spannungen anhielten und die Regierung die Quarantäne-Rede Roosevelts energisch zurückwies. In Überschätzung der eigenen militärischen Stärke strebte Japan eine Expansion auf dem Festland an, nachdem deutsche Vermittlungsversuche zugunsten eines Ausgleichs mit den Nationalchinesen unter Chiang-Kai-shek gescheitert waren. Diese Offensive sollte vor allem zur Gewinnung von Rohstoffquellen dienen, die man zur Festigung der eigenen Machtsphäre brauchte. Die Schaffung eines Kaiserlichen Hauptquartiers und von „Verbindungskonferenzen“ im November 1937 stärkten den Einfluss des Militärs im Entscheidungsprozess beträchtlich[24].

Die Eroberung der Mandschurei (Mandschukuo) bis zum Amur, von Teilen Chinas mit dem Zentrum Nanking und des Küstenlandes legte starke Armeekräfte – über 700.000 Mann – fest, ohne dass es zu einem entscheidenden Sieg oder einem Ausgleich mit den Nationalchinesen gekommen wäre. Die brutale Unterdrückung der Bevölkerung in den besetzten Gebieten wirkte jedem Ausgleichsversuch entgegen[25]. In der Frage eines Bündnisses mit Deutschland prallten ab Anfang 1939 die strategischen Interessen des kaiserlichen Hofes, der Heeres- und der Marineführung aufeinander, da die Marineführung eine antiwestliche Allianz ablehnte, die ihren Flottenausbau gefährdet hätte. Im Mai 1939 provozierten Verbände der japanischen Kwantung-Armee blutige Zwischenfälle an der Grenze zur Sowjetunion am Chalchin-Gol. Die hierauf unternommene „Strafaktion“ endete mit einer schweren japanischen Niederlage am Chasan-See in der Mongolei. Dies hatte u.a. zur Folge, dass das Gewicht der Armeespitze innerhalb der Gesamtführung abnahm und man den seestrategischen Plänen der Marine Vorrang gab. In der europäischen Krise des Sommers 1939 spielte jedoch das fernöstliche Kaiserreich keine wesentliche Rolle.

Fasst man nun die Vor- und Nachteile der Handlungsstränge an Hand der fünf „dynamischen Dreiecke“ zu Kriegsbeginn zusammen, so ergibt sich unter Reduktion auf die wichtigsten Faktoren folgender Befund:

- Hitler und Ribbentrop kalkulierten, dass man Polen durch den Pakt mit der Sowjetunion isolieren und zum Einlenken veranlassen werde; sie kalkulierten richtig, dass sich Polen militärstrategisch in einer höchst misslichen Lage befand und dass die Westmächte militärisch nicht bereit wären, ihrem Verbündeten rechtzeitig Hilfe zu leisten. Hitler und Ribbentrop irrten jedoch, als sie annahmen, dass diese Umstände die Westmächte von einem Kriegseintritt zugunsten Polens abhalten würden. Sie unterschätzten die öffentliche Meinung in Großbritannien und Frankreich, die ein Appeasement ablehnte und einen europäischen Krieg bewusst in Kauf nahm.

- Die Regierungen in London und Paris erkannten zwar die Verschlechterung ihrer Lage auf Grund des deutsch-sowjetischen Paktes und wollten Polen nach wie vor zum Einlenken bewegen; sie übten jedoch zu wenig Druck auf Warschau aus, um eine Haltungsänderung zu erreichen. Sie unterschätzten das Erstarken der Kriegspartei im eigenen Land und die Hartnäckigkeit, mit der sich die polnische Führung jedem Kompromiss verschloss. Sie unterließen es, die Siegeszuversicht der Polen zu dämpfen und ließen die Polen im falschen Glauben an wirksame militärische Hilfe.
- In Polen täuschte man sich dreifach: Erstens vertraute man blind auf das Bündnis mit den Westmächten, und zweitens überschätzte man sträflich die eigene Kampfkraft. Daraus resultierte der operativ verfehlte Aufmarsch der Armee, der dem späteren Sieg der Deutschen in die Hände spielte. Zum dritten beging man den Irrtum, auf die Neutralität Sowjetrusslands zu vertrauen, mit dem seit 1932 ein Nichtangriffspakt bestand. Alles zusammen führte zu einer völligen Verkennung der Lage und nährte die Arroganz in den Führungsschichten.

An der Spitze der Sowjetunion war das Kalkül voll aufgegangen: Stalin hatte Hitler zur Entfesselung des Krieges geradezu eingeladen, Polen hatte keinerlei Beistand zu erwarten, und Stalin bekam das, was er vor allem begehrte, nämlich einen Krieg, der höchstwahrscheinlich die Erschöpfung beider Parteien zur Folge haben würde. Damit gewann er die Position eines mächtigen Schiedsrichters mit der Option, jederzeit in den Konflikt einzugreifen, wenn es am günstigsten erschien. Sein Kalkül wäre nur dann gescheitert, wenn die Westmächte Deutschland nicht den Krieg erklärt hätten; in diesem Fall hätte Hitler Polen ungehindert unterwerfen und sein Ziel gefahrlos erreichen kön-

---

23 Franz Knipping, Die amerikanische Rußlandpolitik in der Zeit des Hitler-Stalin-Pakts 1939 – 1941, Tübingen 1974, S. 29ff.

24 Dazu und zum Folgenden: Werner Rahn, Japans Weg in den Krieg, in: Das Deutsche Reich und der Zweite Weltkrieg, Band 6, Stuttgart 1990, S. 196ff.

25 Bernd Martin, Die deutsch-japanischen Beziehungen während des Dritten Reiches, in: Manfred Funke (Hrsg.), Hitler, Deutschland und die Mächte (Taschenbuch), Kronberg - Düsseldorf 1978, S. 463.

nen. Doch Stalin und Molotov hatten, indem sie ideologische Einwände über Bord warfen, im Sinne Macchiavellis agiert und gewonnen.

Auch Roosevelts Kalkül hatte sich als richtig erwiesen: Deutschland stand ohne die Beteiligung Italiens in einem europäischen Krieg, der auf Grund der Erfahrungen von 1914 – 1918 wahrscheinlich von längerer Dauer sein würde. Auch wenn die Sowjetunion im Augenblick die Deutschen unterstützte, konnte man auf eine Entfremdung der beiden ungleichen Partner warten, und außerdem bestanden seit Anfang der dreißiger Jahre gute Beziehungen zu Moskau. Je länger der Krieg dauerte, desto mehr würde das rüstungswirtschaftliche und finanzielle Gewicht der USA in die Waagschale fallen und desto mehr würden England und Frankreich in die Abhängigkeit Washingtons geraten. Wenn keine unerwartete Wendung eintrat, würde der Krieg nicht nur zu einer Erschöpfung Deutschlands, sondern ebenso zu einer Zerreißprobe für die beiden Westmächte führen. Die USA würden dann der einzige Sieger sein.

Die deutsche Führungsspitze besaß zwar einen bestechenden Operationsplan gegen Polen, aber keinen strategischen Plan gegen die Westmächte. Hitler hatte zwar den Krieg gegen Polen entfesselt, an einer Ausweitung der Feindseligkeiten gegen England und Frankreich lag ihm aber nichts. Immerhin hatte ihm Großbritannien bis zuletzt als „Wunschpartner" gegolten. Das Geflecht der internationalen Konstellation wies eine derart hohe Spannung auf, dass es riesiger Anstrengungen aller Konfliktparteien bedurft hätte, um den Frieden zu bewahren. Im Vergleich zu Hitler und Ribbentrop zeigten andere Akteure mehr Bereitschaft, das Wagnis eines europäischen Krieges einzugehen. Sie erblickten im entfachten Krieg die große Chance, entweder mit Deutschland ein für allemal abzurechnen oder großen Gewinn aus der voraussichtlichen Erschöpfung Mittel- und Westeuropas zu ziehen.

Aus dieser Sicht verfügten die Sowjetunion und die USA über höchst vorteilhafte Positionen, wobei Stalin eine raffinierte, wohl durchdachte Strategie gewählt hatte. Beide Staaten wahrten als „stille Teilhaber" die Option, gemäß der Lage und ihren eigenen Plänen in den europäischen Krieg einzugreifen. England und Frankreich hatten kaltblütig den Zusammenbruch Polens einkalkuliert und sahen ihre Siegeschance nur in einem mehrjährigen, verlustreichen Krieg, der sie zwingen würde, alle Ressourcen aufzubieten. Polen wollte man erst nach dem gewonnenen Krieg wiederherstellen, eine Absicht, die ins Nichts zerrann, da Stalin sehr bald fast die Hälfte des Landes besetzen sollte. Damit entschwand die „Geschäftsgrundlage", der zufolge die Westmächte allen offiziellen Beteuerungen nach in den Krieg gezogen waren.

II. Deutschland erringt die Vormacht in Westeuropa (Herbst 1939 – Juni 1940)

Die Niederwerfung Polens und die neue strategische Ordnung

Der militärische Sieg über Polen innerhalb von 4 Wochen ging nicht nur auf die zahlenmäßige Überlegenheit, sondern auch auf die bessere Taktik, Ausrüstung und Kampfdoktrin der Deutschen zurück. Zu einem Zeitpunkt, als bereits deutsche Truppen vor Warschau standen, rückte die Rote Armee, die bereits in den letzten Augusttagen aufmarschiert war, in Ostpolen ein, um – wie die sowjetische Führung betonte – die ehemals russischen Gebiete Weißrusslands und der Westukraine dem sowjetischen Mutterland einzugliedern. Dabei gerieten an die 250.000 polnische Soldaten in Gefangenschaft, darunter ca. 10.000 Offiziere. Am 28. 9. kam es zu einer Korrektur der Einflusszonen, nämlich zu einem Gebietsaustausch, der Litauen unter sowjetische Verwaltung stellte, dafür das Gebiet zwischen Weichsel und Bug den Deutschen überließ. Kurzfristig angesetzte Wahlen in den annektierten Gebieten gaben dem Vorgehen Moskaus formale Legalität. Unter sowjetischem Druck unterzeichneten die Regierungen Estlands (28. 9.), Lettlands (5. 10.) und Litauens (10. 10.) Verträge, wonach die sowjetischen Streitkräfte Militärstützpunkte bzw. Hafenrechte in den drei Staaten erhielten.

Die Sowjetunion hatte an der Zerschlagung Polens teilgenommen, ohne in Kriegszustand mit den Westmächten zu geraten, und gab nicht die geringsten Signale, die an eine Wiedererrichtung der Souveränität Polens denken ließen. Überdies hatte Stalin einen Nichtangriffspakt geschlossen, der im krassen Widerspruch zur bisher üblichen Vertragspraxis stand. Indem der Pakt vom 23. 8. 1939 der jeweils anderen Partei uneingeschränkte Neutralität bezüglich ihrer Militäraktionen gewährte, verletzte er den sowjetisch-polnischen Nichtangriffsvertrag vom 25. 6. 1932 und richtete sich sogar gegen den einstigen Vertragspartner. Der Bruch in der sowjetischen Vertragspraxis bestand darin, dass Moskau seine Neutralitätsabkommen in den dreißiger Jahren, etwa mit Polen, Finnland, Estland, Lettland und Frankreich, so formuliert hatte, dass die Neutralität für den Fall obsolet wurde, wenn der Vertragspartner einen dritten Staat angriffe. Dieser Passus fehlte im Hitler-Stalin-Pakt[26].

Während im Zuge der territorialen Umgestaltung Polens von Dienststellen der SS und des Sicherheitsdienstes zahlreiche Gewalttaten an Polen und Juden verübt wurden, die man als Vergeltung für den „Bromberger Blutsonntag"[27] bezeichnete, schritt die sowjetische Führung gleichermaßen zu Repressalien großen Stils. Im sowjetischen Teil Polens wurden bereits 1939 mehr als 19.300 Menschen verhaftet. Zwischen dem 17. 9. 1939 und dem 21. 6. 1941 nahm die Sowjetunion über 400.000 Polen fest, die zum größten Teil deportiert wurden, darunter den größten Teil der polnischen Intelligenz. Die im sowjetischen Teil Polens lebenden oder dorthin geflüchteten Juden hatten zwar zunächst Sicherheit gefunden, doch gerieten sie nach dem 22. 6. 1941 in eine höchst problematische Lage.

Das Schicksal der gefangenen Offiziere, Polizisten und Beamten lag im Wesentlichen in der Hand Berijas als Leiter des Innenressorts NKVD, der sich für eine milde Behandlung der Inhaftierten aussprach. Er wollte sie für die sowjetische Sache gewinnen, da er im Falle eines Krieges gegen Deutschland, mit dem er offensichtlich rechnete, auf deren Mitwirkung hoffte. Doch bestand Stalin auf deren Tötung. Berija zog auf der entscheidenden Sitzung des Zentralkomitees der KPdSU am 5. März 1940 den Kürzeren. Es wurde beschlossen, 14.600 Offiziere, Geistliche, Beamte und Polizisten sowie 11.000 andere Funktionsträger einem „Sonderverfahren" unter der Leitung einer Dreier-Kommission zu unterwerfen. Diesem Verfahren fielen über 21.850 Polen in Katyn und an anderen Orten zum Opfer[28]. Diese Untat kam zwar im April 1943 durch Leichenfunde nahe Katyn bei Smolensk an den Tag, doch die sowjetische Regierung beschuldigte jahrzehntelang die deutsche Seite dieses Verbrechens. Erst im Oktober 1992 wurde in Moskau das maßgebliche Dokument mit dem Beschluss der Parteiführung zur Ermordung der Polen veröffentlicht. Dieser Massenmord bildete, auch wenn er zunächst geheim blieb, eine wesentliche Belastung für die eventuelle Wiedererrichtung eines polnischen Staates.

Im Endeffekt war durch die Auslöschung Polens und durch die Ausweitung der Sowjetunion nach Westen die europäische Machtordnung gründlich zerstört worden. Aus diesem Grunde erscheint es sehr fragwürdig, die britische Forderung nach Wiederherstellung des europäischen „Gleichgewichts" als Bedingung für einen Friedensschluss ernst zu nehmen. Wer sollte dieses „Gleichgewicht", für dessen Bemessung keine objektiven Kriterien bestanden, herstellen? Man muss gerade für den Zeitabschnitt 1939 – 1941 streng zwischen der strategischen Zielsetzung Großbritanniens und dessen pseudomoralischen Übertünchung unterscheiden. War Großbritannien wirklich für die Erhaltung des „Gleichgewichts der Mächte" in Europa, wie man es in London verstand, in den Krieg gezogen? Ging es London wirklich nur um die Integrität Polens? Oder waren nicht tiefer liegende Gründe ausschlaggebend?

Die britische Strategie zielte auf Selbstbehauptung und auf eine Niederwerfung Deutschlands ab, das durch den Sieg über Polen in britischen Augen eine Machtstellung errungen hatte, die man keineswegs hinnehmen wollte. England und Frankreich, welches die Hauptlast des Krieges zu Lande trug, hatten sich auf einen lang dauernden Krieg eingestellt, der umso aufreibender zu werden drohte, je mehr Stalin Deutschland unterstützte. So lange jedoch Stalin seine Haltung nicht änderte, würde er nach der Niederringung Deutschlands eine führende Position in Ostmittel-und Südosteuropa innehaben, die eine Wiederherstellung eines europäischen „Gleichgewichts" im Sinne Londons aller Voraussicht nach nicht zuließ. Die führenden Politiker der Westmächte setzten jedoch auf die zunehmende Kapazität ihrer Rüstungswirtschaft, auf die britisch-französische Seeherrschaft und die in Aussicht stehende Hilfe durch die USA. Der Zeitfaktor arbeitete also gegen Deutschland.

---

26 Da Sowjetrussland das Deutsche Reich passiv unterstützte, kann die These von der Verletzung des Völkerrechts gelten (Sergej Slutsch, Der 17. September 1939. Der Eintritt der Sowjetunion in den Zweiten Weltkrieg, in: Vierteljahreshefte für Zeitgeschichte 2/2000, S. 219 – 254, hier: S. 249/50).

27 Polnische Gewaltakte gegen Volksdeutsche in Bromberg (heute Bydgoszcz) am 3. 9. 1939, denen ca. 1.200 – 1.500 Zivilisten zum Opfer fielen. Die Bluttat wurde durch das Gerücht ausgelöst, wonach es im Nordteil der Stadt Schießereien gegeben habe, die aber in Wirklichkeit von marodierenden polnischen Soldaten ausgingen. Auch an anderen Orten Polens wurden Deutsche gequält und ermordet, so dass die Gesamtzahl der Opfer ca. 4.000 - 5.000 erreichte. Die deutschen Truppen erreichten Bromberg einen Tag zu spät, um die Mordaktionen zu verhindern. Die Bluttat von Bromberg führte zur Einsetzung der „Wehrmacht-Untersuchungsstelle für Völkerrechtsverletzungen" (Kriegsverbrechen in Europa und im Nahen Osten im 20. Jahrhundert, ed. Franz W. Seidler/Alfred M. de Zayas, Hamburg – Bonn 2002, S. 142).

28 Die Kommission stand unter der Leitung von 3 NKVD-Generälen, die auf Befehl Stalins agierten. Berija erscheint in dem Dokument vom 5. 3. 1940 nicht, ein Indiz, dass er den Beschluss missbilligte (B. V. Sokolov, Did Stalin Intend to Attack Hitler?, in: The Journal of Slavic Military Review 2/1998, S. 117). – In den Lagern von Kosielsk, Starobielsk und Ostaschkov befanden sich aktenkundlich 14.587 kriegsgefangene Polen, von denen fast alle im April und Mai 1940 den Tod fanden. Von den übrigen 11.000 Gefangenen wurde ebenfalls ein Großteil getötet. Der NKVD deportierte die Familien der Opfer nach Kasachstan (Kriegsverbrechen, a. a. O., S. 148ff.).

Die britische Strategie konnte sich auf die damals noch stärkste Kriegsflotte der Welt stützen, aber auch die französische Flotte war 1939 der deutschen deutlich überlegen (siehe Tabelle)[29]:

Schiffstyp	Großbritannien	Frankreich	Deutschland
Flugzeugträger	15	1	/
Schlachtschiffe/-kreuzer	15	7	2
Panzerschiffe			3
Schwere Kreuzer	15	7	1
Leichte Kreuzer	49	11	6
Zerstörer/Fregatten	162	61	21
Torpedoboote	/	12	12
U-Boote	62	79	57

Sollte es dem amerikanischen Präsidenten gelingen, die Neutralität der USA wesentlich zu lockern, so konnte man zusätzlich mit der Unterstützung von Teilen der US-Marine rechnen, die sich zur Zeit anschickte, die britische an Größe zu übertreffen (u. a. 6 Flugzeugträger, 15 Schlachtschiffe, 18 Schwere Kreuzer). Demgegenüber hatte die deutsche Führung mit dem Z-Plan Anfang 1939 einen Anlauf unternommen, um eine Flotte zu schaffen, die im Kriegsfall erfolgreich gegen England bestehen konnte. Indem Hitler am 29. Januar 1939 der Marinerüstung oberste Priorität einräumte, legte er sich auf die Schaffung einer starken Überwasserflotte fest, die im Kern aus Flugzeugträgern, Schlachtschiffen, Panzerschiffen und Schweren Kreuzern bestehen sollte. Bis zur Jahreswende 1942/43 war u.a. der Bau von 2 Flugzeugträgern, 6 Schlachtschiffen, 4 Schweren Kreuzern vorgesehen. Der Mangel an Werften, Rohstoffen und Facharbeitern ließ jedoch keine sprunghafte Leistungssteigerung zu, so dass sich die deutsche Flotte bei Kriegsbeginn in einem höchst unbefriedigenden Zustand befand.

Demgegenüber hatte Admiral Dönitz, der Befehlshaber der U-Boote, seit Anfang 1939 energisch auf den Aufbau einer starken Unterwasserflotte gedrängt; er sah in den U-Booten den gefährlichsten Gegner für die britische Handelsschifffahrt, d.h. für die Versorgung Englands schlechthin. Ferner zweifelte er an der Sinnhaftigkeit des Z-Planes, der gewaltige Mittel verschlingen musste, ohne den Vorsprung der Briten bei ihrer Überwasserflotte egalisieren zu können. Obendrein hätte eine Flotte gemäß Z-Plan unter sehr starkem Treibstoffmangel gelitten. Dönitz hielt einen Bestand von 300 atlantikfähigen U-Booten – von denen 100 ständig im Operationsraum stehen sollten – für erforderlich, um den Zufuhrkrieg gegen England erfolgreich führen zu können. Indem nun Hitler den Vorschlag von Dönitz beiseite schob, gab er indirekt zu erkennen, dass er nicht mit einem baldigen Krieg gegen Großbritannien rechnete. Denn dies wäre, wie Hitler sich gegenüber Dönitz ausdrückte, das „finis Germaniae“[30].

Das Festhalten am Z-Plan unterstreicht vielmehr seine Absicht, mit dem Aufbau einer mächtigen Überwasserflotte England von einem Kriegseintritt abzuhalten. Es hieße, der Spekulation Tür und Tor zu öffnen, würde man argumentieren, dass Hitler in unergründlicher Voraussicht eine Flotte gemäß Z-Plan brauchte, um in der Phase nach dem bereits „vorprogrammierten“ Sieg über Sowjetrussland und seine Machtstellung gegen die USA und England zur See kämpfen zu können[31]. Schon der Umstand, dass Hitler im Kriegsfall alles daran setzen musste, um die Land- und Luftstreitkräfte für einen Kampf um Westeuropa aufzurüsten, dessen Ausgang keineswegs sicher war, belegt, dass er in dieser Phase (und auch später) keinen Krieg gegen England und die USA um die Vormacht zur See angestrebt hat. Daraus erklärt sich auch das bereits erwähnte Fehlen eines strategischen Konzepts zum Kampf gegen England und Frankreich.

Auch auf dem Luftkriegssektor bestand keinerlei Aussicht auf einen erfolgreichen Luftkrieg gegen Großbritannien, geschweige denn gegen dessen Überseeverbindungen. Die deutsche Luftwaffe hatte zwar bis zum Sommer 1939 eine beachtliche Stärke bei den taktischen Kampfflugzeugen – zweimotorige Bomber, Sturzkampfbomber, Jäger – erreicht, doch für einen damals so bezeichneten „strategischen“ Luftkrieg, der vor allem schwere viermotorige Bomber erfordert hätte, reichten die Kräfte kaum. Obendrein hätte ein solcher Luftkrieg Stützpunkte an der Atlantik- und Kanalküste erfordert, um die nötige Eindringtiefe gegen England zu gewinnen. Die Luftwaffe war aus Gründen der raschen Breitenrüstung fast ausschließlich auf die Heeresunterstützung ausgerichtet, was sich in der ersten Kriegsphase auch bewähren sollte. Von den insgesamt 4.093 Flugzeugen aller Art konnten aber nur 2.720 für Kampfaufgaben verwendet werden, von denen rund 1.300 am Feldzug gegen Polen teilnahmen[32].

---

29 Das Deutsche Reich und der Zweite Weltkrieg, ed. Militärgeschichtliches Forschungsamt, Band 2, Stuttgart 1979, S. 162.

30 Karl Dönitz, Deutsche Strategie zur See im Zweiten Weltkrieg, Frankfurt/M. 1972, S. 44.

31 So bei Andreas Hillgruber, Hitlers Strategie. Politik und Kriegführung 1940 – 1941, 2. Auflage, München 1968, S. 37.

32 Einschließlich der Aufklärungs-, Kurier- und Transportflugzeuge kam man insgesamt auf rund 1.930 Maschinen, einschließlich der dem Heer überlassenen Flugzeuge.

Die Luftstreitkräfte der Gegner von 1939

	Großbritannien	Frankreich	Polen	Deutschland
Flugzeuge	1 600	1 500	745	4 093
davon einsatzbereit			ca. 400	3 646
davon Bomber, Sturzkampfbomber, Jäger, Zerstörer	1 144	1 233	ca. 460*	2 721

* Die rund 460 Kampfflugzeuge bestanden zumeist aus veralteten Typen.

Noch im Mai 1938 hatte man im Luftwaffengeneralstab einen Rüstungsplan vorgelegt, der die Aufstellung von 18 Fliegerkorps mit 144 Geschwadern bei einer Gesamtzahl von 19.000 Maschinen bis 1942 vorsah. Obwohl Göring einen bevorstehenden Krieg mit den Westmächten für unwahrscheinlich hielt, hatte er im Juli 1938 verstärkte Anstrengungen in der Luftrüstung gefordert. Aber von einer Verfünffachung der Luftwaffe, wie sie Hitler gefordert hatte, konnte keine Rede sein, auch wenn das Planungsziel auf 100 Geschwader abgeschwächt wurde. Selbst bei Realisierung dieses Ziels hätte der fehlende Treibstoff die Kampfkraft der Luftwaffe entscheidend vermindert. 1939 berechnete man die Vorräte an Flugbenzin nur für eine Kriegsdauer von 6 Monaten. Führende Offiziere im Generalstab bescheinigten im April 1939, dass die Luftwaffe eine rasche Entscheidung gegenüber England nicht herbeiführen könne, was auch durch ein Planspiel belegt wurde. Die von den Gegnern durchwegs überschätzte Luftwaffe besaß keine Tiefenrüstung, d. h. keine ausreichenden Kapazitäten in Forschung, Entwicklung und Ausbildung, die eine laufende technisch-taktische Überlegenheit versprachen; die Luftwaffe stand vielmehr in einem gnadenlosen technischen Wettlauf, insbesondere auf dem Gebiet der Radar-Entwicklung, bei der die britische Seite bereits einen Vorsprung hatte. Alles in allem war die Luftwaffe für einen Krieg, wie er am 3. 9. 1939 begann, nicht gerüstet[33].

Jeder Griff nach der Weltmacht lag somit im Sommer 1939 weit jenseits der Ambitionen Hitlers und weit jenseits des Könnens der Wehrmacht, selbst wenn man die augenblickliche Überlegenheit in Teilbereichen und eine Aufrüstung großen Stils voraussetzt. Die Behauptung, wonach Hitler im September 1939 begonnen habe, sein von langer Hand mehr oder minder feststehendes „Programm" zur Erringung einer Weltmachtstellung zu verwirklichen[34], erscheint reichlich überspitzt, da es unvorhersehbare, unwägbare

Lageänderungen völlig außer Acht lässt. Selbst wenn man postuliert, dass Hitler zumindest bis Ende 1941 Herr der Lage gewesen sei und dass er das Gesetz des Handelns seinem Gegner „programmgemäß" aufgezwungen habe, kann eine derart starre Betrachtungsweise nicht befriedigen.

Das Ziel der britischen Regierung bestand in dieser Phase eindeutig in der Niederwerfung des Deutschen Reiches, wobei ähnliche Motive vorherrschten, wie sie bereits 1914 zum Kriegseintritt Englands geführt hatten. Die Zielsetzung ging also weit über die Wiedererrichtung Polens hinaus. London führte schlichtweg einen Machtkampf, den man moralisch und pseudoreligiös verbrämte, um die öffentliche Meinung zu gewinnen. Wie aus den Berichten des amerikanischen Botschafters in London, Joseph Kennedy, an Präsident Roosevelt hervorgeht, kämpfte England ganz einfach um seinen „Platz an der Sonne", genauso wie in der Vergangenheit. Die Macht der Pressepropaganda war derart gestiegen, dass britische Politiker, die für den Frieden eintreten wollten, kein Gehör mehr gefunden hätten. Offenbar waren sich die Kriegsbefürworter nicht bewusst, dass Großbritannien seit etlichen Jahren einen machtpolitischen Abstieg durchlief, der durch Krieg nicht aufgehalten, sondern im Gegenteil beschleunigt würde. So sah etwa Botschafter Kennedy voraus, dass das britische Weltreich aus dem Krieg schwer geschwächt hervorgehen und dass die Führung der westlichen Welt den USA zufallen würde[35].

Ein großes Fragezeichen der britischen Strategie bildete die deutsch-sowjetische Annäherung. Wenn die Sowjetunion die meisten für die deutsche

---

33 Dazu: Das Deutsche Reich und der Zweite Weltkrieg, Band 2, a.a.O., S. 66 – 69.

34 Dies behauptet z.B. Andreas Hillgruber, Hitlers Strategie. Politik und Kriegführung 1940-1941, a. a. O., S. 29. – Zu den unwägbaren Entwicklungen zählt die Frage, wie sich die deutsche Führung im Falle eines Fehlschlags der Westoffensive, obendrein bei zunehmendem Druck aus dem Osten verhalten hätte. – Nimmt man hingegen an, dass Hitlers Hauptziel der Angriff gegen die Sowjetunion gewesen sei, wäre dann nicht ein Waffengang im Westen infolge einer rechtzeitigen Befriedigung deutscher Interessen überflüssig geworden? Wozu also nach einem „Stufenprogramm" handeln, wenn die eintretenden Ereignisse ganz andere Entschlüsse erforderten?

35 Kennedy sandte am 30. 9. 1939 zwei Telegramme an Präsident Roosevelt, in denen er die Gründe für die Kriegserklärung Englands an Deutschland darlegte. So hob er die radikalen Pressestimmen hervor, die den Konflikt mit Deutschland als „heiligen Krieg" bezeichneten, was offenbar auch geglaubt wurde. Er tadelte die wenig demokratisch geprägte Regierungsweise in London und Paris und meinte, dass man die Demokratie den Besiegten nach 1919 aufgezwungen habe.
Der „Sunday Correspondent" vom 17. 9. 1989 brachte zum Ausdruck: „Wir sind 1939 nicht in den Krieg eingetreten, um Deutschland vor Hitler und die Juden vor Auschwitz und den Kontinent vor dem Faschismus zu retten. Wie 1914 sind wir für den nicht weniger edlen Grund eingetreten, dass wir eine deutsche Vorherrschaft in Europa nicht akzeptieren konnten."

Kriegführung benötigten Rohstoffe lieferte, dann konnte die Wehrmacht ohne Zeitdruck aufrüsten und dann würde auch eine britische Blockade wenig nützen. Falls auch noch Italien in den Krieg einträte, wäre mit deutsch-italienischen Operationen im Mittelmeer und in Nordafrika zu rechnen. Auch eine Flankenoperation der Wehrmacht an der skandinavischen Peripherie konnte nicht ausgeschlossen werden, da obendrein Schweden eine betont deutschfreundliche Politik betrieb. Auf jeden Fall sollte es den Deutschen verwehrt werden, in Norwegen Fuß zu fassen und dort Marinestützpunkte zu errichten. Der mittlerweile in die britische Admiralität eingetretene Churchill hatte bereits am 9. 9. den Plan „Katharina" entworfen, der einen Vorstoß von veralteten Schlachtschiffen in die Ostsee vorsah. Damit sollte die Herrschaft über dieses Binnenmeer errungen werden, um nicht nur Deutschland von den kriegswichtigen Eisenerzlieferungen aus Norwegen und Schweden abzuschneiden, sondern auch Druck auf die Sowjetunion auszuüben[36].

Der sowjetische Angriff auf Finnland am 30. 11. verschärfte und verkomplizierte die Lage in Skandinavien. Während sich Deutschland vertragsgemäß jeder Einmischung enthielt, wenn auch die Sympathien den sich tapfer wehrenden Finnen galten, drängten maßgebende Politiker in London und Paris auf eine aktive Unterstützung Finnlands, etwa durch Truppenentsendungen durch schwedisches Gebiet. Hastig wurde ein Operationsentwurf erstellt, der für den 20. 12. 1939 eine Landung in der Bucht von Petsamo vorsah, obwohl diese Stadt zu diesem Zeitpunkt bereits von der Roten Armee besetzt war. Dann beschloss der Oberste Alliierte Rat am 19. Dezember, ein Expeditionskorps aufzustellen, das Ende Februar an Bord einer Invasionsflotte gehen sollte. Der französische Generalstab plante außerdem, diese Operation durch eine Inbesitznahme von Narvik zu ergänzen, um die dortige Einschiffung des schwedischen Eisenerzes nach Deutschland zu verhindern. Gegen diese Vorhaben leisteten jedoch die norwegische und schwedische Regierung Widerstand, da ihnen der Status der Neutralität wichtiger erschien, als eine Kriegsbeteiligung.

Nachdem Feldmarschall Mannerheim, der Oberbefehlshaber der finnischen Armee, am 5. 2. 1940 zwei Emissäre der Westalliierten empfangen und erfahren hatte, dass man ihm keine konkreten Termine für eine Unterstützung nennen konnte, empfahl er seiner Regierung die Anbahnung eines Waffenstillstandes mit Sowjetrussland. Der französische Ministerpräsident Daladier versuchte noch Anfang März, Finnland durch die Aussicht auf die Entsendung von 50.000 Mann alliierter Truppen zur Fortsetzung des Widerstandes anzuspornen. Doch die finnische Regierung wählte den Frieden mit Moskau (12. 3.), wenn auch Churchill diese Lösung in letzter Stunde zu Fall bringen wollte. Stalin und Molotov hatten das wachsende Risiko erkannt, wonach bei einer Kriegsfortsetzung eine militärische Intervention der Alliierten drohte; sie begnügten sich mit begrenzten Gewinnen und gaben den Plan zur Eroberung ganz Finnlands fürs Erste auf.

Die ultimative Forderung Englands und Frankreichs vom 11. und 12. März an Schweden und Norwegen nach freiem Durchmarsch eines Expeditionskorps durch die nördlichen Randgebiete, die unverzüglich abgelehnt wurde, unterstrich einmal mehr die völlig unrealistische Strategie der Westalliierten. Im Falle Frankreichs trat zutage, dass man durchaus einen Krieg mit der Sowjetunion in Kauf nehmen wollte. Einerseits bestanden tiefgreifende ideologische Antipathien gegen Moskau und andrerseits sah man in Stalin genauso einen Feind wie Hitler[37]. Nicht zuletzt bewirkte der Vorwurf der mangelnden Tatkraft gegen Daladier dessen Sturz am 20. März 1940.

Die Strategie der Westalliierten schloss auch eine wirtschaftliche Schädigung der UdSSR ein, indem die Führungsstäbe Pläne zur Bombardierung der südrussischen Erdölfelder und Raffinerien von Batum und Baku entwarfen. Besonders der französische Generalstab setzte auf diese Luftoperation; außerdem sollte die französische Nahostarmee unter General Maxime Weygand einen Vorstoß von Syrien in Richtung Baku vorbereiten. Trotz der schwierigen militärgeographischen Verhältnisse verzichtete man zunächst nicht auf diese phantastisch anmutende Operation. Obendrein wollte man eine Landung auf dem Balkan unternehmen und die Erdöltransporte, die von Rumänien die Donau aufwärts liefen, behindern. Schließlich begnügte man sich mit der Planung von Luftangriffen, die von britischen und französischen Luftstreitkräften im Nahen Osten durchzuführen wären. In einer Operationsstudie vom 20. 2. 1940 beurteilte Gamelin, der Oberbefehlshaber des Heeres, das Vorhaben reichlich optimistisch, wobei er nicht nur eine wesentliche Schädigung der Sowjetunion, sondern auch Deutschlands erwartete. Das britische Kriegskabinett beurteilte das Unternehmen viel skeptischer und dämpfte die französischen Ambitionen. Am 24. April ließen die Briten ihre Partner wissen, dass vorläufig keine Bomber mit der erforderlichen Reichweite bereitstünden und die Türkei noch keine Überflugrechte bewilligt hätte. Hinter dieser Haltung steckte die latente Hoffnung, in absehbarer Zeit eine Wiederannäherung an Moskau zu erreichen[38].

---

36 Hans-Joachim Lorbeer, Die Westmächte gegen die Sowjetunion 1939 – 1941, Freiburg 1975, S. 43ff.

37 Lorbeer, Westmächte gegen die Sowjetunion, a.a.O., S. 56 ff.

38 Ebenda, S. 73/74. - Zusammenfassend siehe: G. Kahle, Das Kaukasusprojekt der Alliierten im Jahre 1940, Opladen 1973.

Die französisch-britischen Differenzen trübten noch während der deutschen Westoffensive die gegenseitigen Beziehungen und verstärkten den Argwohn der französischen Seite, wonach das verbündete Großbritannien auf Kosten Frankreichs seine ureigensten Interessen verfolge. Jedenfalls zeigte Frankreich viel größere Bereitschaft, einen Krieg mit der Sowjetunion zu riskieren, als England. Somit erwies sich der Hitler-Stalin-Pakt in dieser Kriegsphase als wichtiger Faktor der deutschen Strategie, auch wenn man in Berlin diesen Faktor nicht gezielt einsetzen konnte. Man erkennt also, dass die französische militärische Führung, allen voran Gamelin, im Gegensatz zum britischen Generalstab in einem unrealistischen Planungsdenken befangen war: Einerseits überschätzte man selbstgefällig die eigenen Optionen und andrerseits unterschätzte man sträflich die Folgen eines Kriegseintritts der Sowjetunion. Dieser Realitätsverlust sollte in Kürze zum Zusammenbruch der französischen Strategie führen.

Der Hitler-Stalin-Pakt zeitigte in Frankreich noch andere Früchte. Nachdem die Regierung am 26. 9. 1939 beschlossen hatte, die kommunistische Partei Frankreichs samt ihren Nebenorganisationen aufzulösen, begann eine gesteigerte Agitations- und Sabotagetätigkeit. Das überharte Vorgehen gegen Kommunisten und andere politisch Verdächtige bewirkte aber eine Stärkung der Opposition und nährte die Zweifel am Kriegskurs Daladiers. Die Anti-Regierungspropaganda fand auch in der Armee Widerhall, da viele Soldaten den Sinn des Krieges gegen Deutschland nicht verstanden oder gar ablehnten. Dazu kam die lange Periode des „Sitzkrieges", der die Nachlässigkeit und Disziplinlosigkeit förderte, so dass schließlich am 10. Mai, am Eröffnungstag der deutschen Offensive, in der Armee fast durchwegs eine niedrige Kampfmoral herrschte[39].

Die Westalliierten verfolgten jedoch ihre Planungen hinsichtlich einer Landung in Norwegen weiter, ohne zu wissen, dass auch die Deutschen seit Oktober 1939 die Bedeutung des Kriegsschauplatzes Skandinavien erkannt hatten und entsprechende Aktionen vorbereiteten. Die Strategie Deutschlands und die der Westalliierten kreuzten sich in einem Raum, der für beide Seiten hohen geopolitischen Wert besaß, nämlich in Norwegen: Für die Deutschen ging es um die Sicherung der Erztransporte aus Narvik und die Gewinnung von Marine- und Luftwaffenstützpunkten für den Kampf gegen England; hingegen wollten die Alliierten diese Zufuhren unterbinden; darüber hinaus wollte die französische Führung Norwegen zur Basis einer „zweiten Front" gegen das Reichsgebiet machen. Wäre dies gelungen, hätte es zumindest eine ernsthafte Beeinträchtigung der deutschen Marineaktionen bedeutet. Beide Seiten waren willens, die Neutralität Norwegens zu verletzen[40].

Während der am 24. 1. 1940 gebildete Sonderstab Nord begann, die Operationsstudie „Weserübung“ auszuarbeiten, die die Besetzung Norwegens und Dänemarks zum Ziel hatte, entschied der Oberste Alliierte Rat am 5. Februar, 4 – 5 Divisionen nach Norwegen und Schweden zu verlegen; nebenbei wollten die Alliierten die Erzlagerstätten von Kiruna und Gällivare besetzen. Da die Regierung in Stockholm das Betreten des schwedischen Bodens untersagt hatte, musste man die Intervention auf Norwegen beschränken. Der völkerrechtlich bedenkliche Zwischenfall mit dem Hilfsschiff „Altmark“[41] nährte deutscherseits den Argwohn, dass die britische Marine eine Landung vorbereitete. Die Besonderheit der deutschen Führungsmethode lag darin, dass ausschließlich das Oberkommando der Wehrmacht (OKW), im konkreten der Wehrmachtführungsstab unter General Jodl, mit der Leitung der Operation betraut wurde, so dass ein eigener OKW-Kriegsschauplatz entstand, dem weitere folgen sollten; das Oberkommando des Heeres (OKH) musste zwar dafür Kräfte stellen, hatte aber keinen Anteil an der Operationsführung. Diese Zweigleisigkeit der obersten Führungsstäbe sollte sich im weiteren Kriegsverlauf als wesentlicher Nachteil erweisen[42].

Der Wettlauf um Norwegen strebte im März seinem Höhepunkt zu: Hitler genehmigte am 1. März den Operationsplan „Fall Weserübung“, erließ eine entsprechende Weisung (Nr. 10 a) und betraute Generaloberst Falkenhorst mit der Führung der Operation; er hatte sich die strategischen Argumente Raeders angeeignet, betonte aber auch, dass er die Auseinandersetzung mit England mittelfristig für unvermeidlich halte. Demgegenüber beschlossen die Alliierten am 28. März, am 5. April die norwegischen Gewässer zu verminen, das aufgestellte Expeditionskorps einzuschiffen und vier Häfen in Norwegen zu erobern. Indem die alliierten Stäbe ihren Schlag gegen Norwegen auf den 8. April verschoben, verschafften sie, ohne es zu wissen, den Deutschen einen Vorsprung von nur wenigen Stunden.

---

39 Siehe ausführlich: Alistair Horne, Der Frankreichfeldzug 1940 (München 1981), S. 99ff.

40 Walter Schaufelberger, „Weserübung“ – der deutsche Feldzug gegen Dänemark und Norwegen 1940, in: ÖMZ 4/1983, S. 321 – 326; hier: S. 323. - Es findet sich auch die These, dass der Oberste Alliierte Kriegsrat vorerst nur die Verminung der Küstengewässer beschlossen habe.

41 Es handelt sich um die Aufbringung der „Altmark“ am 16. 2. durch den britischen Zerstörer „Cossack“ im Jössingfjord, also in norwegischen Hoheitsgewässern. Die „Altmark“ hatte ca. 300 britische Gefangene an Bord, die befreit wurden, wobei aber 4 deutsche Seeleute den Tod fanden.

42 Das OKW hatte bisher nur die Funktion, die Konzepte Hitlers in Weisungen umzusetzen und eine übergeordnete Kontrolle über die Operationsentwürfe der Wehrmachtteile auszuüben.

Während britische Kriegsschiffe die norwegischen Hoheitsgewässer zu verminen begannen, marschierte die deutsche Flotte unter dem Schutz des Neumonds nach Norden, und am 9. April gewannen 6 Landungsverbände 7 wichtige Stützpunkte, u. a. in Bergen, Stavanger, Trondheim und Narvik. Einzig im Oslofjord traf die Marine auf harte Gegenwehr. Obwohl korrekte Agentenmeldungen[43] rechtzeitig in London eingelangt waren und die britische Luftaufklärung deutsche Flottenverbände auf dem Marsch erkannt hatte, gelang es der britischen Flotte nicht, die deutschen Verbände abzufangen. Obwohl die norwegischen Truppen tapfer kämpften und wenige Tage später alliierte Truppen an Land gingen, blieben die Deutschen trotz einer schweren OKW-Führungskrise[44] siegreich; die Kämpfe endeten erst am 10. Juni, nachdem die Alliierten ihre letzten Einheiten evakuiert hatten.

Wenn auch die Marine schwere Einbußen erlitten hatte[45], blieb Norwegen in deutscher Hand. An operativ-taktischen Erfahrungen trat zutage, dass selbst eine überlegene Flotte gegen feindliche Luftstreitkräfte, die den Luftraum beherrschten, nicht bestehen konnte; des Weiteren erwies sich der Wert von Luftlandungen für den Angreifer. Da Dänemark die deutsche Besetzung widerstandslos hingenommen hatte, konnten aus der geostrategischen Sicht des OKW die Nordflanke Europas und die Route durch den Skagerrak als gesichert gelten. Dieser Lagevorteil gegenüber Großbritannien konnte aber nicht ausgenutzt werden, da zu wenige U-Boote und weit reichende Bomber für den Zufuhrkrieg im Nordatlantik vorhanden waren und englische Truppen im Gegenzug die Faröer-Inseln und kurz darauf Island in Besitz nahmen. Die Gewinnung Norwegens bedeutete strategisch eine enorme Frontverlängerung, die aber der deutschen Seite mehr Nachteile brachte als den Westalliierten; immerhin musste die neue „Nordflanke" ausreichend gesichert und versorgt werden, wobei die überlegene britische Flotte eine ständige Bedrohung bildete. Der Faktor „Norwegen" konnte im Sinne der deutschen Militärstrategie nur dann volles Gewicht erlangen, wenn es gelang, auch die Kanal- und Atlantikhäfen unter die Kontrolle der Wehrmacht zu bringen[46].

Das Streben nach einer Entscheidung im Westen

Seit dem deutschen Sieg über Polen standen die Vorbereitungen zum Angriff im Westen unter einem doppelten Problem: Einerseits sollte der Feldzug möglichst frühzeitig stattfinden, um den Westalliierten wenig Zeit zu lassen, ihre Abwehr zu organisieren, und andererseits verfügte das OKH über keinen überzeugenden Operationsplan, der einen durchschlagenden militärischen Erfolg versprach. Hitler stand unter dem Eindruck, dass die Zeit gegen Deutschland arbeite, fühlte sich unter Zugzwang und drängte auf einen frühzeitigen Angriffstermin noch im Spätherbst 1939. Die maßgeblichen Militärs traten hingegen für eine längere Pause ein, um die Mängel in Ausrüstung und Ausbildung von Heer und Luftwaffe, die während des Polenfeldzuges in Erscheinung getreten waren, zu beheben. Obendrein schätzte die Generalität, gestützt auf die Erfahrungen der Jahre 1914 – 1918, den Kampfwert der französischen Armee ziemlich hoch ein und zweifelte am Erfolg der Offensive. Die entstehende Militäropposition wollte eine Kriegsausweitung möglichst verhindern, den Angriff zumindest hinauszögern, wozu noch der Widerwillen gegen die Verletzung der Neutralität Belgiens, Luxemburgs und der Niederlande kam. Das Tauziehen zwischen Hitler und der Generalität führte zu zahlreichen Kontroversen und zu einer 29maligen Verschiebung des Angriffsbefehls bis zum 10. Mai 1940.

Erst der Zwischenfall bei Mechelen an der Maas[47] am 15. 1. 1940 zwang zu einer Überprüfung des operativen Konzepts, da mit Sicherheit davon auszugehen war, dass der Gegner nun die Grundzüge des deutschen Plans kannte und entsprechende Vorkehrungen traf. Für Hitler kam dieser Zwischenfall gelegen, da er dem bisherigen Angriffsplan große Vorbehalte entgegengebracht hatte. Der Zwischenfall von Mechelen erwies sich schließlich für die deutsche Seite als ungeahnter Vorteil, da sich die Westalliierten in der Beurteilung der gegnerischen Absichten bestätigt fühlten. In dieser Phase suchte Hitler nach einer neuen operativen Lösung, und seine Gedankengänge deckten sich unbewusst

43 So hatte Oberst Hans Oster vom OKW (Amt Ausland/Abwehr) den Angriffstermin für „Weserübung" seinem Kontaktmann, dem holländischen Militärattaché, in verräterischer Weise mitgeteilt, ohne dass sein Vorgesetzter, Admiral Canaris, oder der Generalstabschef des Heeres, General Halder, davon wussten. Oster wollte auf diese Weise so wie durch Verrat der Angriffstermine für die deutsche Westoffensive die Alliierten in die Lage versetzen, die deutschen Aktionen zunichte zu machen.

44 Hitler war Mitte April entschlossen, angesichts der bedrohlichen Lage bei Narvik den dort kämpfenden deutschen Kräften unter General Dietl den Befehl zum Ausweichen nach Schweden zu geben, konnte aber am 17. 4. durch General Jodl umgestimmt werden.

45 Es wurden u. a. versenkt: 3 Kreuzer, 10 Zerstörer, 4 U-Boote; beschädigt: 2 Schlachtkreuzer.

46 Das Oberkommando der Kriegsmarine überschätzte anfangs den Wert der Stützpunkte an der norwegischen Küste, schwenkte aber noch vor Beginn des Westfeldzuges auf einen Vorrang der französischen Hafenstützpunkte, insbesondere für den U-Boot-Krieg, um.

47 An diesem Tag landete ein deutsches Kurierflugzeug mit einem Luftwaffenoffizier, der wichtige Militärkarten mit sich führte, irrtümlich bei Mechelen an der Maas, wobei diese Karten in die Hand der Belgier fielen, woraus man die Grundzüge des geplanten Angriffs der Deutschen entnehmen konnte. Kurz darauf erfuhr der französische Generalstab davon. – Die Reaktion bestand darin, dass die für den Einmarsch in Belgien bestimmten Truppen unverzüglich an die belgische Grenze verlegt wurden, womit General Gamelin seine operative Idee offenlegte.

weitgehend mit denen von Generalleutnant v. Manstein, dem Chef des Stabes der HGr. (Heeresgruppe) A. Während das OKH dem Konzept Mansteins zunächst skeptisch bis ablehnend gegenüberstand, griff Hitler anlässlich einer Besprechung mit Manstein am 17. 2. dessen bestechende Planung auf und wies das OKH an, den Operationsplan demgemäß zu ändern. Dass das OKH den Plan Mansteins bis zu diesem Zeitpunkt ignoriert hatte, sah Hitler als weiteres Indiz an, dass die Heeresführung seine Anstrengungen sabotiere[48].

Anstelle des bisherigen Schwerpunkts bei der nördlich angreifenden HGr. B sollte nun die südlich davon aufmarschierte HGr. A das entscheidende Schwergewicht bilden. Anstelle eines mehr oder minder frontalen Vordringens des rechten Flügels in Belgien, hatte nun ein mächtiger Keil, bestehend aus gepanzerten und motorisierten Truppen, weiter südlich durch die Ardennen zu dringen, bei Sedan die Maas zu überwinden und hierauf, genährt durch Reserven, schnell bis zur Kanalküste nördlich der Somme durchzustoßen. Der hierauf nach Norden einschwenkende Umfassungsarm sollte gemeinsam mit der HGr. B, die inzwischen durch Belgien nach Westen anzugreifen hatte, die in Nordfrankreich und Flandern umfassten gegnerischen Armeen vernichten. Wenn auch der als „Sichelschnitt“ bekannt gewordene Operationsplan einige Änderungen erfuhr[49], so beruhte er auf der genialen Idee Mansteins, die von Hitler intuitiv erfasst und durchgesetzt wurde.

Trotz sorgfältiger Vorbereitung des Angriffs wurden führende Generäle von der Sorge um das große Risiko der Operation, insbesondere wegen der lange gefährdeten Südflanke, erfasst. Die oberste deutsche Führung hielt aber daran fest, wobei Halder bei der Durchsetzung des Plans unterstrich, dass dieser im Gegensatz zu seinem Vorläufer einen raschen Durchbruch und eine nachhaltige Überraschung des Gegners versprach[50], der keinerlei Anstalten machte, seine Truppen gemäß der deutschen Schwergewichtsbildung neu zu formieren. Außerdem sollten diverse Kommando- und Ablenkungsaktionen zur Täuschung des Gegners beitragen. Die Geschwindigkeit der Panzertruppe, die gemeinsam mit den fliegenden Verbänden jeden Widerstand des Gegners brechen oder umgehen sollte, wurde zum Hauptfaktor des Angriffs. Der Gesamtplan war auf einen schnellen Durchbruch und eine weiträumige Umfassung der gegnerischen Armeen in Belgien von Süden her ausgerichtet, wodurch man eine frühe Feldzugsentscheidung herbeiführen wollte.

Man kann zwar behaupten, dass der Wehrmacht ein „Blitzkriegs-Konzept“ gefehlt habe[51], doch hat niemand etwas Derartiges beansprucht. Der „Sichelschnitt“ reichte völlig aus, um einen großen Erfolg zu erringen, wenn auch die Führungskrise bei Dünkirchen einen noch größeren Sieg verschenkte. Die außergewöhnliche Kühnheit der Operation sollte allerdings zu unvorhersehbaren kritischen Lagen führen, die für beide Seiten Überraschungen und Anlass für Improvisationen boten. Man sollte aber vermeiden, diese Eigendynamik in Krisenlagen der deutschen Seite als Führungsfehler anzulasten. Auch von einem „Vabanquespiel“ des Angriffsplanes[52] kann auf Grund der sorgfältigen Vorbereitung schwerlich die Rede sein. Dass dem deutschen Angriff im Westen Mängel anhafteten, die erst in konkreten Situationen sichtbar wurden, sollte nicht die großen Leistungen von Führung und Truppe schmälern, die ihr Bestes gaben, um den Feldzug siegreich zu beenden.

Die deutsche Strategie verfolgte mit dem vorgesehenen Angriff im Westen zwei Hauptziele:

- Niederwerfung Frankreichs, Belgiens, Hollands und Luxemburgs; durch das Ausscheiden Frankreichs aus dem Krieg sollte England seinen Verbündeten auf dem Festland verlieren und die Vorherrschaft in West- und Mitteleuropa gesichert werden.
- Erringung einer überlegenen geopolitischen Position unter Demonstration der eigenen Stärke, die es der Regierung in London dringend nahe legte, einen Ausgleichsfrieden mit Deutschland zu schließen, ohne einen weiteren Gesichtsverlust zu riskieren.

Es mag auch ein Nebenziel im Spiel gewesen sein, nämlich das Einwirken auf die amerikanische Politik, um jeden Kurswechsel Roosevelts zu verhindern und ihn zur Hinnahme des fait accompli in Europa zu veranlassen. Weiterführende Pläne, die darauf hinausliefen, was im Falle einer Ablehnung eines Ausgleichsfriedens oder eines sonstigen „Arrangements“ mit England zu geschehen hätte, hat die oberste deutsche Führung nicht angestellt. Luftwaffe und Kriegsmarine konnten zwar auf die bisherigen Planungen zurückgreifen, man verfügte jedoch nicht über ein darüber hinausreichendes Gesamtkonzept

48 Hitler nahm sich deshalb vor, einen Wechsel im Oberbefehl des Heeres nach dem Westfeldzug herbeizuführen (Below, Als Hitlers Adjutant, a.a.O., S. 223).

49 Der neue Operationsplan des OKH vom 24. 2. 1940 stattete die HGr. A mit zwei Drittel der Panzerverbände aus und stellte starke Reserven bereit, die dem Angriffskeil folgen und die Südflanke decken sollte. Auch die Luftwaffe und die FlAk-Kräfte sollten im Abschnitt der HGr. A schwerpunktmäßig eingreifen.

50 Die Skeptiker, etwa General v. Sodenstern, der Chef des Stabes der HGr. A, wiesen z.B. auf die Geländeprobleme in den Ardennen, auf die Anfälligkeit der dort vorstoßenden Verbände gegen Luftangriffe und auf die Gefahr eines isoliert vorgetragenen Angriffs der Panzerkorps über die Maas hin (Manfred Rauh, Geschichte des Zweiten Weltkriegs, Band 2, Berlin 1995, S. 181).

51 Karl-Heinz Frieser, „Blitzkrieg“ ohne „Blitzkrieg“-Konzept, in: Militärgeschichte 1/1991, S. 4 – 14; siehe auch derselbe, Blitzkrieg-Legende. Der Westfeldzug 1940 (= Operationen des Zweiten Weltkrieges, Band 2), München 1995.

52 Ebenda, S. 115.

für den Fall der Unnachgiebigkeit Englands. Die Zielsetzung gegenüber den Westgegnern sollte aber nicht so interpretiert werden, dass man der deutschen Führung die Erringung einer politisch-strategischen Ausgangsposition für den Großangriff gegen die Sowjetunion unterstellt[53]. Weder konnten die Begleitumstände und Reaktionen auf einen Sieg in Westeuropa vorausgesehen werden, noch konnte man das Verhalten der sowjetischen Führung im Falle des erhofften deutschen Sieges voraussagen; dieses mochte von entschlossener Gegnerschaft bis zur Unterwürfigkeit reichen. Es erscheint daher hinfällig, über deutsche oder sowjetische Optionen zu mutmaßen, solange nicht das Ergebnis des Westfeldzuges vorlag.

In der Vorbereitung auf den Angriff der Deutschen wussten die französische Regierung und der Generalstab um die geostrategische Bedeutung Belgiens als neutraler Riegel, der Frankreich und die Maginotlinie, die sich bis Sedan erstreckte, von Norden her schützte. Auf dem Südflügel war es die Schweizerische Armee, die aus französischer Sicht eine Umgehung der Maginotlinie zu verhindern hatte. Der Generalstab stand also vor der heiklen Frage, wie er Belgien und die Schweiz in seine Strategie einbeziehen könnte, ohne den Deutschen eine Handhabe zu liefern, unter dem Vorwurf des Neutralitätsbruchs gegen beide Staaten vorzugehen. Geheimdienstmeldungen sprachen von einem bevorstehenden Angriff der Deutschen auf Belgien, später auch von einem Angriff auf die Niederlande, die nach der ursprünglichen deutschen Planung unangetastet bleiben sollten. Die mit dem belgischen Oberkommando geführten Geheimgespräche führten zum konkreten Konzept, im Falle eines deutschen Angriffs auf Belgien mit einer Heeresgruppe unter Einschluss der britischen Armee nach Norden bis zur Dyle-Stellung und nach Breda vorzurücken, um den Vorstoß der Deutschen rechtzeitig aufzufangen. Man ging davon aus, dass der deutsche Angriff ähnlich wie 1914 mit einem starken rechten Flügel vorgetragen würde, um den linken französischen Flügel großräumig zu umfassen. Diese Einschätzung wurde durch den Zwischenfall bei Mechelen an der Maas am 10. 1. 1940 bekräftigt, was fast zu einem voreiligen Einmarsch in Belgien geführt hätte.

Belgien selbst war zwar auf peinliche Beachtung seiner Neutralität bedacht, legte sich aber operativ auf schnelle französische Unterstützung fest. Es kam jedoch zu Differenzen zwischen beiden Generalstäben. Während die belgische Armee, die immerhin 8 Korps mit 22 Divisionen umfasste, ihren Hauptwiderstand entlang des Albert-Kanals und der Maas zwischen Lüttich und Namur leisten wollte, erhob General Gamelin dagegen Einwände. Seiner Auffassung nach stand die Masse der Belgier zu weit im Osten. Auf seine Veranlassung hin wurde im Februar 1940 die Stellung Antwerpen – Dyle –

Namur festgelegt, die von der belgischen Armee nachhaltig zu verteidigen wäre, um den Aufmarsch der Franzosen und Briten zu decken. Damit gab Gamelin fast die Hälfte des belgischen Staatsgebietes dem Zugriff preis. Indem er am Dyle-Plan festhielt, schuf er die Grundvoraussetzung für das Gelingen des „Sichelschnitts“, indem er entsprechend dem deutschen Kalkül handelte. Es sei außerdem hervorgehoben, dass die belgische und die französische Armee dem Ardennen-Raum fast keine Beachtung schenkte. Als Hauptabwehrstellung galt nämlich die Maas.

Dass die Westmächte gewillt waren, die Neutralität Belgiens bedenkenlos aufs Spiel zu setzen, offenbart ihr Vorgehen am 4. April 1940. Damals forderten die Vertreter beider Staaten, die einen bevorstehenden Angriff der Wehrmacht erwarteten, mit Nachdruck die Einwilligung Belgiens zum unverzüglichen Einmarsch der alliierten Truppen. Die Ablehnung dieses Ansinnens bewirkte eine merkliche Verschlechterung des politischen Klimas im Dreieck Brüssel – Paris – London[54]. Wäre man jedoch in Brüssel dieser Forderung nachgekommen, hätte man der deutschen Seite einen unerhört wichtigen Vorteil auf diplomatischer Ebene verschafft. Das Odium des Neutralitätsbruches wäre Belgien zugefallen.

Mit dem niederländischen Generalstab fanden keine Geheimabmachungen statt, doch wusste man in Vincennes, dem französischen Hauptquartier, vom Abwehrdispositiv der Holländer. Nachdem der Oberbefehlshaber der niederländischen Streitkräfte, General Winkelmann, vertraulich erfahren hatte, dass sich die Belgier nicht an die holländische Hauptstellung (Peel-Raam) anlehnen wollten, beschloss er, nur die so genannte „Festung Holland“ nachhaltig zu verteidigen. Er wollte abwarten, bis die Truppen der künftigen Verbündeten zur Unterstützung heranrückten. Er rechnete damit, diesen Schlüsselraum drei Wochen lang zu halten[55], was sich aber als viel zu optimistisch herausstellen sollte. Eine Unterstützung der niederländischen Armee lag zwar im Sinne Gamelins, nämlich in Gestalt eines Vorstoßes bis Breda, doch ließ er es offen, wie und wann dies zu verwirklichen wäre.

Die Zusammenarbeit mit dem Schweizerischen Generalstab wurde durch zwei Verbindungsoffiziere hergestellt, die in Gesprächen mit General Gamelin und General Georges, dem Oberbefehlshaber des nordwestlichen Kriegsschauplatzes, ein grundsätzliches Einvernehmen erzielten. Der überwiegend frankophil eingestellte Generalstab sah in Deutschland die einzige Bedrohung und

---

53 So lautet die These Hillgrubers, in: Der Zweite Weltkrieg, a.a.O., S. 40.

54 Jean Vanwelkenhuyzen, Die Sicherheitspolitik Belgiens während der Kriegsphase 1939/40, in: ÖMZ 6/1989, S. 477 – 482.

55 P. J. Kamphuis, Der Kampf auf niederländischem Territorium im Mai 1940, in: ÖMZ 2/1990, S. 210 – 218, hier: S. 211.

erhoffte von Frankreich entscheidende Hilfe. Demnach sollte die französische Heeresgruppe 3 (Kommando in Dôle) im Fall eines Angriffs auf die Schweiz mit Teilen der 8. Armee über den südlichen Elsass und über den Jura vorrücken und sich im Raum Delémont bzw. Liestal mit der Schweizerischen Armee vereinigen. Dann wäre zu entscheiden, ob die 8. Armee die Schweizerische „Armeestellung“ hinter der Limmat verstärken oder nur bis zur Linie Basel - Liestal – Olten vorgehen sollte. Dort hätte man den Anschluss an die Schweizerischen Truppen herstellen können, falls sie die „Armee-Stellung“ aufgegeben und den Rückzug auf die Linie Wigger-Abschnitt – Sempacher See – Luzern - Vierwaldstättersee vollzogen hätten[56]. Im Anschluss daran hätte man die noch in eigenem Besitz befindlichen Landesteile halten wollen, während das Gotthardreduit den letzten Rückhalt bot[57]. Die französischen Kommandostäbe planten jedoch die Operation nur in groben Zügen und befassten sich lieber mit taktischen Maßnahmen. Da aber die Deutschen die Neutralität der Schweiz achteten und auch Italien noch nicht in den Krieg eingriff, blieben alle Interventionspläne gegenstandslos.

Insgesamt gesehen ergab sich, dass die französischen Vorbereitungen auf den deutschen Angriff von unzutreffenden Voraussetzungen ausgingen und dass Mängel im Befehlsweg, in Aufklärung, Ausbildung und der Auswertung der bisherigen Kampfhandlungen bestanden. Dennoch besaß der französische Nachrichtendienst ein ziemlich genaues Bild des deutschen Aufmarsches. Die Aufteilung der Befehlsgewalt zwischen General Gamelin (Oberbefehlshaber), General Georges (Befehlshaber Nordost) und General Doumenc (Befehlshaber Landstreitkräfte) sollte die Führung später wesentlich behindern. General Gamelin stand obendrein unter heftiger Kritik, und sollte abgelöst werden, weswegen es noch am 9. Mai zu einer Regierungskrise kam.

Der deutsche Westfeldzug, der „Fall Gelb“, ging keineswegs von einer zahlenmäßigen Überlegenheit der Wehrmacht aus, wie aus der Kräftebilanz vom 10. Mai 1940 hervorgeht. Diese Kräftebilanz hatte folgendes Aussehen[58]:

Staat	Divisionen	Brigaden	Geschütze	Panzer
Frankreich[1)]	104	4	10.700	ca. 3.100
Großbritannien[2)]	10 +1		1.280	310
Belgien	22		1.340	270
Niederlande	10	3	650	ca. 40
Summe	146 +1		13.970	3.720
				4.050 [3)]
Deutschland[4)]	141 2/3	3	7.378	2.445 [5)]

1) Kräfte an der Nordostfront einschließlich der Reserven und einer polnischen Division; an Panzern insgesamt vorhanden: 4.111.
2) Einschließlich der im Antransport befindlichen 1. Panzerdivision.
3) Einschließlich der 1. Panzerdivision mit 330 Panzern.
4) Einschließlich der 7. Fliegerdivision.
5) Insgesamt vorhanden: 3.505.

Bei den Luftstreitkräften lag folgender Kräftestand vor:

Staat	Bomber, Sturzkampfbomber, Jäger, Aufklärer	
Frankreich (Mutterland)1)	ca. 3.100	(1.368)
Niederlande	121	(ca. 100)
Belgien	222	(ca. 160)
Großbritannien (in Frankreich)	456	(384)
Großbritannien (im Mutterland)2)	ca. 850	
Summe:	4.749	
Deutschland3)	4.660	(ca. 3320)

In Klammern: einsatzbereite Flugzeuge.

1) Insgesamt waren im Hinterland und in den Kolonien 3.560 Kampfflugzeuge vorhanden.
2) Nur Bomber und Jäger; alle Kampfflugzeuge im Mutterland und in Frankreich: 1.870.
3) Davon einsatzbereit: ca. 3.320; an Bombern, Sturzkampfbombern und Jägern vorhanden: ca. 3.600, davon einsatzbereit: 2.590. (Nach anderen Angaben: 2.741).

56 Über die Wahl der „Armeestellung", die einseitig gegen Deutschland gerichtet war und südwestlich von Basel ohne Anlehnung endete, fanden erhebliche Kontroversen innerhalb des Generalstabes statt; siehe: Walter Schaufelberger, Die Schweizer Armee in der Armeestellung 1939/40, in: ÖMZ 4/1990, S. 316 – 326.

57 Bernard Barbey, Von Hauptquartier zu Hauptquartier, Frauenfeld 1967, S. 126. Das Gotthardreduit war der in den Hochalpen gelegene und befestigte Teil des Zentralraumes, der seitens der Schweizer Armee in allen Anlassfällen, aber auch aus Gründen der staatlichen Souveränität gehalten werden sollte.

58 Das Deutsche Reich und der Zweite Weltkrieg, Band 2, S. 283; Alistair Horne, Der Frankreichfeldzug, S. 462; Andreas Hillgruber/Gerhard Hümmelchen, Chronik des Zweiten Weltkrieges, Königstein/Taunus 1978, S. 28; Frieser, Blitzkrieg-Legende, S. 44ff. – Im Einzelnen ergeben sich einige Abweichungen, insbesondere bei den Panzer- und Flugzeugangaben.

Das zahlenmäßige Kräfteverhältnis bei den Großverbänden des Heeres war somit fast ausgeglichen, aber bei der Panzertruppe herrschte eine deutliche zahlenmäßige Überlegenheit der Westgegner; selbst wenn man die nach dem 10. Mai auf dem Kontinent eintreffende britische Panzerdivision nicht einberechnet, blieben die Deutschen in der Unterzahl. Aber auch in qualitativen Belangen konnten nur die deutschen Typen Panzer III und IV mit knapp 600 Fahrzeugen den Anforderungen im Kampf gegen die besten französischen und britischen Panzer entsprechen[59]. Bei den Luftstreitkräften spricht die Kräftebilanz nur dann für Deutschland, wenn man die britischen Kampfflugzeuge im Mutterland nicht mitzählt. Andernfalls besaßen die Westgegner eine geringe Überlegenheit. Nur in technischen Belangen bestand ein begrenzter Vorteil auf deutscher Seite, etwa was den Vergleich mit der Masse der französischen Flugzeugtypen betraf. Der Einsatz der französischen Luftwaffe litt aber unter der Entscheidung der höheren Führung, einen Großteil der Flugzeuge in Erwartung einer längeren Kriegsdauer zurückzuhalten.

Der am 10. Mai beginnende Angriff der Wehrmacht erzielte bereits am 13. Mai mit der Überwindung der Maas bei Dinant und Sedan durch jeweils ein Panzerkorps einen wichtigen Erfolg, der eine Vorentscheidung bedeutete. Auf der anderen Seite hielt die französische Führung am Dyle-Plan fest und verkannte die Hauptstoßrichtung der deutschen Panzerkräfte, womit sie von Anfang an einen fast irreparablen Fehler beging. Nachdem die Deutschen durch massiven Einsatz von Luftwaffe und Luftlandetruppe gegen Schlüsselziele innerhalb der „Festung Holland" die niederländische Armee nach 6 Tagen zur Kapitulation gezwungen hatten, konnte das OKH über die freiwerdende 18. Armee verfügen. Die Bombardierung der Altstadt Rotterdams durch ein deutsches Kampfgeschwader am 14. Mai wurde von der alliierten Propaganda zu einem schweren Verstoß gegen das Kriegsvölkerrecht hochgespielt, indem weit übertrieben eine Zahl von 30.000 Opfern behauptet wurde[60].

Die scheinbar unaufhaltsam vorstürmenden Panzer- und motorisierten Verbände der HGr. A gewannen am 20. Mai die Kanalküste bei Abbeville und drehten nach Norden ein, um die französischen, britischen und belgischen Truppen, die sich nördlich des Durchbruchskeils befanden, einzuschließen. Gemeinsam mit den beiden Armeen der HGr. B bildeten sie bis zum 24. Mai einen großen Kessel in Westflandern, wo die Eingeschlossenen auf Grund der bisherigen Erfahrungen verloren schienen. Der französische Führungsstab reagierte verzweifelt und versuchte, den völligen Zusammenbruch zu verhindern. Gamelin gab die Schlacht am 16. Mai verloren[61]. Die belgische Armee kapitulierte am 28. Mai, doch die Masse der Briten und Teile der Franzosen konnten sich aus dem Raum Douaix – Lille – Cassel dank eines groben Führungsfehlers deutscherseits bis zum Hafen von Dünkirchen durchschlagen, wo sie bis zum 4. Juni nach England evakuiert wurden.

Um dieses „Wunder von Dünkirchen" ranken sich Legenden und Mutmaßungen, die aber auf Grund der tatsächlichen Abläufe aufzuhellen sind. Weder wollte Hitler, wie behauptet wird, die britische Armee entkommen lassen, um die britische Regierung unter Churchill für ein Friedensabkommen zu gewinnen, noch ging der berüchtigte „Anhaltebefehl" vom 24. Mai allein auf ihn zurück. Die reichlich verzweifelte Lage der französischen Heeresgruppe 1 (britische Armee, französische 1. Armee, Teile der französischen 7. und 9. Armee, belgische Armee) bewog das Oberkommando der HGr. A zur Einschätzung, dass die Vernichtung der Eingeschlossenen Nebensache sei und keiner größeren Kraftanstrengung mehr bedurfte. Im Gegensatz zur Ansicht vieler Truppenführer erschien es wichtiger, die Panzerverbände, die bereits deutlich abgesunkene Stärken aufwiesen, für den zweiten Teil des Feldzuges, die „Schlacht um Frankreich" zu schonen.

In diesem Sinne wollte Generaloberst v. Rundstedt, der die betroffene HGr. A führte, den zum Angriff auf den „Kessel" bereitstehenden Panzerverbänden eine Atempause zur Auffrischung verschaffen. Dazu kam jedoch die Kontroverse, ob die gesamte Einschließungsfront in die Hand einer Heeresgruppe gelegt werden sollte oder ob es bei der bisherigen Aufgabenverteilung bliebe. Das OKH hatte nämlich in der Nacht zum 24. Mai Weisung gegeben, die gesamte Einschließungsfront samt den Panzerverbänden dem Kommando der

---

59 Die französischen Panzer Char B (Doppelbewaffnung) und „Somua" waren den deutschen technisch durchaus gleichwertig, doch wies die taktische und operative Führung überwiegend große Mängel auf (Siehe ausführlich: Frieser, Blitzkrieg-Legende, S. 47).

60 Da die Verteidiger Rotterdams eine wichtige Straßenbrücke nahe dem Stadtzentrum sperrten, womit der deutsche Vormarsch zum Stehen kam, erging am 14. 5. die Aufforderung zur Kapitulation. Da diese abgelehnt wurde, sollte ein Luftangriff auf die Stellungen der Verteidiger den Vorstoß der Bodentruppen ermöglichen. Als sich die Bomber im Anflug auf Rotterdam befanden, erfolgte die Kapitulation, die aber auf dem Funkweg nicht mehr mitgeteilt werden konnte. Für diesen Fall hatte man das Abfeuern von Leuchtsignalen vereinbart. Aber nur eine der anfliegenden Bombergruppen konnte diese Signale wahrnehmen, während die andere die Bombardierung ausführte. Etwa 950 Menschen starben; siehe: Seidler/de Zayas (Hg.), Kriegsverbrechen in Europa und im Nahen Osten im 20. Jahrhundert, a.a.O., S. 153/54; Horst Boog, Bombenkriegslegenden, in: Militärgeschichte 2/1995, S. 26.

61 Gamelin wurde am 19. Mai abgelöst und durch General Weygand ersetzt, der tatkräftig daran ging, eine improvisierte Abwehrfront entlang der Somme und Aisne zu errichten. Die Briten ließen aber Weygand lange Zeit im Unklaren über ihre Absicht, ihre Truppen zu evakuieren, was auf Seiten der Franzosen Erbitterung auslöste.

HGr. B zu unterstellen, um eine einheitliche Führung bei den Schlusskämpfen um Dünkirchen zu gewährleisten[62].

Am 24. Mai mittags erließ v. Rundstedt unter Berufung auf Hitler den Befehl zum vorübergehenden Anhalten der Panzerkorps der Generäle Kleist und Hoth, womit die Eingekesselten die entscheidende Atempause zum Rückzug auf Dünkirchen erhielten. Nachdem Hitler diesen Befehl endlich aufgehoben hatte, traten die Panzerdivisionen zwar am Morgen des 27. Mai zum Angriff an, konnten aber den Kessel von Lille nicht rechtzeitig schließen und die laufende Einschiffung in Dünkirchen nicht verhindern. So gelang es der britischen Marine, 338.000 Soldaten vor der Gefangenschaft zu bewahren[63], nicht zuletzt auch deswegen, weil die deutsche Luftwaffe bei der Bekämpfung der Einschiffung nur mäßigen Erfolg hatte. Indem man der Luftwaffe, die unter schwierigen Verhältnissen, bei Nebel und schlechtem Wetter kämpfte, die Abschnürung des Evakuierungsvorganges übertrug, wurde der Führungsfehler vom 24. Mai keineswegs wettgemacht[64].

Um aber jedem Missverständnis vorzubeugen, sei unterstrichen, dass auch nach dem Anhalten der Panzerverbände die Vernichtung der eingeschlossenen Kräfte als „nächstes Ziel der Operationen“ seitens des OKW galt. Dies belegt immerhin die Weisung Nr. 13 vom 24. Mai, worin übrigens der Luftwaffe u.a. aufgetragen wurde, das Entkommen britischer Kräfte über den Kanal zu verhindern. Übrigens war Göring angesichts der bisherigen Erfolge noch am 27. Mai der Auffassung, dass nur einer geringen Zahl von Soldaten die Flucht gelingen würde[65]. Alles in allem: ein „verlorener Sieg“.

Konstruiert man die virtuelle Situation einer vollständigen Gefangennahme der Briten und Franzosen im Kessel von Dünkirchen, so ist erkennbar, dass Deutschland einen riesenhaften Vorteil samt dem Faustpfand von ca. 300.000 britischen Soldaten erlangt hätte. Die Folge wäre gewesen, dass Großbritannien – abgesehen von den aus Norwegen abgezogenen Truppen – keine aktiven Verbände mehr gehabt hätte, um sich gegen eine Invasion zu verteidigen. Man braucht nicht zu dramatisieren, um zu erkennen, dass die Anhänger einer Ausgleichslösung in London mit hoher Wahrscheinlichkeit gegenüber den Befürwortern der „harten Linie“ die Oberhand gewonnen hätten. Auch die Wahrscheinlichkeit eines Rücktritts Churchills kann als hoch gelten, auch wenn er im Nachhinein behauptet hat, dass er den Kampf sogar nach Verlust des Mutterlandes von Übersee aus weitergeführt hätte. Doch auch in diesem Fall hätte Deutschland einen entscheidenden Sieg erfochten[66]. Selbst wenn sich Churchill in der Regierung durchgesetzt und keinen Waffenstillstand geschlossen hätte, wäre eine Invasion für das deutsche Heer und die Marine viel einfacher geworden.

Die am 5. Juni nach Umgruppierung der deutschen Kräfte begonnene Schlacht um Frankreich führte nach kurzem Widerstand zum völligen Zusammenbruch der französischen Abwehrfront und zum Waffenstillstand von Compiègne am 22. Juni, wenn auch Churchill heftig versucht hatte, Frankreich zum Weiterkämpfen zu ermutigen. Auch der dringende Appell von Ministerpräsident Renaud an Roosevelt, Frankreich nach Kräften zu helfen, blieb gegenstandslos, da der amerikanische Präsident keine freie Hand hatte, um in den europäischen Krieg einzugreifen. Selbst die Zuführung großer Rüstungsmengen hätte das Schicksal Frankreichs nicht mehr wenden können. Das britische Luftwaffenkommando hatte es abgelehnt, starke Jagdkräfte nach Frankreich zu verlegen, da es befand, dass der Schutz Englands angesichts der deutschen Bedrohung wichtiger wäre als ein aussichtsloser Kampf auf dem Kontinent. Diese Haltung hat zwar das britisch-französische Verhältnis schwer belastet, aber letztlich die britische Jagdwaffe vor hohen Verlusten bewahrt.

---

62 Als Hitler am 24. Mai das Hauptquartier der HGr. A besuchte, machte er diese Weisung rückgängig und stimmte v. Rundstedt zu, dass der operative Erfolg bereits erreicht sei; das Ausräumen des „Kessels“ solle man der Infanterie überlassen, während sich die Panzerdivisionen auf die zweite Phase der Offensive vorbereiten sollten (Below, Als Hitlers Adjutant, a.a.O., S. 232). Mit dieser Einschätzung standen Hitler und v. Rundstedt in scharfem Gegensatz zu den meisten Truppenführern. Der „Anhaltebefehl“ entsprang also einer widersprüchlichen Lagebeurteilung und unterschiedlichen Denkschulen, nicht zuletzt persönlichen Machtansprüchen.

63 Diese Zahl bezieht sich auf die zwischen 27. Mai und 4. Juni Evakuierten. Mit den bereits vorher Evakuierten erhöht sich die Gesamtzahl auf 370.000 Mann (darunter 139.000 Franzosen). General Giraud, der die Reste der 9. Armee führte, geriet in Gefangenschaft. Die Alliierten verloren bei Dünkirchen 80.000 Gefangene und fast ihr gesamtes Kriegsgerät. Die Verluste der britischen Armee betrugen 68.000 Mann (Das Deutsche Reich und der Zweite Weltkrieg, Band 2, S. 298).

64 Göring hatte bereits am 23. Mai, als sich die Kesselbildung in Flandern abzeichnete, Hitler angeboten, der Luftwaffe die Abriegelung des Fluchtweges über See zu überlassen. Dieses Motiv wurde für Hitler aber erst wesentlich, als der Oberbefehlshaber des Heeres, v. Brauchitsch, darauf drängte, den „Haltebefehl“ möglichst rasch aufzuheben.

65 Heeresadjutant bei Hitler 1938 - 1943, ed. Hildegard v. Kotze, Stuttgart 1974, S. 81. Auch Generalstabschef Jeschonnek hatte sich am 26. 5. zuversichtlich über die Vernichtung der Briten am Strande von Dünkirchen geäußert.

66 Ohne die Optionen allzuweit auszumalen, dürfte eines feststehen: Eine Bedrohung des europäischen Kontinents von Westen her wäre im Fall einer Besetzung der britischen Inseln praktisch ausgeschlossen gewesen. Es hätten keine Luftangriffe gegen Deutschland oder westeuropäische Länder stattgefunden, da der „unsinkbare Flugzeugträger“ England gefehlt hätte. Obendrein wären den USA die Basis entzogen worden, in Europa einzugreifen. Die Wehrmacht hätte bis auf wenige Sicherungsverbände keine Kräfte zum Schutz der europäischen Küsten benötigt. Die Folge wäre strategische Handlungsfreiheit gewesen.

Mit dem Sieg über Frankreich war nicht nur die am stärksten eingeschätzte Militärmacht Europas überwunden, sondern auch die Position Deutschlands wesentlich gestärkt. Hitler stand im Zenit seiner Macht. Großbritannien hatte seinen Verbündeten verloren und unter schweren Verlusten den Kontinent räumen müssen. Schien nicht ein Verständigungsfrieden zwischen London und Berlin die nahe liegende, logische Folge dieser Entwicklung?

III. Die große Weichenstellung: Neukonstellation der Mächte (Juli 1940 bis Juni 1941)

Das scheinbare „Restproblem“: der Widerstand Großbritanniens

Ende Juni 1940 dehnte sich das deutsche Machtgebiet vom Nordkap über Norwegen, Dänemark, Holland, Belgien, Luxemburg und Frankreich bis zur Grenze Spaniens. Die gesamte französische Atlantikküste stand der deutschen Kriegführung uneingeschränkt zur Verfügung. Nach dem überraschenden Kriegseintritt Italiens am 10. Juni war aber auch eine Ausweitung des Krieges eingetreten, was zunächst einen Vorteil für die Achsenmächte bedeutete. Das Mittelmeer und Nordafrika erhielten den Charakter eines Kriegsschauplatzes, was den „Achsenmächten“ die Chance bot, die schwachen britischen Kräfte an der Peripherie, nämlich auf Malta, Gibraltar, in Ägypten und Palästina anzugreifen. Doch zunächst schien es nicht der Mühe wert, diese Option aufzugreifen, da die oberste deutsche Führung, und nicht nur sie, einen baldigen Ausgleich mit Großbritannien als wahrscheinlich ansah.

Mit der Beendigung des Feldzugs im Westen treten die Geschehnisse des Zweiten Weltkrieges in die entscheidungsträchtigste Phase ein. Viele Faktoren, die bisher wichtig erschienen, fallen weg, dafür treten neue, bisher wenig beachtete Faktoren zu Tage. Neue Chancen und Perspektiven eröffnen sich, das Zeitkalkül erhält Gewicht und die Konturen zwischen Feind und Freund gewinnen an Schärfe. Die strategischen Entschlüsse bzw. Unterlassungen, die in diesem Zeitraum getroffen werden, bestimmen den weiteren Kriegsverlauf ganz wesentlich.

Zunächst konnte die deutsche Seite schwerwiegende Vorteile für sich buchen: Auf dem Kontinent stand – mit Ausnahme der Enklave Gibraltar – kein gegnerischer Soldat mehr, die Nordflanke in Norwegen war gesichert, und den Erzlieferungen aus Schweden drohte keine Gefahr. Die Kriegsmarine hatte eine Reihe von Stützpunkten an der Atlantikküste gewonnen, deren Wert besonders von Admiral Dönitz hoch eingeschätzt wurde, da man nun den U-Boot-Krieg gegen England erheblich wirksamer führen konnte. Die deutsche Luftwaffe hatte nur mehr die Royal Air Force zum Gegner, und das Heer konnte daran gehen, einen Teil seiner Verbände aufzulösen bzw. zu beurlauben, um der Wirtschaft Arbeitskräfte zuzuführen. Das Ansehen Hitlers im Volk und in der Wehrmacht war extrem gestiegen, und selbst die Angehörigen der militärischen Opposition hatten keine Handhabe mehr, ihre bisherigen Bedenken zu nähren. Hitler galt nun als siegreicher Feldherr. Die politischen Vorteile wogen nicht weniger schwer: Die europäischen Kleinstaaten und das neutrale Ausland orientierten sich mehr denn je auf den Sieger Deutschland und erwarteten einen Verständigungsfrieden mit England.

Doch diese Verständigung rückte in weite Ferne, da von London keine Friedenssignale ausgingen, verschiedene Fühlungnahmen erfolglos blieben und nicht zuletzt Hitlers „Appell an die Vernunft" vom 19. 7. 1940 auf Ablehnung stieß. Man kann zwar leichthin behaupten, dass mit dieser Ablehnung einer Verständigung die deutsche Strategie gescheitert sei; doch muss sich eine solche Kritik eingestehen, dass diese Strategie ursprünglich nur auf die Niederwerfung Frankreichs und die Besetzung der britischen Gegenküste ausgerichtet war und niemals die Niederringung Englands angestrebt hatte, da eben die Niederlage Frankreichs die britische Regierung friedensbereit machen sollte.

Allerdings hatte Hitler bereits in seiner Weisung Nr. 9 vom 29. 11. 1939 befohlen, Vorbereitungen für den Wirtschaftskrieg gegen England durch Marine und Luftwaffe zu treffen, wobei für den Fall geplant wurde, dass die England gegenüberliegende Festlandsküste in deutscher Hand wäre. Darunter fielen z.B. die Bekämpfung der Handelsschifffahrt, Hafenanlagen und Lagerstätten, die Schädigung von kriegswichtigen Industrien und die Dezimierung der britischen Flotte. Das Oberkommando der Marine (OKM) hatte schon am 20. 11. 1939 einen Operationsplan für die Invasion in England ausgearbeitet. Die Heeresführung war kurz darauf mit einer eigenen Studie gefolgt, die ziemlich optimistisch an die Lösung der Aufgabe heranging[67]. In der Endphase des Westfeldzuges begannen auch vorbereitende Überlegungen für den Luftkrieg, dem aber nur die Rolle zufiel, die britische Regierung verständigungsbereit zu machen, nicht aber England zu unterwerfen. Das OKM dachte in der Folge bereits an den Aufbau einer Schlachtflotte für den freien Ozean, indem sie den außer Kraft gesetzten Z-Plan wieder aufgriff.

Maßgebliche Diplomaten, führende Militärs[68] und große Teile des Auslandes rechneten nach dem deutschen Sieg über Frankreich mit einem Einlenken der britischen Regierung. Nach den Regeln der klassischen Diplomatie kam es der geschlagenen Seite zu, Friedensfühler auszustrecken, der siegreichen Seite hingegen, auf solche Friedensfühler zu warten, und niemand zweifelte daran, dass Deutschland der Sieger wäre. Die Bereitschaft, solche Friedensfühler zu akzeptieren, war am 19. 7. – wenn auch in knapper Form – gezeigt worden, doch die Regierung Churchill wies das Ansinnen Hitlers mit einer sehr eigenwilligen Begründung zurück. Diese von Lord Halifax gegebene Erklärung bestand im Wesentlichen aus moralischen Argumenten, wonach es die britische Regierung kategorisch ablehnte, mit einem Regime Frieden zu schließen, das viele Unrechtstaten begangen habe. Man verlangte, dass Deutschland das Recht auf Selbstbestimmung der europäischen Länder achte, den besetzten Staaten ihre Unabhängigkeit zurückgäbe und dafür Garantien gewähre[69]. Man erwartete konkrete Angebote, so dass dem Sieger die Rolle desjenigen zugeschoben wurde, der um Frieden ansuchte.

In noch schärferer Form wies das Foreign Office über Sir Robert Vansittard, den Berater des Außenministers, inoffizielle deutsche Friedensfühler zurück, die über Kontaktpersonen in Schweden liefen:

„... aber das Deutsche Reich und die Reichsidee sind seit 75 Jahren der Fluch der Welt, und wenn wir sie diesmal nicht erledigen, werden wir es nie tun, und sie werden uns erledigen. Der Feind ist das Deutsche Reich und nicht nur der Nazismus, und diejenigen, die das nicht begriffen haben, haben gar nichts begriffen...“[70]

Wenn auch die britische Regierung derartige Kontaktaufnahmen und Vermittlungsangebote nicht völlig zurückwies, sondern zum Schein Interesse bekundete, so mussten Hitler und Ribbentrop bald erkennen, das Großbritannien nicht willens war, einen Verständigungsfrieden zu schließen. Die britische Haltung erschien umso unverständlicher, als die deutsche Seite signalisiert hatte, das britische Empire nicht antasten zu wollen und nur bei den Kolonien Zugeständnisse erwartete. Hochrangige Persönlichkeiten, etwa der Herzog von Windsor, Lloyd George und Sir Samuel Hoare, wären bereit gewesen, das deut-

---

67 Der Generalstab der Luftwaffe erhob schwere Bedenken gegen den Optimismus der Heeresführung, da der Luftwaffe bei diesem Unternehmen die Hauptlast aufgebürdet wurde. (Siehe Egbert Kieser, „Unternehmen Seelöwe“. Die geplante Landung in England 1940, Esslingen – München 1987, S. 96 ff.).

68 So erklärte etwa Generalleutnant Jodl während der Kämpfe um den Kessel von Dünkirchen, dass der Krieg gewonnen sei und dass er nur noch beendet werden müsse; er gab damit offenbar die Meinung Hitlers wieder (Bernhard v. Loßberg, Im Wehrmachtführungstab, Hamburg 1950, S. 86).

69 Zu den Friedensfühlern und Geheimgesprächen siehe: Ulrich Schlie, Kein Friede mit Deutschland, München 1994, besonders 252ff.

70 Zitiert nach Günther W. Gellermann, Geheime Wege zum Frieden mit England..., Bonn 1995, S. 32.

sche Angebot anzunehmen. Dieser feste, ja fanatische Wille, den Krieg um jeden Preis fortzuführen, bildete die große Weichenstellung für die künftige Strategie der Groß- und Weltmächte. Die Entscheidung Churchills und seiner Gesinnungsfreunde, in einer höchst schwierigen Lage, die nach menschlichem Ermessen kaum Besserung erwarten ließ und mit vielen Hypotheken belastet war, wurde zum Angelpunkt für den weiteren Kriegsverlauf. Diese Entscheidung, die im Wesentlichen schon während des Kampfes um Dünkirchen gefallen war, beruhte viel mehr auf irrationalen Impulsen als auf einem nüchternen Kalkül. Sie bietet somit ein seltenes Beispiel für den Faktor Irrationalität im strategischen Handeln[71].

Versucht man, ein nüchternes, realistisches Bild der Lage zu erstellen, in der sich Großbritannien im Sommer 1940 befand, so bestand sehr wenig Aussicht, selbst mittelfristig einen Sieg über Deutschland zu erzielen. Man musste hingegen schon zufrieden sein, wenn es gelang, eine Invasion der Wehrmacht abzuwehren oder einen massiven Luftkrieg durchzuhalten. Es gab keine konkrete Aussicht, dass Präsident Roosevelt die USA in einen Krieg gegen Deutschland führen würde. Es gab auch keine konkrete Aussicht, dass die Sowjetunion auf die Seite Großbritanniens trat und damit einen Zweifrontenkrieg gegen Deutschland eröffnete, und bei den Versorgungsrouten über See musste man mit kräftigen Anstrengungen der Deutschen im U-Boot- und Kreuzerkrieg rechnen. Da sich Großbritannien vor allem als Seemacht verstand, würde jede Schwächung der Flotte einen Schritt in Richtung Niederlage bedeuten. Deutschland hingegen brauchte die britische Blockade und damit eine Verknappung an Rohstoffen kaum zu fürchten. Churchill und seine Anhänger folgten in ihrer Strategie kaum einem Vernunftkalkül, sondern typisch britischen Interessen, die auf traditionellen Werten, Nationalstolz und einer liberalen Weltanschauung beruhten[72].

Die Berufung auf traditionelle Werte verzichtete aber keineswegs auf rücksichtsloses Handeln, wenn es um die Durchsetzung von handfesten Vorteilen ging. So erklärte Churchill seinem Mitarbeiter John Colville am 9. Juli, dass nur eine totale Verwüstung Deutschlands durch massive Bombenangriffe Hitler in die Knie zwingen könne. Da die britische Bomberflotte im Augenblick viel zu schwach war, musste er sein Vorhaben in die Zukunft verlegen. Doch die britische Brutalität machte selbst vor dem ehemaligen Verbündeten Frankreich nicht halt: Churchill befürchtete nämlich, dass Einheiten der französischen Marine von den Deutschen gekapert würden oder sich ihnen freiwillig anschlössen[73]. Er ließ daher am 3. Juli im Zuge des Unternehmens „Katapult“ alle französischen Schiffe, die in britischen Häfen lagen, überfallartig beschlagnahmen und die Besatzungen internieren. Zur gleichen Zeit vernichtete das britische Mittelmeergeschwader völkerrechtswidrig große Teile der in Mersel-

Kebir bei Oran vor Anker liegenden französischen Schlachtflotte, die über modernste Schiffe verfügte.

Fasst man die britische Strategie nach der Niederlage auf dem Kontinent im Mai/Juni 1940 zusammen, so ragen folgende Ziele hervor:

- Verteidigung der britischen Inseln gegenüber einer Luftoffensive und einer Invasion zur See;
- Aufrechterhaltung der Seeverbindungen, insbesondere auf dem Atlantik;
- Gewinnung einer möglichst wirksamen Unterstützung durch die USA zur Stärkung der Durchhaltefähigkeit;
- Verteidigung der Positionen im Mittelmeer und im Nahen Osten;
- Einwirken auf die sowjetische Führung, um diese in eine Frontstellung gegenüber Deutschland zu bringen.

Während also Churchill die britische Strategie auf absolute Selbstbehauptung festlegte, keine Verluste und auch keine rechtswidrigen Handlungen scheute, rechneten Hitler und Ribbentrop bis Ende Juli mit einem Einlenken des Gegners. Hitler hielt sogar einen Kriegseintritt Japans, der in diesen Tagen angeboten wurde, für unerwünscht. Erst allmählich fand sich die oberste deutsche Führung mit der Tatsache ab, dass der Krieg gegen England weiterginge und dass ein Entschluss zu dessen Niederringung gefasst werden musste. Jodl hatte vorausschauend schon am 30. Juni eine Denkschrift verfasst, die im Wesentlichen drei Handlungsoptionen anbot: Abschnürung der britischen Insel durch Bekämpfung der Einfuhren und Vorräte mittels Marine und Luftwaffe („Belagerung"); Invasion („Unternehmen Seelöwe"); selbständiger Luftkrieg, um England zu zermürben und friedensbereit zu machen. Als Alternative führte er die Verlagerung der Kriegführung ins Mittelmeer an, um gemeinsam mit dem italienischen Heer die dortigen britischen Positionen samt dem Suezkanal zu erobern. Eine solche Strategie bot zwar Aussicht auf Erfolg, hätte aber kurzfristig keine Entscheidung gegen England herbeiführen können. Jodl postulierte daher, den Widerstandswillen Englands noch bis zum Frühjahr 1941 zu brechen[74]. Die indirekte Strategie wurde hingegen von Großadmiral Raeder aufgegriffen und mit Nachdruck verfochten.

Aus den Reaktionen Hitlers auf die Ablehnung seines Verständigungsangebotes vom 19. Juli geht aber hervor, dass er den Kampf gegen England als vor-

---

71 Dazu ausführlich: Richard K. Betts, Is Strategy an Illusion?; in: International Security 2/2000, S. 5 – 50, hier: S. 10/11.

72 Ebenda, S. 13.

73 Gemäß den Bestimmungen des Waffenstillstandes vom 22. Juni sollten die französischen Schiffe unter deutscher oder italienischer Aufsicht demobilisiert und entwaffnet werden.

74 Das Deutsche Reich und der Zweite Weltkrieg, Stuttgart 1979, Band 2, S. 369, S. 382.

rangig betrachtete, wenn er auch des Öfteren betonte, dass aus seiner Sicht ein Zerfall des britischen Weltreiches unerwünscht wäre, da dies nur den USA und Japan zugute käme[75]. Außerdem spielte zu diesem Zeitpunkt bereits das Problem Sowjetunion eine Rolle. Diese Einschätzung unterstreicht das strategische Dilemma, in dem sich Deutschland im Sommer 1940 befand: Wie konnte man England militärisch zum Nachgeben zwingen, gleichzeitig den Zerfall des britischen Reiches verhindern, ohne in einen längeren Krieg verwickelt zu werden? Wie konnte man ein befürchtetes Eingreifen der Flankenmacht USA und eine Haltungsänderung der Flankenmacht Sowjetunion zu Lasten Deutschlands verhindern? Welche Strategie eignete sich dafür am besten?

Seitens des Oberkommandos der Marine erschien der Vorschlag von Dönitz, möglichst rasch die U-Boot-Flotte zu vergrößern und von den Atlantikstützpunkten einen rücksichtslosen Handelskrieg zu führen, um England entscheidend zu schwächen, erfolgversprechend; allerdings würde ein Erfolg, der den Zusammenbruch Englands bewirkte, nicht vor 1942 eintreten. Es hätte aber einer monatlichen Versenkung von mindestens 0,8 Mill. Bruttoregistertonnen (BRT) Schiffsraum über einen längeren Zeitraum hindurch bedurft, um die Versorgung Englands über See und somit England tödlich zu treffen. Dönitz forderte den Bau von 180 U-Booten bis Ende 1941, da nur mit dieser Flotte das Ziel zu erreichen wäre[76]. Darüber hinaus weigerte sich Göring, der Marine die für den U-Boot-Krieg wichtige Fernaufklärung zu überlassen. Die U-Boot-Flotte erzielte zwar zwischen Juni 1940 und März 1941 Versenkungserfolge in der Höhe von fast 2,2 Mill. BRT, womit aber der Lebensnerv Englands nicht getroffen werden konnte. Eine Militärstrategie, die auf die „Belagerung" Englands setzte, hätte ein enges Zusammenwirken zwischen Marine und Luftwaffe unter einem einheitlichen Kommando vorausgesetzt, wobei die fliegenden Verbände die engere Abschnürung zu übernehmen gehabt hätten[77].

Die zweite Option, die gemäß der Weisung Nr. 16 vom 16. 7. 1940 vorbereitet wurde, betraf die Invasion an der Südküste Englands. Im Gegensatz zu den maßgebenden Marinedienststellen sah das Heer einer Landung in England optimistisch entgegen. So hatte der Oberbefehlshaber des Heeres schon am 20. Juni Hitler gedrängt, für den Fall der Unnachgiebigkeit Englands möglichst bald eine Landeoperation zu unternehmen[78]. Aber auch Raeder hatte an diesem Tage von Hitler gefordert, Druck auf die Luftwaffenführung auszuüben, damit diese möglichst bald den Kampf gegen die britische Marine eröffnete, den er als Hauptgegner ansah. Damit wurde zum ersten Mal in einer Besprechung der Spitzenmilitärs die entscheidende Rolle der Luftwaffe umrissen, wobei es aber nicht um einen selbständigen Luftkrieg, sondern um die Vorbereitung der Invasion und die massive Unterstützung für die Landungstruppen und Transportschiffe durch die Luftwaffe ging. Göring hatte am 30. Juni eine Weisung erlassen, wonach der Kampf gegen die britischen Luftstreitkräfte und gegen die Versorgungsschifffahrt erst nach intensiver Vorbereitung begonnen werden sollte. Angriffe auf britische Kriegsschiffe wurden nur am Rande erwähnt.

Während der Heeresgeneralstab das Unternehmen als eine Art von „Flussübergang in breiter Front" betrachtete und zunächst den 10. August als Angriffsbeginn in Aussicht nahm, wusste das OKM sehr wohl, was dem „Unternehmen Seelöwe" seitens der britischen Marine drohte. Sie würde sich voll und ganz einsetzen und keine Verluste scheuen, um die deutsche Invasion zum Scheitern zu bringen. Bei dieser triphibischen Operation müsse die Luftwaffe mit voller Kraft gegen die britische Marine kämpfen. Raeder erhob diese Forderung bei Hitler mehrmals, einerseits um die Verantwortung überwiegend der Luftwaffenführung aufzubürden, andererseits deshalb, da die Marine infolge der schweren Verluste, die sie im Zuge der Besetzung Norwegens erlitten hatte, im Wesentlichen nur 3 leichte Kreuzer und 8 Zerstörer aufbieten konnte[79].

Mit dem Entschluss, eine Invasion in England vorzubereiten, wählte also die oberste deutsche Führung die direkte Strategie. Allerdings bestanden erhebliche Auffassungsunterschiede zwischen Hitler und Jodl einerseits und dem Generalstab des Heeres, dem sich Raeder nur unter Vorbehalten anschloß, anderseits. Die erstgenannte Denkrichtung wollte England durch Luftangriffe militärisch und rüstungswirtschaftlich so schwächen, dass die Landung gewissermaßen als „Fangstoß" dienen sollte. Demgegenüber wollte die Heeresfüh-

---

75 Below, Als Hitlers Adjutant, a.a.O., S. 240.

76 Es sei vorausgeschickt, dass Dönitz erst im März 1943 über 222 Frontboote, davon 182 im Atlantik, verfügte, ein Potential, das rein vom Umfang her zu einer Abschnürung Englands ausgereicht hätte, falls es schon im Laufe des Jahres 1941 einsatzbereit gewesen wäre.

77 Erst im Anfang 1941 wurden der Marine einige wenige viermotorige Flugzeuge Focke-Wulf 200 abgetreten. Ab März 1941 leitete der „Fliegerführer Atlantik" die Einsätze; Anfang 1944 unterstanden ihm 3 Kampfgruppen, 1 Zerstörer- und 1 Aufklärergruppe (später X. Fliegerkorps).

78 Hitler hatte aber diese Operation für überflüssig gehalten, da England nach Luftangriffen nachgeben werde und das Heer nur mehr das Land zu besetzen hätte (Heeresadjutant bei Hitler 1938 – 1943. Aufzeichnungen des Majors Engel, ed. Hildegard v. Kotze, Stuttgart 1974, S. 83).

79 So war der schwere Kreuzer „Hipper" nur bedingt seetauglich; der Neubau „Prinz Eugen" würde erst Ende 1940 zur Verfügung stehen; die beschädigten Schlachtkreuzer „Scharnhorst" und „Gneisenau" sowie die Panzerschiffe „Scheer" und „Lützow" würden vor Ende 1940 nicht einsatzfähig sein; siehe: Duncan Grinnell-Milne, Der stille Sieg. Schicksalhafter September 1940, Tübingen 1958, S. 44.

rung eine Luftoffensive, die der Vorbereitung der Landung diente, also die Küstenverteidigung und die Hafenbefestigungen niederkämpfte. Das OKM hielt jedoch ein Landeunternehmen nur dann für erfolgversprechend, wenn vorher die britische Flotte schwer geschädigt wurde. Raeder hatte von allen Oberbefehlshabern die meisten Bedenken gegen „Seelöwe", auch wenn er die Bereitstellung und Ausrüstung der Landungsflotte unter Verwendung zahlreicher Improvisationen energisch betrieb. Er forderte aber ebenso wie die Heeresführung die Erringung der Luftherrschaft als wichtigste Voraussetzung für ein Gelingen[80].

Es lag nun bei Görings Luftwaffe, England so zu zermürben, dass es „invasionsreif" wäre. Alles weitere hing vom Erfolg in der Luftschlacht ab. Auch die Luftwaffenführung hatte sich an den Landeplänen beteiligt und z.B. mit der Aufstellung einer Fallschirmjägerdivision begonnen. Allerdings fehlte ein übergeordnetes Kommando, das Vorbereitung und Durchführung des triphibischen Unternehmens leiten konnte, und es lag auf der Hand, dass die Rivalität zwischen den drei Wehrmachtteilen die Bildung eines solchen Kommandos äußerst erschweren würde.

Nachstehende Übersicht stellt das Kräfteaufgebot der Luftwaffe dar, mit dem sie sich auf die Luftschlacht vorbereitete. Die zahlenmäßige Stärke erreichte fast den Kräftestand vor Beginn des Westfeldzuges, doch kam es in erster Linie auf die Jagdflugzeuge beider Seiten an. Hierbei fiel die technische Qualität der britischen Jäger, die mit Masse den deutschen gleichwertig, in Teilbereichen sogar überlegen waren, mehr ins Gewicht als das Zahlenverhältnis.

Die Kräfte der Luftflotten 2, 3 und 5 am 20. 7. 1940[81]

Gattung	Ist-Stand	einsatzbereit
11 Kampf-, 4 Sturzkampf-, 8 Jagd-, 3 Zerstörer-, 1 Lehrgeschwader		
Fernaufklärer	134	96
Bomber	1.260	864
Sturzkampfbomber	316	248
Jäger*)	893	725
Zerstörer	280	200
Summe	2.883	2.133

*) Am 10. August waren 702 deutsche Jäger einsatzbereit, wogegen das britische Jägerkommando zu diesem Zeitpunkt über 56 Staffeln mit 711 einsatzbereiten Jägern verfügte; daneben waren ca. 500 einsatzbereite Bomber vorhanden.

Die drei bereitgestellten Luftflotten begannen ihre Angriffe derart spät, nämlich am 13. August, dass greifbare Erfolge im Niederkämpfen der britischen Jägerwaffe erst Ende August/Anfang September sichtbar wurden. Damit verlagerte sich der voraussichtliche Landungstermin in das letzte Septemberdrittel, was einen weiteren Nachteil bewirkte, da man in die Nähe der Schlechtwetterperiode kam[82]. Das vom Nachrichtendienst der Luftwaffe sträflich unterschätzte britische „Jägerkommando" (samt der Ersatzzuführung) fügte den Angreifern unerwartet hohe Verluste zu, obwohl rein rechnerisch zwischen den Jägerkräften fast Gleichstand herrschte. Der Kampf konzentrierte sich immer mehr gegen die Bodenorganisation der britischen Jagdflieger, wobei die in Südengland kämpfende 11. Jagddivision an den Rand des Zusammenbruchs geriet. Die zahlenmäßige Überlegenheit der deutschen Luftwaffe wurde durch die taktischen Vorteile des Verteidigers mehr als aufgewogen[83], so dass man noch immer um die Luftüberlegenheit kämpfte, als man längst zu Angriffen zugunsten der Invasionsvorbereitung übergehen sollte.

In dieser Phase beging die Luftwaffenführung den schweren Fehler, den Kampf gegen die britischen Jagdfliegerplätze zurückzustellen und ab 7. 9. das Großziel London anzugreifen, um – wie man hoffte – die letzten Reserven an gegnerischen Jagdfliegern zum Kampf zu stellen und zu vernichten. Mit diesem Schwenk gewann die britische Jagdwaffe die entscheidende Atempause, um sich zu regenerieren. Die bei den Angriffen auf London erlittenen Verluste wogen aber so schwer, dass Hitler am 17. 9. entschied, das „Unternehmen Seelöwe" auf unbestimmte Zeit zu verschieben. Obwohl Göring noch zwei

80 Selbst nach radikaler Verkürzung des Landeabschnittes in Südengland auf etwa 100 km zweifelte Raeder am Erfolg des Unternehmens. Die Hauptprobleme waren der äußerst knappe Schiffsraum für das Übersetzen von rund 90.000 Mann der ersten Welle, die mangelnde Brauchbarkeit vieler Transportmittel und der unzureichende Schutz der Seeflanken. Dazu ausführlich: Egbert Kieser, „Unternehmen Seelöwe". Die geplante Landung in England, Essling – München 1984, S. 131ff.

81 Gemäß: Udo Volkmann, Die britische Luftverteidigung und die Abwehr der deutschen Luftangriffe während der „Luftschlacht um England" bis zum Juni 1941, Osnabrück 1982, S 137. – Hillgruber/Hümmelchen, Chronik des Zweiten Weltkrieges, a.a.O., S. 41, geben für den 10. 8. an: 998 Bomber, 316 Sturzkampfbomber, 702 Jäger, 261 Zerstörer und 78 Aufklärer einsatzbereit, also insgesamt 2.355 einsatzbereite Kampfflugzeuge.

82 Auf Grund der seemännischen Erfordernisse kam am ehesten ein Termin zwischen dem 20. und 23. September in Betracht. An Heereskräften wurden samt Reserven 39 Divisionen aufgeboten.

83 Dazu zählten vor allem eine Radarwarnkette entlang der Küste, die eine frühe Erfassung der deutschen Flugzeuge ermöglichte, die teilweise Dekodierung deutscher Funksprüche, die längere Verweildauer der britischen Jäger in der Luft, die größeren Chancen auf Rettung der abgeschossenen Piloten und der rasche Flugzeugersatz.

Tage zuvor mit einem Gelingen der Luftoffensive gerechnet hatte[84], mussten sich die Verantwortlichen eingestehen, dass man das Verlustverhältnis falsch berechnet hatte und dass es nicht gelungen war, eine dauerhafte Luftüberlegenheit zu erzielen. Angesichts der bevorstehenden Schlechtwetterperiode und der britischen Luftangriffe auf die bereitliegende Transportflotte lag es nahe, auf die Landeoperation zu verzichten.

Es erscheint müßig, Überlegungen über die Erfolgsaussichten einer Invasion im September 1940 anzustellen, da eine der wichtigsten Voraussetzungen, nämlich eine solide Luftüberlegenheit, nicht erreicht wurde. Sicherlich waren dafür die Erkenntnisse aus der Entschlüsselung des deutschen Funkverkehrs, die der höchsten Geheimhaltungsstufe (ULTRA) unterlagen, nicht ausschlaggebend. Die Luftwaffenführung hatte immerhin im Juli wertvolle Zeit verstreichen lassen, ehe sie den Großangriff einleitete. Der verfrühte Zielwechsel auf London hatte die Leistungsgrenzen der Luftwaffe aufgezeigt, abgesehen davon, dass sie noch keine Aktionen zur direkten Unterstützung der Invasion, etwa Angriffe auf die Stellungen an der Südküste, unternommen hatte. Es erscheint andrerseits allzu spekulativ, wenn man meint, dass es nur eines Führerbefehls bedurft hätte, um Göring, v. Brauchitsch und Raeder zu einer Einigung über einen gemeinsamen Angriffsplan zu bringen. Auch kann man schwerlich behaupten, dass im Falle eines Beginns der Luftoffensive schon am 10. Juli der „Englandfeldzug" bereits im August hätte beginnen können[85]. Immerhin ist einzuräumen, dass selbst unter Annahme günstiger Umstände ein großes Restrisiko für „Seelöwe" bestanden hätte.

Der schrittweise Abbruch der Luftschlacht um England bedeutete zwar taktisch ein Unentschieden, hatte aber strategisch gesehen tiefgreifende Auswirkungen zugunsten Deutschlands. Großbritannien hatte Präsident Roosevelt und den amerikanischen Militärs bewiesen, dass es erfolgreich Widerstand leisten konnte und sehr wohl wert war, nach Kräften unterstützt zu werden. Die Rede Roosevelts vom 19. Juli ließ keinen Zweifel daran, dass er fest hinter England stünde. Am selben Tag unterzeichnete er ein Gesetz, das den Aufbau einer Flotte für den Einsatz auf zwei Ozeanen regelte, womit er deutlich gegen Deutschland Position bezog, und am 2. September folgte die Überlassung von 50 Zerstörern an die Royal Navy gegen Abtretung von britischen Seestützpunkten im Atlantik. Damit wurden die ärgsten britischen Sorgen behoben, die den Mangel an Geleitschiffen in der Atlantikschlacht zu spüren bekamen. Mit weiteren wirksamen Maßnahmen Roosevelts war zu rechnen, auch wenn der von Churchill ersehnte Kriegseintritt der USA keinesfalls in Reichweite lag.

Die Konfrontation Deutschlands mit der weit überlegenen Seemacht USA erschien also vorprogrammiert. Die oberste Führung in Berlin entschloss sich aber nicht für energische Schritte im Rahmen einer indirekten Strategie, etwa zur Verschärfung des Zufuhrkrieges, sondern beließ den Krieg im Schwebezustand.

Die deutsche Strategie im Zugzwang

In dieser Phase kam es zu vielerlei Überlegungen und Nebenaktionen, aber zu keinem Anlauf, Großbritannien auf anderem Wege beizukommen. Aus verschiedenen Gründen richtete sich – was noch darzustellen ist – das Interesse Hitlers auf die Sowjetunion, womit Großbritannien kostbare Zeit erhielt, seine Verteidigung zu verstärken und einen Angriff gegen die italienische 10. Armee in Libyen vorzubereiten. Hitler maß dem Kampf an der Peripherie, d.h. im Mittelmeer und in Nordafrika, geringe Bedeutung zu und versäumte somit die günstigste Phase, gemeinsam mit Italien den Krieg im Mittelmeer in einem Zug zu entscheiden. Selbst wenn man die Einschätzung vertrat, dass auf diesem Nebenkriegsschauplatz keine Entscheidung gegen England zu erzielen wäre, hätte eine deutsch-italienische Offensive, die vor allem vom OKM vorgeschlagen wurde, sehr große Vorteile geboten[86].

So wäre eine Einnahme von Malta der Schlüssel zur Herrschaft im zentralen Mittelmeer und zur Sicherung der Transportwege nach Nordafrika gewesen, die später zur Achillesferse der deutsch-italienischen Afrika-Armee unter General Rommel werden sollten. Eine Überführung von 2 – 3 Panzerdivisionen noch im Spätsommer 1940 hätte angesichts der argen Schwäche der Briten im Mittelmeer nicht nur einen baldigen Angriff auf Ägypten und den Suezkanal ermöglicht, sondern auch eine sehr unangenehme zweite Front gegen England eröffnet, das in Erwartung der deutschen Invasion stand.

Die Vertreibung der Briten aus Ägypten würde des Weiteren den Rückzug oder gar die Dezimierung des Alexandrien-Geschwaders bewirkt und jeden

84 An diesem Tag, als sich Göring scharf gegen die Marineführung äußerte, der er Angst vor dem Landeunternehmen vorwarf, erlitt die Luftwaffe ihre bisher schwersten Verluste über England. (Engel, Heeresadjutant bei Hitler, a.a.O., S. 87).

85 Diese Behauptungen finden sich in Kieser, „Unternehmen Seelöwe", a.a.O., S. 304/305. – Auch wenn es gelungen wäre, rechtzeitig eine deutliche Luftüberlegenheit über Südengland zu erringen, hätte die Invasion unmittelbar darauf folgen müssen, um die Gunst der Lage zu nützen. Doch England konnte noch immer seine verbliebenen Jäger und seine ganze Bomberwaffe, nicht zuletzt seine weit überlegene Flotte, rücksichtslos zur Bekämpfung der Landungsarmee einsetzen.

86 Diese Überlegung der „Achsenmächte" wurde auch von britischer Seite bestätigt; siehe: Walter Baum/Eberhard Weichold, Der Krieg der im Mittelmeer-Raum, Göttingen – Zürich – Frankfurt 1973, S. 141; ergänzend: Loßberg, Im Wehrmachtführungsstab, a.a.O., S. 94ff.

späteren Versuch der Briten vereitelt haben, auf Kreta und auf dem griechischen Festland Fuß zu fassen, wie dies nach dem Angriff Italiens auf Griechenland Ende Oktober 1940 eintreten sollte. Der später so verlustreiche Luftlandeangriff auf Kreta im Mai 1941 wäre ebenso hinfällig geworden wie die Verlegung starker Luftwaffenverbände in den Mittelmeerraum. Überdies hätte sich den deutsch-italienischen Kräften in dieser Lage die Möglichkeit geboten, nach Nahost bis zu den Erdölquellen des Irak vorzudringen: eine verlockende Perspektive für die Kriegswirtschaft! Die Respektierung des „Parallelkrieges" Italiens nahm somit der deutschen Seite die Chance, noch 1940 die geostrategische Südflanke offensiv zu bereinigen und den schwächeren Partner Italien dauerhaft zu stabilisieren[87].

Stattdessen war Hitler unschlüssig und tastete nach neuen Ansätzen. Der politische Versuch, in Zusammenwirken mit Spanien zum Ziel der Eroberung Gibraltars zu kommen, scheiterte an den hohen Forderungen von Staatschef Franco. In dieser Phase wurde Hitler vom italienischen Angriff auf Griechenland am 28. Oktober völlig überrascht, der eine lästige Kriegsausweitung bewirkte, die der deutschen Militärstrategie völlig zuwiderlief. Nicht nur, dass nun die Briten Griechenland zu Hilfe eilen konnten, sondern das baldige Scheitern der Offensive in Albanien erforderte das Eingreifen Deutschlands in einem geopolitischen Raum, den die deutsche Führung am besten gemieden hätte. Aber was schwerer wog, war der Umstand, dass nun die deutsche Kriegsplanung für das Jahr 1941 schwer ins Wanken geriet. Die Kehrtwendung gegen die Sowjetunion, das „Unternehmen Barbarossa", warf ihre Schatten voraus.

Hitler und seine engsten Mitarbeiter hatten bereits Mitte Juni 1940, kurz vor Beendigung des Westfeldzuges, zur Kenntnis nehmen müssen, dass die Sowjetunion nach der Übermittlung von Ultimaten die drei baltischen Staaten, die nur als „Interessensphäre" galten, besetzt und in Sowjetrepubliken umgewandelt hatte. Genauso ging Stalin bei Rumänien vor, das Ende Juni/Anfang Juli sowohl Bessarabien als auch den Großteil der Bukowina an Sowjetrussland abtreten musste. Die Reichsregierung konnte Rumänien nur zur Annahme des Ultimatums raten, da fast alle deutschen Armeen noch im Westraum standen. Der Aufmarsch starker sowjetischer Kräfte samt Luftlandetruppen ließ am Willen, das Ultimatum auch mit Waffengewalt durchzusetzen, keinen Zweifel[88].

Zu diesem Zeitpunkt standen an der Ostgrenze nur 9 Divisionen als Sicherung, die bis zum 20. 7. 1940 auf 23 vermehrt wurden. Stalin ließ durch diese Annexionen seine große Überraschung, ja Bestürzung, über die großen Erfolge der Wehrmacht in Westeuropa durchblicken. Seine Strategie war auf die Voraussetzung einer langen, zermürbenden Auseinandersetzung zwischen Deutschland und den Westmächten ausgerichtet gewesen. Da aber sein Kalkül im Frühjahr 1940 in sich zusammenfiel, ging er offenkundig hastig an die Sicherstellung seiner „Beute", die ihm der Vertrag vom 23. 8. 1939 nach seiner Interpretation zugestand, wobei aber die Einverleibung der Bukowina dem Wortlaut des Zusatzprotokolls nach nicht gedeckt war[89].

Diese Aktion erweckte beim deutschen Diktator den Eindruck, dass Stalin auch künftig kaltblütig jede Schwäche Deutschlands, solange der Krieg gegen England andauerte, ausnützen würde, was schließlich zu glatter Erpressung führen könnte. Dazu kam der Verdacht, dass die britische Regierung die Sowjetunion über kurz oder lang als Verbündeten gewinnen wolle, und die Entsendung des sowjetfreundlichen Sir Stafford Cripps als neuen Botschafter nach Moskau nährte diesen Verdacht, auch wenn Cripps vorerst keine außenpolitische Kursänderung bei Stalin erwirken konnte.

Nicht Hitler, sondern der Generalstab des Heeres hatte als erster Maßnahmen zum Schutze der entblößten Ostgrenze getroffen (26. Juni). Am 3. Juli erörterte Halder mit dem Chef der Operationsabteilung den strategischen Zweck eines Ostfeldzuges, nämlich England jede Hoffnung auf einen siegreichen Kriegsausgang zu nehmen. In dieser Hinsicht zeichnete sich Übereinstimmung mit Hitler ab. Er griff am 31. Juli, während die Vorbereitungen zum Angriff auf England liefen, in die Überlegungen ein und wies den Generalstab des Heeres an, dass man einen Angriff auf Sowjetrussland planerisch vorbereiten solle, gesetzt den Fall, dass es nicht gelänge, in absehbarer Zeit zu einer Verständigung mit Moskau zu kommen. Das Kalkül hieß: England wolle offenbar nicht nachgeben, da es auf die USA und die Sowjetunion hoffe; die Sowjetunion sei gewissermaßen der „Festlandsdegen" Londons; wenn dieser potentielle Verbündete wegfiele, müsse Großbritannien die Chancenlosigkeit seiner Anstrengungen einsehen und Frieden schließen[90].

---

87 Selbst wenn der Stützpunkt Gibraltar in britischem Besitz geblieben wäre, hätten sich die Chancen Englands, auch wenn man eine Unterstützung durch die USA in Rechnung stellt, extrem vermindert, wieder im Mittelmeerraum Fuß zu fassen. Der Marine wäre außerdem die Entsendung von wertvollen U-Booten ins Mittelmeer erspart geblieben.

88 Stalin ließ dazu 10 Schützen-, 1 Kavalleriekorps und 2 Luftlandebrigaden aufmarschieren; siehe Michael Meltjuchov, Die versäumte Chance Stalins, Moskau 2002 (Kartenbeilage nach S. 224).

89 Gemäß dem geheimen Zusatzprotokoll hatte Deutschland nur sein „Desinteresse" an Bessarabien zugesichert, also an den Landesteilen, die ostwärts des Prut lagen. Moskau berief sich hingegen auf historische Ansprüche aus der Zeit vor 1914.

90 Zur Entwicklung der Planungen: Bernd Stegemann, Geschichte und Politik, in: Beiträge zur Konfliktforschung 1/1987, S. 73 – 97.

Nachdem am 9. August im OKW die Entscheidung gefallen war, eine ausreichende Aufmarsch- und Versorgungsbasis in Ostpreußen und im besetzten Teil Polens zu schaffen, begann der Heeresgeneralstab mit den operativen und organisatorischen Planungen. Noch ist politisch nichts entschieden, noch steht die Wehrmachtführung in der Vorbereitung einer Landung in England und dennoch stellt man sich beim Generalstab des Heeres auf die neuen Erfordernisse ein.

Am 17. 9., als der Misserfolg der Luftwaffe über England nicht mehr zu übersehen war, leitete der Generalstab eine Neuverteilung der Kräfte ein. Von einer Verringerung des Heeres auf 120 Divisionen, wie man sie nach dem Sieg im Westen beschlossen hatte, war keine Rede mehr, sondern im Gegenteil: Das Heer musste entsprechend der neuen Lage verstärkt werden. Im Westen sollten künftig $45^{2/3}$ Divisionen verbleiben, in den übrigen besetzten Gebieten 10, während für den Osten 128 Divisionen, darunter 31 Panzer- und motorisierte Großverbände, vorgesehen waren. Demgegenüber vertrat der Generalstab so wie der Luftwaffenführungsstab die Auffassung, dass für den Fall eines Zweifrontenkrieges vorerst eine Aufrüstung der Luftwaffe auf das Vierfache erforderlich sei[91].

Diese Umstände umreißen das Dilemma der deutschen Seite, die zwar eine feste Basis in West- und Mitteleuropa gewonnen, aber noch immer kein Konzept für eine gewinnbringende „Grand strategy" gefunden hatte. Noch war keine Entscheidung gefallen, noch hing alles in der Schwebe, und es verging kostbare Zeit. Erst der Besuch von Außenminister Molotov am 12. und 13. November 1940 schuf Klarheit, aber auch Ernüchterung über die sowjetischen Ziele. Hitler und Ribbentrop mussten schnell einsehen, dass eine Strategie, die auf eine enge Einbeziehung Sowjetrusslands in den Kampf gegen Großbritannien abzielte, auf wenig Interesse stieß; vielmehr erhob Molotov in Übereinstimmung mit Stalin territoriale Ansprüche, die weit über das hinausgingen, was man vielleicht als Preis für ein sowjetisches Stillhalten hinnehmen konnte.

Die Forderungen Molotovs nach Einflussgebieten – Finnland, Westpolen, Ungarn, Jugoslawien, die türkischen Meerengen und die Ostseeausgänge – überschritten bei weitem die Grenze des von Deutschland Akzeptierbaren. Auch das Ansinnen nach Abschluss eines neuen deutsch-sowjetischen Vertrages trug zur Irritation bei. Offenbar schätzte der sowjetische Verhandlungspartner die Position seines Landes derart günstig ein, dass er sich zu Forderungen ermutigt fühlte, die Deutschland bei Fortdauer des Krieges immer mehr in die Abhängigkeit Moskaus gebracht hätten. Das von Molotov im Auftrag Stalins an Hitler überreichte Präsent besaß diesbezüglich hohen symbolhaften Wert: Es stellte die alttestamentliche Szene dar, wie der junge Tobias im babylonischen Exil seinen erblindeten, hilflosen Vater Tobit heilt[92]. Die Botschaft war eindeutig: Hitler möge sich als nunmehr durch den Pakt mit Stalin Geheilter vertrauensvoll der Führung des sowjetischen Diktators beugen. Damit wird eine mittelfristige Strategie sichtbar, die bei erfolgreicher Durchführung Stalin schließlich zum „Schiedsrichter Europas" gemacht hätte.

Es erscheint allerdings unlogisch, wenn man die Forderungen Molotovs so interpretiert, als ob die Sowjetunion bereits wichtige geopolitische Positionen mit Blick auf die künftige Niederlage Deutschlands beanspruchen wollte. Warum sollte der Realpolitiker Molotov Zugeständnisse von einem Partner fordern, die erst nach der Niederlage dieses Partners wirksam werden konnten? Hatte er gar schon die Unterwerfung des Partners unter die eigene Dominanz vorweggenommen? Viel eher kann man das Verhalten Molotovs so erklären, dass er mit derart hohen Forderungen die deutsche Seite irritieren oder gar provozieren wollte. Falls die Deutschen die Provokation annähmen und sich zum Angriff entschließen würden, konnte man in Anbetracht der Stärke der Roten Armee einen Erstschlag der Wehrmacht abwehren und gleichzeitig die Deutschen als Aggressor vor aller Welt anprangern. Alle offensiven Handlungen und Gewaltakte der Sowjetunion, die dann folgen würden, könnte man leichthin als Gegenmaßnahmen bezeichnen. Es spricht daher einiges für die „Provokationsthese"[93], die ernst zu nehmen ist. Hitler fühlte sich nach den Verhandlungen mit Molotov geradezu erleichtert, da er die Überzeugung gewonnen hatte, dass er die Ambitionen der Sowjetunion in Mittel- und Südosteuropa unbedingt, auch mit Gewalt, vereiteln musste[94].

---

91 Generaloberst Halder, Kriegstagebuch, 1939 - 1942, bearbeitet von Hans-Adolf Jacobsen, Stuttgart 1963, Band II, S. 129 (zitiert: KTB Halder).

92 Es handelt sich um das Gemälde eines russischen Künstlers des 19. Jhdts. aus dem Bestand der Eremitage. Der geheilte Tobit war aber weiterhin von seinem Sohn abhängig, da er im Exil seine Hände eingebüßt hatte. Über die Reaktion Hitlers ist nichts bekannt, aber Martin Bormann ließ das Gemälde schnell verschwinden. Es gelangte nach Kriegsende über verschlungene Pfade in Privatbesitz und lag später in einem Tresor der Stuttgarter Landesbank (Werner Maser, Fälschung, Dichtung und Wahrheit über Hitler und Stalin, München 2004, S. 194ff.).

93 Die „Provokationsthese" erscheint logisch, wenn man annimmt, dass die Rote Armee einen Krieg gegen Deutschland nicht zu scheuen brauchte; demgemäß sollte Deutschland zum Angriff herausgefordert werden, um dann die eigenen Eroberungspläne unter dem Mantel des „Großen Vaterländischen Krieges" zu tarnen (Ernst Topitsch, Stalins Krieg. Moskaus Griff nach der Weltherrschaft – Strategie und Scheitern, 4. Aufl., Herford 1993, S. 145ff.).

94 Hitler begründete diesen seinen Entschluss noch im Februar 1945 (Hitlers politisches Testament, Hamburg 1981, S. 80). Schon am 15. 11. gab Hitler die Weisung zur Errichtung von 3 Heeresgruppen-Gefechtsständen und seines späteren Hauptquartiers „Wolfsschanze" in Ostpreußen.

Man steht in dieser Phase vor einer wichtigen Weichenstellung: Schon einen Tag nach dem Besuch von Molotov versuchte Raeder, so wie auch später, Hitler vom Angriffsgedanken gegen die Sowjetunion abzubringen, indem er die Belange der Marine im Kampf gegen England hervorhob. Demnach sollte also zunächst Großbritannien besiegt bzw. zum Waffenstillstand gezwungen werden, ehe man sich gegen Sowjetrussland wandte. Die Marinerüstung erforderte aus dieser Sicht Priorität. Ein Feldzug gegen die Sowjetunion bedeutete einen Zweifrontenkrieg, auch wenn er nicht deutlich ins Bewusstsein der Öffentlichkeit drang. In diesem Fall mussten erhebliche Teile des Heeres in Frankreich, Belgien, Holland und in Norwegen verbleiben, um die Küsten und das Hinterland zu schützen. Außerdem konnte man nicht absehen, wie viele Truppen erforderlich sein würden, um den Verbündeten Italien zu unterstützen und die britischen Verbände zum Rückzug aus Griechenland zu zwingen. Auch die Luftwaffe konnte nicht in voller Stärke im Osten auftreten; neben der Luftverteidigung im Westen und über dem Heimatgebiet mussten voraussichtlich Verbände zum Kampf gegen die Engländer im Mittelmeer und in Nordafrika abgezweigt werden.

Welche Strategie sollte nun Vorrang erhalten? Fortsetzung des Kampfes gegen England auf dem Atlantik, eventuell auch im Mittelmeer, unter Erwägung einer zweiten Luftoffensive oder gar einer Landung in England? Aber niemand konnte vorhersehen, wann das britische Mutterland vor dem Zusammenbruch stünde. Das hieße jedoch, unter hohen Zeitdruck zu geraten, da die amerikanische Waffenhilfe für London immer wirksamer werden würde, während die „Sphinx" im Osten ungestört rüsten und sich zu einer Bedrohung entwickeln könnte, der man auf Dauer nicht gewachsen wäre. Umso länger der Krieg gegen England dauerte, desto mehr würde man in die Abhängigkeit Stalins geraten, und außerdem war ein britisch-sowjetisches Bündnis nicht von der Hand zu weisen. Auf mittlere Frist, etwa 1942, konnte mit einem sowjetischen Angriff gerechnet werden, besonders dann, wenn die Wehrmacht anderswo einen ernsten Rückschlag erlitten hätte[95].

Andererseits kam die strategische Alternative in Frage, in Anbetracht des gespannten Verhältnisses zur Sowjetunion sich im Osten rein defensiv zu verhalten, entsprechend aufzumarschieren, hingegen die Rüstungsanstrengungen auf Luftwaffe und Kriegsmarine zu konzentrieren, um einen Invasionsversuch gegen England im Jahre 1941, besser vorbereitet als 1940, zu wagen. Dies hieße, nicht auf eine langwierige Abschnürung der britischen Insel von den Zufuhren zu setzen, sondern England im direkten Zugriff entscheidend zu treffen. Bei der Marine konnte man bis zum Frühjahr 1941 neben den reparierten Schlachtkreuzern „Scharnhorst" und „Gneisenau" auch auf das inzwischen einsatzbereit gewordene Schlachtschiff „Bismarck" und den schweren Kreuzer „Prinz Eugen" setzen; kurz darauf würde auch das Schlachtschiff „Tirpitz" kampfbereit sein. Allein die beiden Schlachtschiffe zählten zu den besten der Welt. Gemeinsam mit einer verstärkten Luftwaffe, die aus den Fehlern der Luftschlacht um England gelernt hätte, könnte man das nachholen, was man im September 1940 versäumt hatte.

Allerdings blieb es fraglich, ob das Heer bis dahin die nötige Stärke erreicht hätte, um einen möglichen Großangriff der Roten Armee abzuwehren. Es musste nämlich in Rechnung gestellt werden, dass Stalin gerade die Bindung starker Wehrmachtteile im Westen für einen Überraschungsangriff ausnützte[96]. Eine rüstungsmäßige Bevorzugung von Luftwaffe und Marine würde automatisch zu Lasten des Heeres gehen, so dass im Falle eines sowjetischen Angriffs keine Gewähr für eine erfolgreiche Abwehr im Osten vorlag, während ein Großteil des Heeres um den Sieg an der Südküste Englands focht. Diese strategische Alternative – Defensive im Osten, Offensive im Westen – versprach also kaum mehr Erfolg als ein Feldzug gegen Sowjetrussland, zumal auch bei einem Angriff im Westen ein Zweifrontenkrieg nicht auszuschließen war.

Hitler entschied sich wahrscheinlich um die Jahreswende 1940/41 zum Angriff auf die Sowjetunion gewissermaßen als strategischen „Zwischenschritt", um Rückenfreiheit auf dem europäischen Kontinent zu erringen. Damit wäre die Vorentscheidung im Kampf gegen Großbritannien gefallen, selbst auch dann, wenn die USA offen auf dessen Seite in den Krieg einträten. Gemäß der Weisung Nr. 21 vom 18. 12. 1940 und späteren Aussagen Hitlers sollte der Angriff gegen die Sowjetunion möglichst frühzeitig beginnen. Die Verschiebung des Angriffstermins von ursprünglich Mitte Mai auf den 22. Juni 1941 kann nur indirekt dem Feldzug gegen Griechenland angelastet werden, da das Land am 21. April kapituliert hatte und die Besetzung des Peloppones und der griechischen Inseln mit Ausnahme von Kreta schon am 3. Mai beendet war. Im Gegensatz zu Hitler bestand Generaloberst Halder auf der Rückführung und Auffrischung der für „Barbarossa" benötigten Divisionen vor Angriffsbeginn, wobei er es ablehnte, den Angriff früher als am 22. Juni zu beginnen[97] (s. S. 73).

---

95 Hitler ging z.B. in der Aussprache mit Großadmiral Raeder am 27. 12. 1940 von der Erwartung eines sowjetischen Angriffs auf Deutschland im Jahre 1942 aus (Below, Als Hitlers Adjutant, a.a.O., S. 254).

96 Es spricht einiges dafür, dass Hitler in der Phase der Entscheidungsfindung um die Jahreswende 1940/41 einen sowjetischen Angriff für 1942 erwartete, dem er unbedingt zuvorkommen wollte. Ein Angriff gegen England käme erst nach dem Sieg über Sowjetrussland in Betracht (Below, Als Hitlers Adjutant, a.a.O., S. 257 ff.).

Hitler handelte durchaus im Bewusstsein des großen Risikos und sah im kommenden Waffengang die bisher größte Herausforderung für die Wehrmacht. Mehrmals hatte er seine Sorge über die Verschiebung des Angriffstermins geäußert, da der Feldzug möglichst bis zum Beginn des herbstlichen Schlechtwetters abgeschlossen sein sollte[98]. Ein Erfahrungsbericht über die Anlage von riesenhaften Flugzeugwerken lieferte deutliche Hinweise auf die steigende Rüstungskraft in der UdSSR. Obwohl die Generalität auf Grund mehrerer Konferenzen mit Hitler und anderer Informationen über das „Unternehmen Barbarossa" voll im Bilde war, regte sich nach außen hin keine Kritik. So trug vor allem Göring seinen Optimismus offen zur Schau. Manche Befehlshaber, etwa die Feldmarschälle v. Rundstedt und v. Bock, drückten ihre Skepsis nur im kleinen Kreis aus; sie betonten die Gefahr des Zweifrontenkrieges und zweifelten, ob durch diesen Feldzug England direkt getroffen werden könne[99]. Auch Goebbels hegte im Mai 1941 ähnliche Gedanken. Dennoch herrschte unter der Generalität das Vertrauen in die eigene militärische Überlegenheit. Der Generalstabschef und seine Mitarbeiter opponierten nicht gegen den Feldzug, vertraten aber ein anderes operatives Konzept als Hitler, was im Verlauf der Kampfhandlungen zu Zerwürfnissen führen sollte.

Mit dem Entschluss zum Angriff im Osten stand jedoch die deutsche Rüstungswirtschaft vor einem Dilemma. Nachdem die Heeresrüstung in der Vorbereitung des Westfeldzuges nicht den erwünschten Ausstoß erbracht hatte, wurde Fritz Todt am 17. 3. 1940 mit dem neu geschaffenen Amt des Ministers für Bewaffnung und Munition betraut, wobei Marine und Luftwaffe weiterhin selbständig ihre Rüstungsaufträge an die Industrie vergaben. Nach der Umsteuerung der Rüstung auf Luftwaffe und Marine nach dem Ende des Westfeldzuges entschied aber Hitler Ende September, den Bedarf des Heeres im Hinblick auf eine Vermehrung auf 200 Divisionen in die Planung aufzunehmen. Allein die Verdoppelung der Zahl der Panzerdivisionen auf 20 hätte einen Mehrbedarf von 11.000 Kampfpanzern erfordert, was sich jedoch auf Grund der geringen Ausstoßzahlen als illusorisch erwies[100], so dass man zu Aushilfen, etwa bei der Divisionsgliederung, greifen musste.

Die Heeresrüstung erhielt aber nicht diejenige Priorität, die ein Feldzug gegen Sowjetrussland erfordert hätte, da die Rüstungsziele von Marine und Luftwaffe davon unberührt bleiben sollten. Hitler nahm zwar die Anforderungen eines Krieges gegen die Sowjetunion sehr ernst, versuchte aber, mit einem Kompromiss das Auslangen zu finden. Auch für die Rüstung galt der Feldzug im Osten nur als Zwischenschritt, unter dem der Endzweck, nämlich der Kampf gegen die Westmächte, keineswegs leiden durfte. Dieses Nebeneinander von zwei Dringlichkeiten nahm den Zweifrontenkrieg auf Rüstungsebene vorweg und bildete eine schwerwiegende Belastung des Heeres, die sich 1941 rächen sollte[101].

Die zweite Belastung, die noch schwerer wog, lag im grundsätzlichen Verzicht auf eine wirtschaftliche Generalmobilmachung noch im Herbst 1940, wie sie erst 1943/44 unter Minister Albert Speer wirksam wurde. Deutschland führte den Krieg noch immer nach den Grundzügen des „Blitzkrieges", wonach die vorhandenen Kapazitäten der Rüstung ohne Ausschöpfung sämtlicher Reserven auf den jeweiligen Bedarf konzentriert werden sollten. Dies hätte auch die weitgehende Heranziehung von Frauen und Kriegsgefangenen zum Dienst in der Rüstungswirtschaft, aber auch die drastische Senkung des Lebensstandards erfordert, worauf sich aber das Regime aus sozialpolitischen Gründen nicht einlassen wollte. Daraus geht hervor, dass die deutsche Führungsspitze Ende 1940 zwar eine strategische Weichenstellung vorgenommen hatte, der aber keine im Bereich der Rüstung folgte.

Der Gegner Großbritannien hatte ein festes Ziel vor Augen, nämlich das Wiedererstarken zu Lande und in der Luft, des Weiteren den Kriegseintritt der USA, die Sicherung der Zufuhr über den Atlantik und das Ausnützen der Schwäche Italiens im Mittelmeer. Churchill und seine Vertrauten wussten, dass Roosevelt, dessen Wiederwahl im November vorausgesetzt wurde, England nach Kräften unterstützen würde. Gleichzeitig bot sich ihm im Mittelmeer die große Chance, die „Achsenmächte" an ihrer verwundbaren Stelle zu

---

97 Andernfalls hätte man die noch vom Balkan her im Antransport befindlichen Kräfte als OKH-Reserven den Fronttruppen nachführen können. Jedenfalls ließ Hitler widerwillig Halder freie Hand beim Aufmarsch und bei der Festsetzung des Angriffstermins (Hans Meier-Welcker, Aufzeichnungen eines Generalstabsoffiziers 1939 – 1942, Freiburg 1982, S. 111).

98 Obwohl Hitler den Feldzug noch vor Winterbeginn beenden wollte, rechnete er auf Grund der Entwicklung im Mittelmeer dennoch mit der Möglichkeit, die Entscheidung erst im Sommer 1942 herbeizuführen. Auch Feldmarschall v. Rundstedt meinte, dass ein Feldzug nicht ausreiche, um Sowjetrussland zu besiegen. Da aber die Heeresführung einen siegreichen Abschluss bis zum Herbst 1941 plante, lastete von Beginn an großer Zeitdruck auf den Operationen (Below, Als Hitlers Adjutant, S. 261, 267; Engel, Heeresadjutant bei Hitler, S. 98); ergänzend sei auf die Rede Hitlers vor führenden Militärs am 30. März 1941 in der Reichskanzlei verwiesen.

99 Generalfeldmarschall Fedor v. Bock, Zwischen Pflicht und Verweigerung, ed. Klaus Gerbet, München – Berlin 1995, S. 191.

100 Die Produktionszahlen lagen im Sommer 1940 bei monatlich 150 Panzern. Am 28. 9. wurde die Produktionsmenge an Panzern auf 1.490 bis zum 1. 4. 1941 festgesetzt (Hartmut Schustereit, Vabanque, Herford – Bonn 1988, S. 21).

101 So ergaben sich bis zum 1. 4. 1941 Deckungslücken beim Heer bis zu 35%. Die Kampfkraft des Ostheeres war im Juni 1941 nicht wesentlich höher als die des Westheeres im Mai 1940.

treffen und die Deutschen auf diesem Nebenkriegsschauplatz zu binden. Die Gegenoffensive der britischen 8. Armee in Ägypten im Dezember warf die italienischen Truppen weit nach Westen zurück und zwang das OKW zu militärischen Stützungsmaßnahmen. Erfolge des britischen Mittelmeergeschwaders zeigten die Mängel der italienischen Flottenführung schonungslos auf: So wurden etwa in der Nacht zum 12. 11. 1940 bei einem britischen Trägerangriff auf den Hafen von Tarent 3 Schlachtschiffe schwer getroffen, und in der Seeschlacht südlich von Kap Matapan erlitten die italienischen Schiffseinheiten am 28. 3. 1941 durch Führungsfehler eine weitere schwere Niederlage.

Damit zeigte sich deutlich, dass die Wehrmacht die Hauptlast des Krieges im Mittelmeer zu tragen hatte. Nach der Entsendung des X. Fliegerkorps nach Sizilien griff das Deutsche Afrika-Korps unter General Rommel ab Februar 1941 energisch in die Kämpfe in Libyen ein und kämpfte sehr erfolgreich. Eine weitere Verstärkung des Korps hätte jedoch angesichts des bevorstehenden Feldzuges gegen die UdSSR dem Grundsatz widersprochen, an Nebenfronten möglichst geringe Kräfte einzusetzen.

Die amerikanische Militärstrategie wandte sich nach der Denkschrift von Admiral Harold Stark, dem Operationschef der Marine, vom 4. 11. 1940 immer konkreter gegen die „Achsenmächte", wobei eine baldige Kriegsbeteiligung der USA vorausgesetzt wurde. Eine Niederlage Englands würde für die USA ein unabsehbares Problem schaffen, so dass er eine Verlagerung des strategischen Schwergewichts vom Pazifik in den Atlantik empfahl mit dem Ziel, großangelegte Landungsoperationen zugunsten Großbritanniens vorzubereiten, um auch die britischen Positionen im Mittelmeer und Westafrika zu behaupten. Das Durchhalten Großbritanniens, vor allem zur See, galt als Ziel. Als Parole nannte er klipp und klar „Germany first" [102].

Auf den Hilferuf Churchills vom 8. 12. 1940, worin dieser die äußerst prekäre Finanzlage Englands schilderte, reagierte der neuerlich ins Amt gewählte Roosevelt rasch, indem er das „Lend-Lease"-Gesetz am 10. 1. 1941 dem Senat und Repräsentantenhaus vorlegte, das eine sehr weit gehende Belieferung Englands mit Kriegsgerät vorsah. Nachdem er bereits am 8. 11. 1940 Weisung gegeben hatte, etwa die Hälfte der laufenden Flugzeugproduktion an die Royal Air Force zu liefern, die außerdem einen zusätzlichen Auftrag über 12.000 Kampfflugzeuge erteilen durfte, ging er kurz vor dem Jahreswechsel noch einen Schritt weiter, indem er zur massiven Leistungssteigerung der Volkswirtschaft aufrief. Wie der deutsche Geschäftsträger in Washington meldete, müsse man die Worte Roosevelts als „offene Kampfansage an die totalitären Staaten" auffassen. Allerdings forderte Roosevelt entgegen seinem zur Schau getragenen Moralismus von Großbritannien einen sehr hohen Preis, indem er am 23. Dezember die Marineführung anwies, die britischen Goldreserven aus Afrika abzuholen. Doch dem gedemütigten Churchill, dem der erzürnte Lord Beaverbrook beipflichtete, blieb nichts übrig, als sich mit der geschaffenen Lage abzufinden[103].

Zum Zweck einer vollen militärischen Zusammenarbeit mit London ließ Roosevelt Ende Januar 1941 die erste britisch-amerikanische Stabskonferenz in London arrangieren, die eine wesentliche Grundlage für die spätere Kriegführung bildete. Ende März legte die Konferenz ihre Gesamtkriegsplanung gegen Deutschland und Japan vor, wobei die Maxime „Germany first" lautete. Dieser Grundsatz sollte fortan strategische Priorität haben. Im Rahmen dieser Planung sollte die amerikanische Marine möglichst bald die Sicherung des Handelsverkehrs im Nordatlantik übernehmen, um die Briten zu entlasten, wogegen sich Großbritannien auf den Kriegsschauplatz Mittelmeer konzentrieren sollte. Von einer eventuellen Einbeziehung der Sowjetunion in die eigene Planung war keine Rede, nicht zuletzt deshalb, da führende Militärs in England und in den USA der Roten Armee nur geringe Kampfkraft beimaßen. Größere Bedeutung hatte aber zunächst die außerordentliche Erhöhung der amerikanischen Rüstungslieferungen an England ab März 1941. Insgesamt lieferten die USA bis zum Kriegsende Rüstungsgüter im Wert von rund 27 Mrd. Dollar unentgeltlich an England[104].

Hitler reagierte scharf gegen den Anspruch der USA, ein „Arsenal der Demokratien" zu sein, wie sich Roosevelt ausgedrückt hatte, und sah diesen Schritt als Bruch der Neutralität an, den man sogar als Kriegsgrund auffassen könnte. Auf strategischer Ebene bedeutete die Politik Roosevelts eine weitere Verschärfung des Verhältnisses zu Deutschland, wobei Hitler der Ansicht war,

---

102 Die Konzeption trug den Namen „Dog Plan" und wurde auch vom Heeresgeneralstab akzeptiert, wogegen sich Roosevelt noch abwartend verhielt (Das Deutsche Reich und der Zweite Weltkrieg, Band 3, Stuttgart 1984, S. 517).

103 John Charmley, Der Untergang des Britischen Empires. Roosevelt – Churchill und Amerikas Aufstieg zur Weltmacht, Graz 2005, S. 34.

104 Richard Overy, Die Mobilisierung der britischen Wirtschaft während des Zweiten Weltkrieges, in: Kriegswirtschaft und Rüstung, ed. Friedrich Forstmeier und Hans-Erich Volkmann, Düsseldorf 1977, S. 287 – 313; hier: S. 300; ebenfalls: Erhard Forndran, Die Vereinigten Staaten von Amerika und Europa, Baden-Baden 1991, S. 74. - Ab 7. 11. 1941 erhielt auch die Sowjetunion Rüstungsgüter im Wert von 11 Mrd. Dollar, nachdem heftige Debatten in amerikanischen Behörden und Gremien über den Zweck dieser Hilfslieferungen stattgefunden hatten (siehe: Wehrwissenschaftliche Rundschau 1966, S. 340ff.). Insgesamt lieferten die USA auf der Grundlage des „Lend-lease"-Gesetzes Rüstungsgüter im Wert von 50 Mrd. Dollar an die Gegner Deutschlands.

dass es „so oder so“ zum Krieg mit den USA käme[105]. Diese Perzeption hatte wesentlichen Einfluss auf seine weiteren Entschlüsse, da der „Faktor USA“ immer mehr das Zeitkalkül der deutschen Strategie bestimmte.

Wenn sich Hitler auch in den ersten Monaten des Jahres 1941 noch nicht völlig sicher schien, ob der Angriff auf die Sowjetunion die beste strategische Lösung in der gegenwärtigen Konstellation darstellte, so wurde für ihn nach dem sowjetisch-jugoslawischen Freundschaftsvertrag vom 6. April[106] der Entschluss zum Angriff unumstößlich. Hitler betrachtete nicht nur Churchill, sondern auch Stalin als Drahtzieher des Umsturzes in Belgrad vom 27. März, der deutlich deutschfeindliche Hintergründe offenbarte. Es sprach viel dafür, dass Stalin die sich bietende Gelegenheit benutzte, um auf dem Balkan Verbündete zu gewinnen und die Lage Deutschlands zu verschlechtern. In einer militärischen Improvisation sondergleichen musste der vorgesehene Angriff gegen Griechenland von Bulgarien aus mit Teilkräften auch gegen Jugoslawien unter halbherziger Teilnahme Ungarns[107] vorgetragen werden.

Der außerordentlich kühne Doppelangriff gegen Jugoslawien und Griechenland, der am 6. April begann, erbrachte einen raschen Sieg über die desorganisierte Armee Jugoslawiens; die tapfer kämpfenden Griechen wurden im Nordteil des Landes von Osten her umfasst und bald zur Kapitulation gezwungen. Obwohl die Deutschen die zurückweichenden Engländer mit voller Kraft an der Evakuierung hindern wollten, gelang dem britischen Expeditionskorps bis zum 29. April unter erheblichen Verlusten der Abtransport nach Kreta und Nordafrika[108].

Dieser Sieg und die kurz darauf mit sehr schweren Verlusten erkaufte Eroberung von Kreta in Form von Luftlandungen verbesserten zwar die Position der „Achsenmächte“ deutlich[109], doch maß ihr die deutsche oberste Führung nur den Wert einer militärstrategischen Flankensicherung zu. In dieser Phase, als die britische Mittelmeerflotte schwer angeschlagen war, versäumte die Seekriegsleitung die Chance, das Schlachtschiff „Bismarck“ so einzusetzen, dass daraus eine extreme Krise für die britische Flotte werden konnte[110]. So sank das damals modernste Schlachtschiff der Welt, auf sich allein gestellt in aussichtslosem Gefecht gegen eine Übermacht am 27. Mai, ohne dass dieses Unternehmen, abgesehen von der Versenkung des Schlachtkreuzers „Hood“, der deutschen Seite genützt hätte. Das Hauptinteresse galt dem „Unternehmen Barbarossa“, wogegen der Großangriff im Mittelmeer auf die Zeit nach dem erwarteten Sieg über die Sowjetunion verschoben wurde. Eine gleichzeitige Offensive gegen Sowjetrussland und auch gegen England im Mittelmeerraum musste schon wegen des Zwanges zur Schwergewichtsbildung unterbleiben.

Jedenfalls ging dem Entschluss zum Angriff gegen Sowjetrussland eine lange Phase der Entscheidungsfindung voraus, der ein mittelfristiges Bedrohungskalkül zugrunde lag. Nicht die offensiven sowjetischen Kriegsvorbereitungen, die damals noch nicht zu erkennen waren, bewogen Hitler um die Jahreswende 1940/41 zum Angriff, sondern die offensichtlichen strategischen und machtpolitischen Gegensätze und nicht zuletzt die ideologische Gegnerschaft. Das Verhalten der sowjetischen Führungsspitze, vor allem das Verhalten Molotovs im November 1940, verfestigte den Eindruck, dass man in Berlin nur die Wahl zwischen Unterwerfung und Kampf hätte. Hierbei überwogen die strategischen und geopolitischen Argumente bei weitem die ideologischen. So fürchtete Hitler ernsthaft, dass Churchill daran arbeite, die Sowjetunion als Verbündeten zu gewinnen. In den letzten Wochen vor dem Angriff bestärkten die alarmierenden Meldungen über die zunehmende Stärke des sowjetischen Westaufmarsches die deutsche oberste Führung im Entschluss zum Angriff.

Die Strategie der Sowjetunion: defensiv, offensiv oder präventiv?

Auf sowjetischer Seite wurden die deutschen Erfolge in Südosteuropa mit wachsender Besorgnis verfolgt. Für Stalin und die Führung der Roten Armee stellte Deutschland den Hauptgegner dar, der bereits in mehreren Feldzügen seine Kampfkraft unter Beweis gestellt hatte. Seit dem Sommer 1940, beson-

105 Engel, Heeresadjutant bei Hitler, a.a.O., S. 99 (24. 3. 1941).

106 Um den Eindruck zu verwischen, dass ein direkter Zusammenhang zwischen dem Vertragsabschluss und dem deutschen Angriff auf Jugoslawien am 6. 4. bestünde, wurde der Vertrag um einen Tag vordatiert.

107 Der ungarische Ministerpräsident Graf Teleki lehnte die Teilnahme Ungarns entschieden ab und beging am 3. April Selbstmord.

108 Das britische Expeditionskorps mit rund 62.000 Mann verlor im Zuge der Rückführung knapp 12.000 Mann an Gefangenen (19,4%) und fast das gesamte schwere Material; insgesamt gingen während des Feldzuges 14.000 Mann verloren; auch die britische Marine hatte hohe Verluste.

109 Die Eroberung Kretas, das „Unternehmen Merkur" (20. 5. – 1. 6. 1941), das gegen überlegene Kräfte durchgeführt wurde, kostete rund 4.000 Gefallene und Vermisste, während die Engländer fast 18.000 Mann verloren; die britische Marine büßte im Zuge der See-Luft-Gefechte u.a. 3 Kreuzer und 6 Zerstörer ein; u.a. erlitten 3 Schlachtschiffe und ein Flugzeugträger z.T. schwere Schäden. Dazu ausführlich: Arnold D. Harvey/Franz Uhle-Wettler, Kreta und Arnheim. Die größten Luftlandeoperationen des Zweiten Weltkriegs, Graz – Stuttgart 2004, S. 70 ff.

110 Diese Krise hätte die Seekriegsleitung herbeiführen können, indem sie die „Bismarck" und den Kreuzer „Prinz Eugen" als „Köder" benutzte, um die britischen Verfolger in ausgewählte Seeräume zu ziehen, in denen U-Boot-Rudel in Lauerposition standen, um dann den Gegner gemeinsam mit den beiden Kampfschiffen, eventuell mit Unterstützung durch Fernbomber, massiv anzugreifen.

ders aber seit September 1940, richtete sich die sowjetische Führung immer mehr auf einen Krieg mit Deutschland und seinen Verbündeten, hauptsächlich Rumänien, ein. Gemäß vier Aufmarschplänen[111], von denen die drei letzten eindeutig offensive Züge trugen, wurden gewaltige militärische Kräfte entfaltet, die unmittelbar von der sowjetischen Westgrenze bis in den Raum Moskau, im Norden bis Leningrad und im Süden bis zur Halbinsel Krim und zum Donez reichten. In der letzten Phase umfasste der Aufmarsch nach einschlägigem Sprachgebrauch zwei strategische Staffeln und strategische Reserven mit insgesamt 255 Divisionen und 2 Brigaden; eine dritte strategische Staffel befand sich in Aufstellung[112].

Insgesamt stellte der sowjetische Generalstab mit Billigung Stalins 23 Armeen mit rund 14.500 Kampfpanzern (von insgesamt 24.500) und ca. 8.500 Frontflugzeugen (von insgesamt 15.800) im westlichen Russland einschließlich Reserven bereit. In den 4 westlichen Militärbezirken waren am 22. Juni samt den Fernbomberverbänden 8.300 – 8.500 Flugzeuge vorhanden. Zum Gesamtbestand von 15.800[113] kamen noch knapp 4.000 Flugzeuge, die nicht zu den aktiven Verbänden zählten, aber mit berücksichtigt wurden. Wie aus den einschlägigen Dokumenten hervorgeht, waren diese Aufmarschpläne, wie man vielleicht annehmen könnte, keine bloßen „Schubladenentwürfe". Es findet sich in ihnen mehrfach das Ersuchen, dass der Generalsekretär der KPdSU, also Stalin, den jeweiligen Plan zur Kenntnis nehmen und genehmigen möge. Der Aufmarschplan vom 18. 9. 1940 wurde der Regierung ausdrücklich zur Genehmigung vorgelegt und am 14. 10. auch genehmigt[114].

Gleichzeitig mit der operativen Planung ging man an die Durchführung des Mobilmachungsplanes (MP-41) vom 12. Februar 1941, der von oberster Stelle genehmigt wurde und eine Vermehrung der Roten Armee auf 8,9 Mill. Mann, 37.000 Panzer und 22.200 Kampfflugzeugen vorsah. Die Rote Armee sollte demnach 8 Front- (Heeresgruppen-) und 29 Armeekommandos sowie 303 Divisionen umfassen[115]. Der nach dem 15. Mai 1941 forcierte Aufmarsch wurde gemäß den detaillierten Aufmarschanweisungen von Generalstabschef Georgij Schukov durchgeführt, die dieser an alle Oberkommandos der vier westlichen Militärbezirke richtete[116], die bei Kriegsbeginn in „Fronten" umbenannt wurden.

Daraus ergibt sich, dass Armeegeneral Schukov unmittelbar zuvor von Stalin die Genehmigung erhalten haben musste, gemäß dem Aufmarschplan zu handeln, den er, Schukov, und Verteidigungsminister Timoschenko ihrem obersten Vorgesetzten zur Genehmigung vorgelegt hatten[117]. Jede Eigenmächtigkeit der militärischen Führungsspitze ist somit auszuschließen. Dieser Aufmarschplan vom 15. Mai stand unter dem Eindruck der gewonnenen Kenntnisse über die deutschen Offensivvorbereitungen und bekundete die Absicht, einer deutschen Offensive unbedingt zuvorzukommen, also präventiv zu handeln. Allerdings überschätzte der sowjetische Nachrichtendienst das deutsche Potential erheblich. Der sowjetische Präventivgedanke entsprach auch der Militärdoktrin, von Anfang an die Initiative an sich zu reißen. Am 22. 6. 1941 standen sich folgende Kräfte gegenüber:

Rote Armee

Strategische Staffel	Divisionen	Brigaden	mech. Korps
Erste strategische Staffel	170	12 Luftlande- 2 Schützen-	20
Zweite strategische Staffel	73-74	3 Luftlande-	5
Reserven des Oberkommandos	12		2

111 Juli 1940, 18. 9. 1940, 11. 3. 1941, 15. Mai 1941; abgedruckt in: Vojenno istoritschenskij schurnal („Militärhistorische Zeitschrift") 12/1991, 1/1992, 2/1992 und ÖMZ 1/1993, S. 41ff.; siehe auch: Russland – 20. Jahrhundert – Dokumente: Das Jahr 1941 in zwei Büchern, ed. L. E. Reschin u.a., Moskau 1998. - Diesen Planungen war ein Konzept vom April 1940 vorangegangen (B. V. Sokolov, Did Stalin Intend to Attack Hitler?, in: The Journal of Slavic Military Studies, Juni 1998, S. 119).

112 Erste strategische Staffel: 170 Divisionen, 2 Brigaden; zweite strategische Staffel: 73 –74 Divisionen; strategische Reserven: 12 Divisionen; die in Aufstellung befindliche 3. strategische Staffel umfasste zunächst 3 Armeen (frühere Berechnungen des Autors wurden geringfügig geändert).

113 Jurij J. Kirschin, Die sowjetischen Streitkräfte am Vorabend des Großen Vaterländischen Krieges, in: Zwei Wege nach Moskau, S. 389 – 403; hier: S. 395; zusätzliche Berechnungen des Autors.

114 Man muss außerdem die sowjetische Staatspraxis berücksichtigten, die es nicht zuließ, dass ein Offizier im Oberkommando Aufmarschpläne mit offensivem Charakter entwarf, ohne dazu ermächtigt zu sein; ein Zuwiderhandeln hätte für den Betreffenden fatale Folgen gehabt.

115 Michael Meltjuchov, Am Vorabend des Großen Vaterländischen Krieges (russ.), Moskau 1999, S. 69ff.; Earl F. Ziemke, The Red Army: From Vanguard of World Revolution to US Ally, London – New York 2004, S. 266. Im Mai 1941 waren bereits 28 Armeen und 303 Divisionen vorhanden.

116 Diese 4 Aufmarschanweisungen an die Oberkommandos des nordwestlichen, westlichen, südwestlichen Militärbezirks und den Militärbezirk Odessa, beginnend mit 20. Mai 1941, hatten Befehlscharakter; siehe: Russland – 20. Jahrhundert – Dokumente: Das Jahr 1941 in zwei Büchern, a.a.O., S. 227ff., S. 233ff., S. 239, S. 283ff.

117 Zur Billigung des Aufmarschplanes durch Stalin: P. N. Bobylev, For What Kind of War Was the Red Army General Staff Preparing in 1941?, a.a.O., S. 68.; siehe Fußnote 119.

Gesamtstärke	255-256	15 Luftlande- 2 Schützen-	27
Artillerie des Oberkommandos:		74 schwere Regimenter zu je 24 – 48 Geschützen	
Frontfliegerkräfte in den 4 westlichen Militärbezirken Reserven des Oberkommandos Frontflugzeuge1)		 144 Fliegerregimenter 21 Fliegerregimenter ca. 8.500	
Gesamtstärke in Aufstellung befindlich Frontflugzeuge insgesamt, Reserven des Oberkommandos, Heimatluftverteidigung Marineflieger	 15.800	218 Fliegerregimenter 115 Fliegerregimenter einsatzbereit: 13.300	
Gesamtstärke	4,9	Mill. Mann	

1) Jäger, Jagdbomber, Nahbomber, schwere Bomber und Fernbomberkräfte der Fronten; ein Fliegerregiment umfasste rund 60 - 65 Flugzeuge, gegliedert in 4 Staffeln; bei den Fernbombern und schweren Bombern verfügte ein Fliegerregiment über 40 - 45 Flugzeuge.

Deutsche Wehrmacht[1]

Fronttruppen samt operativen Reserven	Divisionen	Brigaden/ Regimenter		mot. Korps
Heeresgruppen Nord, Mitte, Süd	120	2		11
Reserven des OKH	28	1		
Gesamtstärke	148	3		11
Mannschaftsstärke	3,1 Mill. Mann			
Luftwaffe	5 Fliegerkorps	2 Flakkorps		
Flugzeuge insgesamt2) einschließlich Ergänzungsgruppen		2.713	einsatzbereit: 2.082	
ohne Ergänzungsgruppen		2.510	einsatzbereit: 1.945	

1) $49^{2/3}$ Divisionen waren an anderen Fronten oder als Besatzungstruppen eingesetzt.
2) Aufklärer, Jäger, Zerstörer, Bomber und Sturzkampfbomber einschließlich derjenigen Kräfte der Luftflotte 5, die von Finnland und Nordnorwegen aus operierten.

Die rekonstruierten Einzelheiten des Aufmarsches[118], die besonders starke Konzentrationen von Panzerverbänden in den weit nach Westen vorspringenden „Balkonen" von Bialystok und Lemberg-Stryj, aber auch entlang der rumänischen Grenze aufwiesen, lassen keinen Zweifel daran, dass der sowjetische Generalstab an keine strategische Verteidigung dachte. Schon Ende Dezember 1940 hatte Generalleutnant Klenov, der Stabschef der späteren Nordwestfront, auf einer Konferenz erklärt, dass künftige Operationen von Anfang an dem Angriff dienten, und zwar bevor noch die gegnerischen Truppen zur Entfaltung gekommen wären, um den Gegner zu verwirren und aufzuspalten; von Verteidigungsoperationen während der Anfangsphase war keine Rede gewesen[119].

Anfang Januar 1941 hatten in Moskau zwei Kriegsspiele auf höchster Ebene stattgefunden, wobei sich der Generalstab im Sinne Schukovs entschieden hatte, ein gewaltiges Schwergewicht südlich der Pripjatsümpfe für den Angriff auf Südpolen, gegen das Karpatenbecken und Rumänien zu bilden. Die dortigen Erdölfelder galten als Ziel erster Ordnung. Diese Festlegung fand die volle Zustimmung Stalins. Ein weiteres Kriegsspiel im Februar 1941 diente zur Klärung der Aufgaben derjenigen Armeen, die die zweite strategische Staffel bildeten[120].

Zahlreiche Indizien[121], z.B. der Verzicht auf Verteidigungsanlagen in gehöriger Entfernung von der Grenze, sprechen für eine vorgesehene Offensive. Darunter fielen z.B. die Ausgabe von Militärkarten, deren Bild tief in deutsch besetztes Gebiet hineinreichte, und die Ausgabe eines deutsch-russischen Sprachführers, der sich nur für Fragen auf deutschem Gebiet eignete. Der Sicherungsauftrag der grenznahen Truppenteile hatte nur bis zur Beendigung des

---

118 Eine Rekonstruktion des Aufmarsches in Form einer Kartenskizze findet sich in: Michael Meltjuchov, Die versäumte Chance Stalins. Die Sowjetunion und der Kampf um Europa 1939 –1941 (russisch), 2. Auflage, Moskau 2002 (Kartenbeilage). Dazu ausführlich: Evan Mawdsley, Crossing the Rubicon: Soviet Plans for Offensive War in 1940 – 1941, in: The International History Review, Dezember 2003, S. 757 – 1008.

119 Es handelte sich um die Konferenz der obersten Kommandobehörde in Moskau (23. – 31. 12. 1940); siehe: P. N. Bobylev, For What Kind of War Was the Red Army General Staff Preparing in 1941?, in: Russian Studies in History, Winter 1997/98, S. 47 – 75, hier: S. 62; ebenfalls: Am Vorabend des Krieges (russisch), Verlag Terra, Moskau 1983, S. 153ff.

120 Dazu ausführlich: Brian Fugate/Lev Dvoretsky, Thunder on the Dnjepr. Zhukov – Stalin and the Defeat of Hitler's Blitzkrieg, Novato, CA. 1997, S. 49ff.

121 Aufstellung von 5 Luftlandekorps; Vorverlegung von zahlreichen Jagdbomber- und Jägerverbänden auf Flugplätze, die 10 – 15 km von der Grenze entfernt lagen; Anlage zahlreicher Munitions- und Treibstofflager in Grenznähe; Lagerung von Artilleriemunition unter freiem Himmel.

Aufmarsches Geltung. Der Übergang zum Angriff sollte nicht in Abhängigkeit von der Frontlage, sondern konkret 25 Tage nach Mobilmachungsbeginn erfolgen[122]. Die Depots in den westlichen Militärbezirken waren bereits im Mai 1941 durch die Einlagerung von Waffen, Munition, Treibstoff und anderen Rüstungsgütern überfüllt. So musste man notgedrungen 14.000 Waggonladungen mit Munition im Freien lagern, und im Juni kündigte der Generalstab sogar an, dass weitere Hunderttausend Tonnen an Treibstoff in diese Militärbezirke transportiert würden, ohne dass für die Unterbringung gesorgt wäre[123].

Diese Desorganisation lässt sich nur mit der vorübergehenden Inkaufnahme von Nachteilen erklären. Es war also an keinen längeren Verbleib dieser Versorgungsgüter gedacht, da man sich auf Offensive einstellte. Da obendrein viele Truppen in Biwaks und Notunterkünften untergebracht waren und eine Versorgung im Felde von fast 5 Mill. Mann auf Dauer eine hohe Belastung darstellte, so konnte man ein solches Dispositiv nicht längere Zeit hindurch beibehalten, ohne wirtschaftliche Schäden zu erleiden. Nicht zuletzt fiel der psychische Faktor ins Gewicht, da die Kampfmoral bei längerer Untätigkeit arg gelitten hätte.

Generalmajor Vassiljevskij, der Bearbeiter der vorletzten Version des Aufmarschplanes (11. 3. 1941) hat ausdrücklich vermerkt, dass der sowjetische Angriff am 12. Juni 1941 zu beginnen habe[124]. Außerdem wird an mehreren Stellen der Anweisungen Schukos an die Oberkommandos der westlichen Militärbezirke verfügt, dass die Truppen nach Sicherung des Aufmarsches bereit sein sollten, „rasche Angriffe zur Zerschlagung des Gegners zu führen, die Kampfhandlungen auf sein Territorium zu tragen und vorteilhafte Linien zu gewinnen“[125].

Es entstanden zwar im Zuge des sowjetischen Aufmarsches zahlreiche Pannen und Verzögerungen, die durch die weiträumigen Transportbewegungen, die Unterbringung großer Truppenmengen in den Grenzmilitärbezirken und die Übernahme von neuen Waffen bewirkt wurden; dennoch erreichten die meisten Truppenteile der Ersten strategischen Staffel – 16 Armeen – ihre Bereitstellungsräume. Nur die 7 Armeen der Zweiten strategischen Staffel, die ab dem 13. Mai aufgestellt wurden, hingen am 22. Juni noch zurück und hätten wahrscheinlich bis zum 15. Juli gebraucht, um ihre vorgesehenen Aufmarschräume zu erreichen.

Nach den Berechnungen von Generalleutnant Vatutin, des Stellvertreters Schukovs und Leiters der operativen Abteilung im Generalstab, die er eine Woche vor Kriegsbeginn anstellte, hätten die beiden für den Angriff im Schwergewicht vorgesehenen Fronten im Süden des Landes samt Reserven über 120 Divisionen verfügen sollen[126], gegliedert in 10 Armeen, darunter 12 mechanisierte Korps. Ein solches Korps umfasste neben starken Korpstruppen 2 Panzerdivisionen und eine motorisierte Division, die gemäß Ausrüstungsstand über 1.033 Panzer verfügen sollten. In der Praxis besaßen die mech. Korps aber nur

500 – 600 Panzer[127]. Solcherart wäre eine fast dreifache Überlegenheit über die deutsche HGr. Süd zustande gekommen. Die Übermacht bei der Panzertruppe fiel durchwegs ins Gewicht. Allein die 10 mechanisierten Korps, die zur Südwest- und Südfront zählten, verfügten über mehr als 5.600 Panzer, während an der Nord-, Nordwest- und Westfront zusammen 5.400 Panzer standen[128]. Immerhin befand sich der damals beste Panzer der Welt, der T 34-76, der sogar den stärksten deutschen Panzer IV in vielen Eigenschaften übertraf[129], im Bestand der meisten grenznah stationierten mech. Korps.

Die extrem starke Südwestfront hatte den Auftrag, weit nach Südpolen vorzustoßen, um dann gemeinsam mit Teilen der Westfront die Masse der deutschen HGr. Süd einzuschließen und in einer großen Kesselschlacht bei Radom – Lublin zu vernichten; hierauf wollte man in einer zweiten Phase durch eine Schwenkung nach Norden die Danziger Buch gewinnen und den noch ostwärts davon stehenden deutschen Teilen der HGr. Nord und Mitte in den Rücken fallen, um sie hierauf aufzureiben. Ein Nebenangriff sollte je nach Lage gegen Rumänien geführt werden. Folgt man den Planungen Schukovs und Vatutins, so wären mit den Teilen der Westfront, die den Hauptangriff unterstützen sollten, 152 Divisionen zum Einsatz gekommen[130], denen die Wehr-

---

122 Dies geht bereits aus dem Aufmarschplan vom 18. 9. 1940 hervor; siehe: Michael Meltjuchov, Am Vorabend des Großen Vaterländischen Krieges, a.a.O., S. 54.

123 Michael Meltjuchov, Disputes over 1941, in: Russian Studies in History, 2/1997, S. 6 – 34, hier: S. 16.

124 Michael Meltjuchov, Am Vorabend, a.a.O., S. 60.

125 Das Jahr 1941 in zwei Büchern, a.a.O., 2. Buch, S. 236.

126 Auf dem Südflügel sollten in der Endplanung gemäß General Vatutin 8 Armeen mit 97 Divisionen (einschließlich der Kräfte auf der Krim) aufmarschieren, während zwei weitere Armeen (16., 19.) mit 23 Divisionen als Verstärkung vorgesehen waren (Das Jahr 1941 in zwei Büchern, 2. Buch, a.a.O., S. 259 – 261).

127 Selbst das an einem Nebenabschnitt eingesetzte 3. mechanisierte Korps verfügte über 672 Panzer aller Typen, darunter 50 modernste T-34 (Prof. M. B. Jeschov, Kampf der Panzer am ersten Kriegstag, S. 2, in: www.RKKA.ru vom 29. 12. 2004).

128 Michael Meltjuchov, Die versäumte Chance Stalins, 1. Auflage 2000, a.a.O., S. 603. – Nach anderen Angaben standen in den westlichen Militärbezirken insgesamt 12.782 Panzer aller Kampfwertstufen (Charles C. Sharp, Soviet Order of Battle, World War II, Nafziger-Collection 1995, S. 11).

129 Deutsche Militärzeitschrift 1/2005, S. 8 – 13.

130 Valerij Danilov, Hat der Generalstab der Roten Armee einen Präventivschlag gegen Deutschland vorbereitet?, in: ÖMZ 1/1993, S. 51; hier: S. 50. Die Angriffsfront erstreckte sich vom Bug südostwärts von Ostrów bis Ljutoviska nahe dem Südende der deutsch-sowjetischen Grenze. – Im Gegensatz zu den beiden ersten Aufmarschplänen war auf einen Großangriff gegen Ostpreußen verzichtet worden; dennoch sollten Stöße gegen Insterburg und Allenstein geführt werden.

macht entlang desselben Abschnittes nur knapp 60 entgegenstellen konnte. Ergänzend sei zur Angriffsorientierung im Südwesten angeführt, dass man im Kommando der 5. Armee in Luzk Anfang Juni einen Plan für die politische Unterstützung künftiger Operationen ausarbeitete. Hierbei rechnete die Armeeführung mit Kampfhandlungen auf feindlichem Gebiet, die von der örtlichen Bevölkerung und von deutschen Soldaten unterstützt werden sollten, von denen erwartet wurde, dass sie zum Widerstand gegen die Politik Hitlers bereit wären[131].

Die Berechnungen General Vatutins ergaben insgesamt 237 Divisionen, die gegen Deutschland und seine Verbündeten aufgeboten werden sollten, und lagen damit unter der von Armeegeneral Schukov ursprünglich errechneten Zahl von 258 Divisionen. Diese Differenz erklärt sich aus der Kenntnis des laufenden Aufmarsches, der auf Grund von Verzögerungen nicht genau nach Plan verlief, wobei jedoch Vatutin die fehlende Differenz den strategischen Reserven bzw. der Dritten strategischen Staffel, die gerade aufgestellt wurde, anrechnete[132].

Auch der Aufmarsch der Luftstreitkräfte formierte ein überwältigendes Schwergewicht an der Südwest- und Südfront. 13 Fliegerdivisionen mit 58 Kampfflieger-Regimentern, also etwa 3.500 Kampfflugzeuge[133], sollten den Angriff der Bodentruppen massiv unterstützen, den Gegner im Hinterland bekämpfen und den Luftraum freihalten. Außerdem hatte das Oberkommando zwischen Leningrad und Rostov am Don 4 Fliegerkorps stationiert, die aus Fernbombern und schweren Bombern bestanden; obendrein wurde die 18. Fernfliegerdivision sogar weit nach Westen in den Raum Schepetovka vorgeschoben. Diese Fliegerkorps sollten vor allem wichtige Ziele in der Tiefe des Raumes bekämpfen. In großer Eile wurden 63 Großflugplätze in den westlichen Militärbezirken errichtet. Die grenznahe Stationierung vieler Fliegerregimenter in der Westukraine und im Raum Bialystok – Brest unterstreicht die Absicht, von Anfang an möglichst tief in deutsch besetztes Gebiet hineinzuwirken, selbst auf die Gefahr hin, zum Ziel deutscher Luftangriffe zu werden. Allerdings muss man einräumen, dass sich viele Verbände in Umrüstung auf neue Flugzeugtypen befanden. Umso riskanter erscheint die Verlegung vieler Jagdfliegerregimenter in Grenznähe zum Zweck einer offensiven Luftverteidigung, da sie ihre Stärke nur im Fall einer eigenen Initiative ausspielen konnten.

Die sowjetische Kriegsmarine bildete noch keinen schwerwiegenden Faktor, da sie trotz der gigantischen Rüstungspläne Stalins von 1936 noch in der Ausbauphase steckte. Demnach hätte man u.a. 15 Schlachtschiffe und 22 schwere Kreuzer, 32 leichte Kreuzer, 162 Zerstörer sowie 412 U-Boote innerhalb von zwei Fünfjahresplänen, beginnend ab 1937, fertigen wollen, wobei man auch die Errichtung riesiger Werften plante. Für die Ostsee war der Bau von mehreren Schlachtkreuzern vom Typ der „Scharnhorst" vorgesehen. Da sich die Ausbaupläne als unrealistisch erwiesen, wurden sie am 27. Juli 1940 gekürzt, doch betrugen die Ziele noch immer 10 Schlachtschiffe, 8 Schlachtkreuzer und 14 schwere Kreuzer, wobei zusätzlich zwei Flugzeugträger für die Pazifikflotte vorgesehen waren. Das Vorhaben, eine gewaltige Hochseeflotte zu schaffen, überrascht umso mehr, als sich die Sowjetunion in dieser Phase bereits auf die Konfrontation mit Deutschland vorbereitete und daher die Heeres- und Luftwaffenrüstung weitgehend Vorrang haben sollte[134].

Auch gegenüber Finnland entwarf das Hauptquartier des Obersten Kommandos (STAVKA) einen detaillierten Angriffsplan. Gleichzeitig mit dem Kriegsplan gegen Deutschland vom 18. 9. 1940 erging eine Weisung an das Kommando des Militärbezirkes Leningrad, den Aufmarsch von 6 Armeen und einem Armeekorps vorzubereiten, die an 7 Abschnitten zum Angriff übergehen sollten. Die Planungen galten nur für einen auf Finnland begrenzten Krieg, wobei man allerdings deutsche Waffenhilfe einkalkulierte. Im hohen Norden war ein Vorstoß auf den Hafen von Petsamo vorgesehen, während weiter südlich aus dem Raum Salla und Kuusamo zwei Stöße auf Rovaniemi – Kemi bzw. auf Oulu erfolgen sollten, um bis zum Bottnischen Meerbusen vorzudringen und einen breiten Keil durch Finnland zu treiben. Im Süden hatten 4 Armeen im Zusammenwirken mit der Baltischen Flotte aus den Räumen Viborg, Sortavalla und Suojärvi auf Tampere, Mikkeli und Helsinki vorzustoßen, unterstützt durch einen Angriff von Hanko aus. Die vorgesehenen Kräfte besaßen die doppelte Stärke im Vergleich zu den Truppen, die Finnland im November 1939 angegriffen hatten. Gemäß diesem Plan sollten 47 Divisionen

---

131 V. A. Neveshin, Stalin's Speech of 5 May 1941 and the Apologia for an Offensive War, in: Russian Studies in History 2/1997, S. 49 – 72, hier: S. 64.

132 Insgesamt verfügte die Rote Armee in allen Militärbezirken über 303 Divisionen; Vatutin rechnete allerdings Mitte Juni mit weiteren 17 Divisionen, die sich noch in Aufstellung befanden.

133 Zahlenangaben einschließlich der noch in Aufstellung befindlichen Regimenter. Während die Durchschnittsstärke pro Fliegerregiment 60 Maschinen betrug, umfassten manche Regimenter im Schwergewicht mehr als 70 Kampfflugzeuge. Dazu: www.rkka.ru/22/vvs. vom 21. 1. 2005.

134 Milan Hauner, Stalin's Big-Fleet Program, in: Naval War College Review, 2/2004, S. 88 – 120; ausführlich: Jürgen Rohwer/Michail S. Monakov, Stalin's Oceangoing Fleet: Soviet Naval Strategy and Shipbuilding Programmes 1935 – 1953, London 2001. – Stalin verhinderte 1940/41 mehrere Versuche des Oberkommandos der Kriegsmarine, den Bau von Schlachtschiffen und Schlachtkreuzern zugunsten der Fertigung von leichten Überwasserschiffen und U-Booten einzustellen.

und 5 Panzerbrigaden, unterstützt von 78 Fliegerregimentern, zum Angriff antreten, während 3 Divisionen die Reserve bildeten. Das Endziel bestand in der völligen Niederwerfung Finnlands[135].

Da im Frühjahr 1941 ein Konflikt mit Deutschland immer näher rückte, stellte der Generalstab die künftige Nordfront im Wesentlichen auf Defensive um, da man die finnische Armee nun für stärker als bisher angenommen hielt. Dafür wurden 21 Divisionen disloziert, die über volle Kriegsstärke verfügten. In der ersten Märzhälfte 1941 fand eine Erkundungsreise des sowjetischen Generalstabes im Militärbezirk Leningrad statt, und außerdem erhielt der Militärbezirk Archangelsk die Weisung, ein eigenes Frontoberkommando zum Zweck einer Offensive gegen Finnland aufzustellen. Unmittelbar nach dem 22. Juni verlegte man zwei Panzerdivisionen aus der Reserve hart an die Grenze bei Viborg[136]. Außerdem entwickelte sich eine mächtige Konzentration an Frontfliegerkräften im Großraum Leningrad – Pskov – Staraja Russa, die zweitstärkste im Rahmen des Luftwaffenaufmarsches nach der in der Ukraine, was deutlich auf Offensivabsichten hinwies.

Der sowjetischen Führung war der „Plan Barbarossa“ bereits bei Jahresende 1940 durch Verrat bekannt. In der Folgezeit erhielt sie allein 87 Warnungen von offiziellen Stellen des Auslandes und durch die eigenen Organe vor dem bevorstehenden Angriff der Wehrmacht, wobei auch das Datum des 22. Juni 1941 genannt wurde[137]; die Zahl aller warnenden Hinweise lag weit höher. Seitens der amerikanischen Regierung ergingen mindestens zwei Warnungen an Stalin. Stalin reagierte darauf misstrauisch und zurückhaltend, zumal er auch mit Desinformationen rechnete. Er kalkulierte, dass Deutschland nicht wie im Ersten Weltkrieg den Fehler begehen würde, einen Zweifrontenkrieg zu eröffnen. Offenbar erwarteten er und Molotov, dass die Deutschen zunächst ein Ultimatum stellten.

Nach dem Bekanntwerden des Englandfluges von Rudolf Hess am 10. Mai 1941 nahm Stalin die Möglichkeit eines Angriffs der Deutschen sehr ernst. Er fürchtete ein geheimes Einverständnis zwischen der deutschen und britischen Regierung, die er für arrogant und hinterhältig hielt[138]. Auch wenn man es für wahrscheinlich ansehen kann, dass der britische Geheimdienst am Entschluss von Rudolf Hess, nach England zu fliegen, mitgewirkt hat, so bedurfte es keineswegs einer Falle, um die deutsche Führung endgültig zum Angriff gegen die Sowjetunion zu motivieren[139]. Wenn auch Churchill einen deutsch-sowjetischen Krieg herbeiwünschte, so hatte dieser Umstand auf die Haltung Hitlers keinerlei Einfluss, da dessen Entschluss längst feststand.

Darüber hinaus hatte Stalin in seiner Rede und seinen Trinksprüchen vor Offizieren an der Moskauer Frunse-Militärakademie am 5. Mai 1941 seine

Grundhaltung gegenüber Deutschland durchblicken lassen. Man müsse jetzt, da die Armee gut ausgerüstet und stark geworden sei, von „der Verteidigung zum Angriff übergehen"; die Verteidigung müsse nun „auf offensive Weise" durchgeführt werden[140]. Schon am 13. 1. 1941 hatte Stalin gegenüber der militärischen Führungsspitze von Angriffsoperationen gesprochen, die beginnen könnten, wenn die Sowjetunion doppelt so viele Kräfte wie ihr Gegner besäße. Die sowjetische Strategie lief darauf hinaus, zunächst jede Provokation zu vermeiden, den Aufmarsch der Streitkräfte gegenüber Deutschland zu beschleunigen und Zeit zu gewinnen.

Im Gefolge der Rede vom 5. Mai begann 9 Tage später die Umstellung der sowjetischen Propaganda auf eine offensive Kriegführung[141] sowie auf die Parole, jeden Krieg, den die Sowjetunion führen werde, als „gerechten Krieg" zu bezeichnen[142]. Die Hauptabteilung für Politische Propaganda der Roten Armee bot namhafte Schriftsteller, u. a. Ilja Ehrenburg, Journalisten und Filmregisseure, etwa Sergej Eisenstein, auf, um die Streitkräfte auf den bevorstehenden Krieg mit Deutschland mental vorzubereiten. Das Zentralkomitee der KPdSU fasste den grundlegenden Beschluss, die Menschen mit einem

---

135 Ohto Manninen, The Soviet Plans for the Northwestern Theater of Operations in 1939 – 1944, Helsinki 2004, S. 73.

136 Ebenda, S. 81/82. – Die Dislozierung der sowjetischen Truppen an der Nordfront findet sich in: Kriegsgeschichtliche Zeitschrift 2/1992 (russisch), S. 64/65. Die Berechnungen Vatutins vom 13. 6. 1941 gingen von 22 Divisionen an der Nordfront aus.

137 Stefan T. Possony, Hitlers Unternehmen „Barbarossa" und die Rolle des sowjetischen Geheimdienstchefs Berija, in: Beiträge zur Konfliktforschung 3/1975, S. 99 – 114, hier: S. 102. – Der britische Geheimdienst wusste durch die Entschlüsselung von Funksprüchen mindestens zwei Monate vor Angriffsbeginn von den deutschen Absichten.

138 Zur Frage des Ultimatums: Ernst Topitsch, Stalins Krieg, 2. Auflage, München 1986, S. 112ff. – Zu Stalins Einschätzung eines deutsch-britischen Arrangements: Gabriel Gorodetsky, Grand Illusion, Yale University Press 1999 (deutsch: Die große Täuschung, Berlin 2001).

139 So behauptet Martin Allen („Churchills Friedensfalle", Inning 2003), dass der britische Geheimdienst eine gezielte Desinformation betrieben habe, um der deutschen Regierung die Friedensabsichten der Briten vorzugaukeln; diese Aktion hätte bezweckt, Deutschland zum Angriff auf die Sowjetunion zu ermutigen, da von Westen her keine Gefahr mehr drohe.

140 Valerij Danilov, Juni 1941. Früchte einer falschen Konzeption (russ.); in: „Poisk" (Suche) 25/1996, S. 3; V. A. Nevezhin, Stalin's 5 May Addresses: The Experience of Interpretation, in: The Journal of Slavic Military Review 1/1998, S. 116 – 146; hierin zahlreiche russische Quellenangaben.

141 Ziemke, The Red Army, a.a.O., S. 268.

142 B. V. Sokolov, Did Stalin Intend To Attack Hitler?, in: The Journal of Slavic Military Studies, Juni 1998, S. 113 – 141; hier: S. 132/32.

aktiven, kämpferischen Offensivgeist zu erfüllen. In Abstimmung mit dem Verteidigungsressort ging die Filmindustrie daran, gerade solche Streifen zu drehen, die den „Durchbruch befestigter Zonen an der deutschen Grenze" oder „gewaltsame Flussüberquerungen" zum Inhalt hatten. Ende Mai erging nach Billigung durch den Hauptmilitärrat der Streitkräfte der Entwurf einer Weisung zur ideologischen Schulung des Offizierskorps der Roten Armee an Andrej Schdanov, den maßgeblichen Funktionär für Politische Propaganda. Als Hauptziel galt, alle Mittel einzusetzten, um die Soldaten auf die Führung eines „gerechten, offensiven und auf die Niederwerfung des Gegners abzielenden Krieges" vorzubereiten[143].

Dass Stalin den Krieg mit Deutschland angriffsweise führen wollte, unterstreicht die Weisung des Politbüros vom 4. Juni 1941 zur Aufstellung einer Schützendivision, die nur aus Polen bestehen sollte; sie sollte als Kernstück einer polnischen „Befreiungsarmee" dienen und am 1. Juli einsatzbereit sein[144]. Kurz zuvor hatte man auch mit der Aufstellung einer „finnischen" Division begonnen, die an der „Befreiung" Finnlands teilnehmen sollte.

Die These, wonach zwar der Aufmarsch auf der operativen Ebene eine eindeutig offensive Dislozierung aufwies, dass aber die Truppen einen defensiven Auftrag gehabt hätten und für einen Angriff kaum vorbereitet gewesen wären[145], kann einer Überprüfung nicht standhalten: Eine offensive Dislozierung, die der Verteidigung dienen soll, widerspricht militärischen Grundsätzen und bedeutet gerade in exponierten Abschnitten einen großen Nachteil für die dort eingesetzten Truppen, da sie den Gegner zu Umfassungsangriffen einlädt. Außerdem handelte es sich bei den grenznah stehenden Truppen um sehr gut ausgerüstete Teile, insbesondere bei den Panzerverbänden, die in diesem Fall als erstes verloren gehen würden[146]. Der Übergang zu Gegenangriffen hängt von der Lage nach Abwehr der gegnerischen Offensive ab und erlaubt erst dann weitere Entschlüsse. Selbst wenn man unterstellt, dass die grenznahen Truppen den ersten Stoß der Deutschen auffangen und dann zurückschlagen sollten, ändert das nichts daran, dass die Truppen für diesen Zweck falsch aufgestellt waren[147]. Es hieße, die taktischen Fähigkeiten einer Truppe zu verkennen, wollte man verlangen, sich gleichzeitig auf Angriff und Verteidigung einzustellen. Eine zur Abwehr auf operativer Ebene vorgesehene Armee hätte anders entfaltet werden müssen[148].

Genauso wenig leuchtet der stümperhafte Einwand gegen die Planung einer Großoffensive ein, wonach der Generalstab „nur" einen Angriff auf einer Breite von 350 - 400 km und „nur" bis zu einer Tiefe von 300 – 350 km geplant und dass somit der Plan keinen „aggressiven Charakter" gehabt habe[149]. Der angestrebte Umfassungsangriff der Südwestfront richtete sich gemeinsam mit Teilen der Westfront zwischen Sanok und Ostrów (nordostwärts von Warschau) immerhin gegen die Hälfte des Abschnittes zwischen den Beskiden im Süden und der Ostsee bei Memel; in diesem Raum standen jedenfalls die Hauptkräfte des deutschen Ostheeres. Ein Angriff in der genannten Breite hätte im Fall des Gelingens zumindest die Masse der Heeresgruppen Mitte und Süd, wie von Schukov gefordert, aufgerieben. Überdies hätte sich die Chance eröffnet, im Süden bis nach Rumänien vorzudringen. Beruhte dieses Szenario also auf einem Kriegsplan ohne „aggressiven Charakter"?

Zusammengefasst ausgedrückt, gingen beide Diktatoren von der subjektiven „Unvermeidbarkeit" des Krieges aus. Ein Aufschub des Krieges erschien fast unmöglich[150]. Allerdings muss für den Fall, dass die Wehrmacht am 22. Juni nicht angegriffen hätte, die Frage nach dem Zeitpunkt des endgültigen Zusammenpralls offen bleiben. Der Aufmarsch der Roten Armee einschließlich der 3. strategischen Staffel wäre zwischen dem 15. und 20. Juli beendet

---

143 V. A. Nevezhin, Stalin's Speech of 5 May 1941 and the Apologia for an Offensive War, in: Russian Studies in History 2/1997, S. 48 – 73, hier: S. 38ff., S. 61. Allerdings wurde gefordert, auch legislative Maßnahmen zu ergreifen, um die Bevölkerung insgesamt zu mobilisieren, da ohne eine solche Mobilisation die Erziehung der Armee zur Offensive nur eine Phrase bliebe.

144 Es handelte sich um die 238. Schützendivision mit einer Stärke von 10.300 Mann. Die Vorarbeiten zur Aufstellung eines aus Polen bestehenden Großverbandes begannen bereits im Herbst 1940, indem der NKVD diejenigen kriegsgefangenen Polen rekrutierte, die sich bereit erklärten, gegen Deutschland zu kämpfen; siehe: B. V. Sokolov, Did Stalin Intend To Attack Hitler?, a.a.O., S. 113 – 141; hier: S. 121, 131.

145 Harald Moldenhauer, Die Reorganisation der Roten Armee von der „Großen Säuberung" bis zum deutschen Angriff auf die UdSSR (1938 - 1941), in: Militärgeschichtliche Mitteilungen 55 (1996), S. 176 – 164, hier: S. 163/64.

146 Der fehlerhafte Aufmarsch wird sogar von Gabriel Gorodetsky eingeräumt (Die Große Täuschung, S. 360); siehe: Cynthia A. Roberts, Planning for war: The Red Army and the catastrophe of 1941, in: Europe-Asia Studies, Dezember 1995, S. 1293 – 1326; hier: S. 1294.

147 Dazu ausführlich: Michael Meltjuchov, Am Vorabend des Großen Vaterländischen Krieges, Moskau 1999, S. 55.

148 Dazu zählten: Bereitstellung nur weniger Kräfte im frontnahen Bereich zur Verzögerung; Konzentration der meisten Verbände in der Tiefe, angelehnt an natürliche Hindernisse, um den Angriff aufzufangen; dahinter Aufmarsch starker mechanisierter Reserven, um Gegenangriffe zu führen.

149 Diese abstruse Behauptung stammt von Generaloberst Jurij A. Gorkov, Was Stalin Preparing a Preemptive Strike Against Hitler in 1941?, in: Russian Studies in History, Winter 1997/98, S. 22 – 46; hier: S. 32.

150 V. N. Kiselev, Stubborn Facts Associated with the Beginning of the War, in: Russian Studies in History, Winter 1997/98, S. 8 – 21, hier: S. 11.

gewesen. Auch der manchmal genannte Zeitpunkt des mutmaßlichen sowjetischen Angriffs, nämlich der 10. Juli 1941[151], gilt nicht als gesichert. Stalin zielte jedenfalls auf die Niederringung der einzigen Macht ab, die ihm auf seinem Weg zur Vorherrschaft in Europa noch im Wege stand. Strategisch gesehen wäre für ihn zwar die Mitwirkung der Westmächte hilfreich gewesen, doch politisch wog ein Sieg über Deutschland und seine Verbündeten viel schwerer, wenn ihn die Rote Armee allein errang.

Demgegenüber nahm Hitler den Nachteil eines Zweifrontenkrieges in Kauf, der immerhin erhebliche Truppen an anderen Fronten band und den er mit unterlegenen Kräften, mit geringeren Reserven und einer schwächeren Rüstungsindustrie als auf Seiten des Gegners begann. Auch das Zeitkalkül barg ein großes Risiko in sich. Die deutsche Seite hatte zwar ein zutreffendes Bild vom Aufmarsch der Roten Armee bis zu einer Entfernung von etwa 300 km ab der Grenze, doch darüber hinaus besaß sie kaum Kenntnis über das Gesamtpotential[152]. Generalstabschef Halder rechnete Anfang Juni 1941 mit 226 1/2 sowjetischen Divisionen und Brigaden im europäischen Teil der UdSSR, während die Luftstreitkräfte in grober Unterschätzung mit maximal 7.500 Flugzeugen im selben Raum angenommen wurden. Hitler selbst sprach im Nachhinein gegenüber dem italienischen Außenminister Ciano von 270 sowjetischen Divisionen, die im Juni 1941 aufmarschiert wären[153].

Der Intention nach kann man von keinem „Präventivkrieg" im strengen Wortsinn sprechen, auch wenn sich im Nachhinein herausstellte, dass der deutsche Angriff de facto Präventivcharakter trug[154]. Man kann aber nachweisen, dass die Wehrmacht in einen übermächtigen Offensivaufmarsch hineingestoßen ist. Je näher der 22. Juni 1941 heranrückte, desto deutlicher erkannten OKW und OKH die bedrohliche Kräftekonzentration an der sowjetischen Westgrenze. In diesem Sinn erklärte General Jodl kurz nach Kriegsende, allerdings unter Verkürzung der Sachlage, indem er die nichtmilitärischen Motive für den Angriff ausklammerte: „...Wir haben jedoch den Angriff gegen Russland nicht geführt, weil wir den Raum haben wollten, sondern weil Tag für Tag der Aufmarsch der Russen gewaltig zunahm und zum Schluss zu ultimativen Forderungen geführt hätte."[155]

Die Eigendynamik der militärischen Konfrontation ist jedoch nicht zu übersehen. Sowohl Deutschland als auch die Sowjetunion hatten gewaltige Kräftegruppierungen aufgeboten, die den Nachrichtendiensten umso weniger verborgen bleiben konnten, je länger die Bewegungen dauerten und je länger diese Kräfte in der Endaufstellung verharrten. Es erscheint völlig ausgeschlossen, dass ein derart bedrohlicher Aufmarsch nicht beiderseits zum Präventivschlag herausgefordert hätte. Ein längerer Verbleib von derart starken Angriffskräften in exponierten, grenznahen Räumen, wie es auf sowjetischer Seite geschah, hätte auf jeden Fall eine extreme Provokation bedeutet. Die Eigendynamik der Konfrontation wäre übermächtig geworden, da keine Seite der anderen den Vorteil der Initiative einräumen wollte und da kein übergeordneter abschreckender Faktor existierte[156]. Aus dieser Sicht wäre ein deutsch-sowjetischer Krieg somit im Sommer 1941 unvermeidbar gewesen. Das besagt aber nicht, dass ein eventueller sowjetischer Angriff auf Anhieb unbedingt Erfolg gehabt und die gleichen Siege wie im Jahre 1945 errungen hätte. Aber selbst unter Berücksichtigung aller Schwächen von Führung und Truppe hätte die Rote Armee den Vorteil der Initiative und der wesentlich stärkeren Reserven für sich gehabt[157].

Nicht zuletzt sei betont, dass von einem „Überfall“ auf eine „friedliebende Sowjetunion“ keine Rede sein kann, da zu einem Überfall die Merkmale Ahnungslosigkeit, Überraschung und mangelhafte Vorbereitung gehören. Doch die sowjetische politische und militärische Führung wurde vom Angriff nicht überrascht, da sie mit ihm seit geraumer Zeit rechnete; sie war somit

151 Dies will z.B. Igor Bunitsch in seinem Buch „Operation Grosa“. Die Fehler Stalins (russ.), Moskau 2004, nachweisen. (Siehe auch die Erstauflage 1994, Vorspann); „Grosa“ heißt Gewittersturm. – Erich Helmdach (Täuschungen und Versäumnisse, Berg am See 1979, S. 128), hält einen Termin im August für wahrscheinlich.

152 Die Sowjetunion konnte bei Totalmobilmachung zusätzlich ca. 12 Mill. Mann aufbieten, wenn man von einer Mobilmachungsstärke von 10 - 11% der Bevölkerung ausgeht (David M. Glantz, Collossus Reborn, The Red Army at War 1941 – 1943, Kansas 2005, S. 135).

153 Hans-Adolf Jacobsen, Der Weg zur Teilung der Welt, Koblenz – Bonn 1977, S. 219. - Es handelt sich um die Unterredung Hitlers mit Ciano am 18. 12. 1942.

154 Zum Zeitpunkt der Entschlussfassung bildete die kurzfristige präventive Absicht noch nicht zentrales Motiv, sondern es überwog das Motiv, einer mittelfristigen Bedrohung zu begegnen. Aus der fehlenden Differenzierung entstand eine irreführende Diskussion; siehe z. B. Bianca Pietrov-Ennker (Hrsg.), Präventivkrieg? Der deutsche Angriff auf die Sowjetunion, Frankfurt/M. 2000.

155 Joachim Schultz-Naumann, Die letzten dreißig Tage. Das Kriegstagebuch des OKW April bis Mai 1945, München 1980, S. 130. Der Ausspruch stammt vom 12. Mai 1945.

156 Ein Vergleich mit der Zeit des Kalten Krieges, als die UdSSR mit anderen Warschauer-Pakt-Staaten ein überlegenes konventionelles Potential aufgebaut hatte, ohne dass daraus eine Angriffsdynamik entstanden wäre, hinkt schwer: Was den möglichen Angriff des Warschauer Paktes verhinderte, war nicht die Selbstbeschränkung der Kreml-Führung, sondern die Kernwaffen des Westens, die einen konventionellen Angriff des Gegners unter ein enorm hohes Risiko stellten.

157 Ob diese Initiative ausgereicht hätte, die Deutschen zu schlagen und, wie geplant, unter Einsatz sämtlicher Reserven großräumig zu umfassen, kann nur Gegenstand von Szenarien und Hypothesen sein (Siehe Evan Mawdsley, Crossing the Rubicon, a.a.O., S. 1007/1008).

keineswegs ahnungslos und hatte sich gründlich auf den Krieg vorbereitet. Wer überrascht wurde, waren manche Truppenteile in den vorderen Linien, da der Alarmbefehl in den ersten Stunden des 22. Juni nicht rechtzeitig bei allen grenznahen Verbänden eintraf.

IV. Der Zusammenstoß von vier Strategien (Juni – Dezember 1941)

Vorentscheidung durch Kampf um Rückenfreiheit?

Mit dem Angriff der Wehrmacht in der Morgendämmerung des 22. Juni trat die deutsche Strategie in die Phase der Vorentscheidung. Sehr bald zeigte sich, dass die Wehrmacht in einen weitgehend beendeten, riesenhaften Aufmarsch des Gegners zu Lande und in der Luft hineingestoßen war. Die Überraschung glückte vielfach auf taktischer Ebene, wogegen die Oberkommandos der 4 Fronten und das Hauptquartier des Obersten Kommandos (STAVKA) durch den Angriff nicht überrascht wurden. Wenn überhaupt, dann bestand die Überraschung des Generalstabes in der hohen Konzentration der Stoßkräfte an den Schwerpunkten. Der manchmal erhobene Vorwurf, dass die Wehrmacht ohne Kriegserklärung angegriffen habe, trifft nur bedingt zu: Immerhin überreichte der deutsche Botschafter in Moskau in den frühen Morgenstunden des 22. Juni Molotov ein ausführliches Memorandum, das den Angriff begründete und einer Kriegserklärung gleichkam. Dass es sich bei den Kriegsvorbereitungen um einen Wettlauf mit der Zeit gehandelt hatte, bestätigte Stalin durch seinen Ausspruch am Tag des Angriffs: „Warum verspäten wir uns immer?“[158]

Der überwiegend rasche Vorstoß der gepanzerten Verbände der Wehrmacht darf nicht darüber hinwegtäuschen, dass der Gegner an vielen Stellen erbitterten und hartnäckigen Widerstand leistete, der zu zeitraubenden Aushilfen zwang. Die sprunghaft steigenden Gefangenen- und Beutezahlen in den ersten Wochen des Feldzuges[159] nährten den Eindruck, dass man die Masse der Trup-

158 Bericht Georgij Schukovs, in: Militärbulletin (Moskau) Nr. 20, Oktober 1987, S. 10.

159 Die Deutschen machten allein in den Kesselschlachten von Minsk und Smolensk 630.000 Gefangene; 6.500 Panzer wurden dabei zerstört oder erbeutet; bis Ende Juni gingen 4.600 sowjetische Flugzeuge verloren (Das Deutsche Reich und der Zweite Weltkrieg, Band 4, S. 653).

pen, die westlich von Dnjepr und Düna standen, gestellt und vernichtet hätte; der Generalstabschef vertrat bereits Anfang Juli die Auffassung, dass der Feldzug entschieden sei und es nur mehr darum ginge, in weiträumiger Verfolgung die letzten Feindgruppierungen aufzureiben. Allerdings verstärkten die riesigen Mengen an zerstörtem und erbeutetem Kriegsgerät im grenznahen Bereich, vor allem an Panzern, Artilleriegeschützen und Kampfflugzeugen, den Eindruck, dass die Rote Armee auf Angriff eingestellt gewesen sei und dass die Wehrmachtführung – ohne es zu wissen – präventiv gehandelt habe[160].

Mit dem deutschen Angriff stießen zwei auf Niederwerfung, Eroberung und Ausbeutung angelegte Strategien aufeinander, gleichzeitig verknüpfte sich das politische Schicksal der Sowjetunion mit dem Großbritanniens und wenig später auch dem der USA. Mit dem deutsch-sowjetischen Krieg verlor die Flankenmacht UdSSR ihren bisherigen Vorteil, Nutznießer des europäischen Krieges zu sein; für die Strategien Großbritanniens und der USA ergaben sich gegenüber der strategischen Konstellation, wie sie zu Kriegsbeginn 1939 gegeben war, wichtige neue Optionen. Die Regierung Churchill ergriff sofort die Chance, die Sowjetunion als Bundesgenossen zu gewinnen, wenn auch die britische Hilfe fürs Erste nur aus Versprechungen bestand. Churchill begrüßte das ungleiche Bündnis, das für Großbritannien eine wesentliche Entlastung brachte und für das er im Geheimen geworben und gearbeitet hatte. Je länger die Sowjetunion durchhielt, desto besser für Großbritannien!

Demgegenüber setzte Hitler auf einen raschen, endgültigen Sieg, der auch den Weg zum Frieden mit London freimachte, da es dann für England keinen „Festlandsdegen" und keine Rückenbedrohung für Deutschland mehr gab. Er hoffte auf eine „Regung gesunden Menschenverstandes und Selbsterhaltungstriebes", die es der britischen Regierung gestattete, sich glimpflich aus der Affäre zu ziehen und ihr Weltreich zu erhalten. Wie er später beteuerte, wollte er den britischen Stolz schonen und das Tor zum Ausgleich offen lassen[161]. Denn immerhin drohte England im Falle eines langen Krieges der Verlust seiner wirtschaftlichen Ressourcen und seiner überseeischen Gebiete und außerdem die steigende Abhängigkeit von den USA, eine Gefahr, die auch von Außenminister Eden erkannt wurde.

Doch Hitler verkannte eine Strategie, die genährt von Verbissenheit, Hass und Arroganz keine „Politik der freien Hand" in Osteuropa zulassen wollte: Denn eine solche Politik hätte es Deutschland erlaubt, seine gesamte Wehrkraft gegen Sowjetrussland zu werfen, wonach es am deutschen Sieg keinen Zweifel mehr gegeben hätte! Eine solche Perspektive, nämlich das Deutsche

Reich als unumschränkte Vormacht in Europa, erschien Churchill und seinen Vertrauten noch unakzeptabler als der Verlust des Empires![162]

An diesem Beispiel ist wieder zu erkennen, auf wie seltsame Weise strategisches Denken von einer irrationalen Gefühlswelt überlagert werden kann. Wenn man in London auf einen möglichst langen und aufreibenden Krieg in der Sowjetunion hoffte, so musste es hingegen der Sinn der deutschen Strategie sein, diesen Waffengang bald siegreich zu beenden, zumindest die Rote Armee so weit niederzukämpfen, dass sie auf absehbare Zeit keine militärische Bedrohung mehr darstellte. Die bolschewistische Ideologie konnte ohnehin nicht mit Waffengewalt bezwungen werden. Damit ergab sich das Erfordernis, den militärischen Sieg noch 1941 anzustreben, da früher oder später der Kriegseintritt der USA drohte. Diese Macht betrachtete zwar Deutschland als ihren Hauptfeind, nützte aber zunächst nicht die Option eines Bündnisses mit Stalin und griff auch nicht direkt in den Krieg ein. Die Unterstützung Churchills genoss Vorrang, und im Übrigen erhöhte Roosevelt den Druck auf Japan.

Aus deutscher Sicht setzte das politische Erfordernis einer raschen Feldzugsentscheidung alles auf eine Karte, während aus militärstrategischer Sicht ein Krieg, der die Entscheidung in zwei Feldzügen suchte, größere Siegeschancen versprochen hätte. Auch Hitler hatte in der Zeit der Vorbereitung an die Möglichkeit gedacht, den Sieg erst in einem zweiten Feldzug 1942 zu erreichen. Indem die deutsche Führung ihre Energie auf die Feldzugsentscheidung richtete, wurde die politische Strategie sträflich vernachlässigt. Geprägt von der Ideologie und vom Gedanken des „Volkstumskampfes“ wollten Hitler, Himmler und Rosenberg dem scheinbar schon geschlagenen Gegner keinerlei Zugeständnisse machen und hatten nur die Besetzung, Ausbeutung und Aufteilung des Landes in „Reichskommissariate“ im Auge. Nur ganz wenige Beamte und Offiziere dachten daran, den Völkern der Sowjetunion die Befreiung vom kommunistischen Regime zu bringen und sie letztlich als politische Partner zu gewinnen. Eine politische Strategie, die auf die Mitwirkung dieser Völker bei der Neugestaltung

160 Hitler erklärte mehrmals, dass er es kaum gewagt hätte, den Angriffsbefehl zu geben, falls er rechtzeitig von den gewaltigen sowjetischen Kriegsvorbereitungen erfahren hätte (Ralf-Georg Reuth, Goebbels, München – Zürich 1991, S. 484). Goebbels benutzte die sehr hohen Gefangenen- und Beutezahlen, um in seiner Propaganda vom „Präventivkrieg“ zu sprechen.

161 Diese nachträgliche Aussage Hitlers stammt aus den Bormann-Diktaten vom 5. 2. 1945 (Hitlers politisches Testament, Hamburg 1981, S. 43).

162 Demnach hatte Churchill kein konkretes politisches, sondern nur ein militärisches Ziel verfolgt, nämlich den Sieg durch totale Zerschmetterung Deutschlands (siehe ausführlich: John Charmley, The End of Glory – das Ende einer Legende, Berlin 1997).

des russischen Staates setzte, hätte die militärische wirksam ergänzt und entscheidend zum Sturz des Stalin-Regimes beitragen können[163].

Es sei für das bessere Verständnis des Folgenden ein Blick auf die Grundzüge der Operationen geworfen. Der deutsche Vormarsch, der dem Konzept des OKW folgte, das aber die Heeresführung nur widerwillig akzeptiert hatte[164], erreichte zwar in der ersten Phase fast überall die gesetzten Ziele, doch kam es bald zur Kontroverse zwischen Hitler und dem Generalstab. Der sich versteifende Widerstand der Roten Armee vor Leningrad, bei Kiev und ostwärts Smolensk warf Ende Juli/Anfang August die Frage nach der zweckmäßigsten Fortsetzung der Operationen auf. Außerdem hatten die großen Anfangserfolge die Schwachstellen verdeckt, mit denen die Wehrmacht in den Kampf eingetreten war und die nun schrittweise zu Tage traten[165].

Nach einer Phase der Unschlüssigkeit forderte Hitler das Abschneiden der sowjetischen Kräfte in Nordrussland samt der Eroberung Leningrads als vordringliches Ziel, was genau dem ursprünglichen Konzept entsprach, während v. Brauchitsch, Halder und der Befehlshaber der HGr. Mitte, v. Bock, dagegen opponierten. Sie hatten nur ihr großes Ziel Moskau vor Augen, ohne einzusehen, dass ein rascher Sieg in Nordrussland sehr große Vorteile im Hinblick auf den späteren Angriff gegen die Feindkräfte vor Moskau böte: die offensive Abdeckung dieser Operation gegen Nordosten und das Herauslösen vieler zusätzlicher Verbände zugunsten der HGr. Mitte[166].

Stattdessen versteifte sich die Heeresführung auf den baldigen Angriff auf Moskau, obwohl die operativen und logistischen Voraussetzungen nicht erfüllt waren. So standen kaum Kräfte für die Abdeckung des Stoßes auf Moskau nach Süden hin zur Verfügung. Das OKH ignorierte damit die Absicht Hitlers und versäumte Anfang August die rasche Inbesitznahme Leningrads und das Freikämpfen des Nordflügels; dieses Ziel lag damals durchaus im Bereich des Möglichen. Dennoch herrschte in dieser Zeit noch immer Optimismus über den siegreichen Ausgang des Feldzuges 1941[167]. Die Einschätzung eines baldigen Sieges hatte auch die Weisung Hitlers (Nr. 32b) vom 14. Juli wesentlich beeinflusst: Danach sollte die Luftwaffenrüstung, mit Abstand gefolgt von den Belangen der Marine, künftig deutlich Vorrang erhalten, wogegen das Heer – ausgenommen die Fertigung von Panzern, Fliegerabwehr- und Panzerabwehrwaffen – seine Stärke wesentlich verringern und seine Rüstung einschränken sollte. Dagegen sollte die Luftwaffe so massiv verstärkt werden, dass sie 1942 entscheidend in das Kampfgeschehen eingreifen konnte, während sich die Kriegsmarine nur auf das U-Boot-Bauprogramm konzentrieren sollte[168]. Dies bedeutete eine verfrühte Anleihe auf eine Lageentwicklung, die als überaus günstig beurteilt wurde.

Doch die Ernüchterung sollte bald folgen. Am 11. August stellt Halder mit Bestürzung fest, dass man die Stärke der Roten Armee gründlich unterschätzt habe, da bereits jetzt 360 Divisionen – gegenüber den anfangs geschätzten rund 200 – im Feld aufgetreten seien. Im Führungsstreit um die Fortsetzung der Operationen entschied Hitler am 21. 8. gegen die Absicht des OKH, das unbedingt Moskau angreifen wollte, obwohl die HGr. Mitte zu schwach war, um die gegenüberstehenden Kräfte zu schlagen und beide offene Flanken zu decken. Es erübrigt sich daher eine Auseinandersetzung um die Frage, ob man diesen Entschluss als fatale Fehlentscheidung[169] bezeichnet oder nicht.

Maßgeblich blieb die Tatsache, dass die oberste deutsche Führung die Widerstands- und Regenerationskraft der Roten Armee durchwegs unterschätzt hatte und dass nur mehr knapp zwei Monate Zeit blieben, um zu einem akzeptablen Abschluss der Operationen zu kommen. Hitler forderte am 21. 8. im Norden die Einnahme Leningrads und im Süden die Gewinnung des Rüstungsgebietes am unteren Donez, die Eroberung der Krim und die Abschnü-

---

163 Aus der Fülle der Literatur seien hervorgehoben: Theodor Oberländer, 6 Denkschriften aus dem Zweiten Weltkrieg zur Behandlung der Sowjetvölker, Ingolstadt 1984; Hans v. Herwarth, Zwischen Hitler und Stalin, Frankfurt – Berlin – Wien 1985, S. 241 ff.; Joachim Hoffmann, Die Ostlegionen 1941 - 1943, Freiburg 1976.

164 Dieses operative Konzept, das einer Studie von Oberst v. Loßberg vom 15. 9. 1940, folgte, sah nach doppelseitiger Umfassung der Westfront die frühzeitige Gewinnung des Raumes von Smolensk vor, um dann gemeinsam mit der HGr. Nord das Baltikum freizukämpfen und Leningrad zu erobern; erst dann wären die Voraussetzungen für den Angriff auf Moskau geschaffen. Südlich der Pripjatsümpfe sollte die HGr. Süd den Gegner einseitig von Norden umfassen, nach Südosten hin aufrollen und schließlich den Dnepr bei und südlich von Kiev überschreiten (Das Deutsche Reich und der Zweite Weltkrieg, Band 4, Beitrag von Ernst Klink, S. 230ff.).

165 Dazu zählten: Die durchwegs schwache Motorisierung des Heeres, was die Infanterie zu erschöpfenden Fußmärschen zwang; das Fehlen eines Kampfpanzers, der dem sowjetischen T-34 überlegen war; eine leistungsfähige Panzerabwehrwaffe; das Fehlen einer Flotte von Fernbombern, um Ziele im tiefen Hinterland anzugreifen. Dazu kam der durchwegs geringe Personal- und Materialersatz; auch die Sicherung des Hinterlandes bildete ein großes Problem.

166 Im Falle einer rechtzeitigen Einnahme von Leningrad und der Vereinigung mit der finnischen Armee hätte die HGr. Nord alle ihre Panzer- und mot. Divisionen zugunsten der Operation gegen Moskau abgeben und dennoch ihren Auftrag weiter erfüllen können. Für Finnland hätte dieser Sieg bedeutet, diejenige Armee, die an der Karelischen Landenge kämpfte, freizubekommen.

167 Dazu: Engel, Heeresadjutant bei Hitler, a.a.O., S. 108, Eintragung vom 6. 8. 1941.

168 Walter Hubatsch (Hrsg.), Hitlers Weisungen für die Kriegführung 1939 – 1945, a.a.O., S. 136ff.

169 Siehe etwa: Adolf Heusinger, Befehl im Widerstreit, Tübingen 1957, S. 132ff.

rung der Erdölzufuhr vom Kaukasus. Vorerst mussten aber die gewaltigen sowjetischen Truppenmassen in der Ostukraine geschlagen werden, die aus 6 Armeen bestanden und den Vormarsch an den inneren Flügeln der HGr. Süd und Mitte blockierten. Dies galt nach operativen Gesichtspunkten als durchaus logisch und vorteilhaft. Hitlers Weisung bestätigt außerdem, dass er im Jahr 1941 nicht mehr mit einem Sieg über die Sowjetunion rechnete, dafür aber seine früher gehegten Zwischenziele durchsetzen wollte. Damit stand die künftige Strategie völlig in Frage.

Eine Strategie, die die Entscheidung im Kampf gegen Sowjetrussland auf 1942 vertagte, wie dies z.B. v. Rundstedt vertrat, nahm in Kauf, dass die USA wahrscheinlich in den Krieg eintreten werde, bevor die Sowjetunion besiegt oder zumindest als Machtfaktor ausgeschaltet werde. Außerdem erhielt der Gegner Gelegenheit, seine Verluste auszugleichen und seine Rüstungskraft zu steigern. Deshalb drängte das OKH vehement auf den Angriff auf Moskau, der als siegverheißend galt, noch im Herbst 1941, um die letzten Feindkräfte im Vorfeld der Hauptstadt zu vernichten und dann das Ostheer in wintertaugliche Stellungen zu führen. Ein Winterfeldzug sollte möglichst vermieden werden. Als nun Hitler Anfang September den Eindruck gewann, dass sich seine operativen Vorgaben im Norden durch die Einschließung Leningrads und im Süden durch die fortschreitende Einkreisung großer Heeresteile weitgehend erfüllten[170], ging er auf das Drängen des OKH ein, doch noch den Angriff auf Moskau zu wagen.

Dieser Entschluss verfolgte zwar die Absicht, mit der Wegnahme der Hauptstadt dem Gegner den zentralen Verkehrsknoten des Landes zu entziehen und gleichzeitig die sowjetischen Armeen, die Moskau deckten, aufzureiben; allerdings nahm man den Nachteil in Kauf, auf die Eroberung Leningrads zu verzichten, da wesentliche Kräfte, die zum Endangriff vorgesehen waren, herausgezogen und für die Offensive auf Moskau bereitgestellt wurden. Im Süden musste die HGr. Süd auf sich allein gestellt in exzentrischer Richtung auf Charkov, Rostov und die Krim vorstoßen. Obendrein rechnete das OKH, die Offensive bis Mitte November zu beenden und hoffte auf leidlich gutes Wetter, ohne den Einbruch der herbstlichen Regenperiode zu berücksichtigen[171].

Wenn auch nicht behauptet werden kann, dass der Fall der gegnerischen Hauptstadt den entscheidenden Erfolg über die UdSSR bedeutet hätte, so wären doch damit ganz wesentliche Vorteile verbunden gewesen: Stalin würde gezwungen sein, seine letzten Reserven zum Schutz der Hauptstadt aufzubieten, die somit endgültig vernichtet werden konnten; die Gewinnung des Großraumes Moskau erlaubte spätere Operationen in Richtung Nord, um die dortigen Gruppierungen der Roten Armee in der Flanke anzugreifen; der Gegner hätte mit Moskau, Kalinin, Podolsk, Tula und Serpuchov wichtige

Industriezentren verloren; schließlich würde der Fall der Hauptstadt schwerwiegende Auswirkungen auf die Moral von Armee und Bevölkerung, aber auch auf das Ausland haben. Deswegen lehnte Stalin, obwohl er von seinen engsten Mitarbeitern dazu gedrängt wurde, auch zur Zeit der höchsten Bedrohung das Verlassen der Hauptstadt ab. Seine Anwesenheit in der Zentrale besaß ein nicht zu unterschätzendes Gewicht.

Die Sowjetunion ringt um ihre Existenz und Bündnisfähigkeit

Mit dem Angriff der Wehrmacht am 22. Juni war die vorteilhafte sowjetische Strategie, Handlungsfreiheit zu bewahren und auf eine gegenseitige Schwächung der Kriegsparteien zu warten, gescheitert. Stalin musste seine bisherige Rolle des „Schiedsrichters Europas" mit der Rolle des in seiner Existenz Bedrohten vertauschen. Nun kamen nur mehr die USA für die Schiedsrichterrolle in Frage. Die sowjetische Strategie lief jetzt darauf hinaus, den drohenden Zusammenbruch der Roten Armee zu verhindern, Zeit zu gewinnen, die Deutschen von den Zentren des Landes – Leningrad, Moskau, Charkov, Donezbecken – abzuhalten und im Ausland Verbündete und Unterstützung zu gewinnen. In dieser Hinsicht stand die sowjetische Führung vor großen Schwierigkeiten.

Das britisch-sowjetische Abkommen vom 12. Juli enthielt kein konkretes Versprechen, Waffenhilfe zu leisten, abgesehen davon, dass es völlig ungewiss blieb, ob diese noch rechtzeitig einträfe, um die endgültige Niederlage abzuwenden[172]. Das Misstrauen Stalins gegenüber der britischen Haltung war nach dem deutschen Angriff keinesfalls behoben und blieb noch Jahre hindurch bestehen. Dennoch drängten Stalin und Molotov bereits im Juli auf

170 Die HGr. Nord schnitt Leningrad am 5. 9. von den Landverbindungen ab und ging zur Belagerung über. – In der Ostukraine zeichnete sich Anfang September im Zusammenwirken der HGr. Mitte und Süd eine gewaltige Umfassungsschlacht ostwärts von Kiev ab, wobei 5 sowjetische Armeen und Teile von 2 weiteren Armeen bis zum 26. 9. vernichtet wurden; die Deutschen machten ca. 665.000 Gefangene, und die inneren Flügel der beiden Heeresgruppen erlangten Handlungsfreiheit. Zur sowjetischen Einschätzung siehe z.B. Dmitri Wolkogonov, Stalin. Triumph und Tragödie, Düsseldorf 1989, S. 586.

171 Eine alternative Option, die aber nicht zur Debatte stand, hätte darin bestanden, auf den Angriff gegen Moskau zu verzichten, und dafür Leningrad einzunehmen, sich mit den Finnen zu vereinigen, und im Süden mit verstärkten Kräften gegen das Donezbecken, Rostov und den Raum ostwärts von Charkov vorzugehen. Die Kriegsentscheidung wäre damit ebenfalls auf 1942 vertagt worden, nur unter wesentlich besseren Bedigungen als nach der Niederlage vor Moskau.

172 Die Bestimmung, dass keine der Parteien gesondert über einen Waffenstillstand oder Friedensvertrag verhandeln dürfte, bedeutete eine Vorwegnahme der Casablanca-Beschlüsse vom Januar 1943.

Errichtung einer „zweiten Front" in Westeuropa. Stalin schlug Churchill Mitte September 1941 vor, 25 – 30 britische Divisionen bei Archangelsk landen zu lassen oder sie über den Iran nach Südrussland zu transportieren, um sie dort gegen die Deutschen einzusetzen. Außerdem gab er zu verstehen, dass die britische Luftwaffe Langstreckenbomber nach Sowjetrussland verlegen solle, um die Erdölfelder in Rumänien anzugreifen. Forderungen nach einer „zweiten Front" wurden besonders im zweiten Halbjahr 1942 und auch im Laufe des Jahres 1943 immer wieder vorgebracht. Dass diese Front erst im Juni 1944 in Form der Invasion in der Normandie zustande kam, trug wesentlich zur Verstimmung zwischen Moskau und den Westalliierten während der zweiten Kriegshälfte bei[173].

Das Abkommen mit Moskau erfüllte für London und später auch für Washington in erster Linie den Zweck, die Kampfkraft der Roten Armee so weit zu erhalten, dass sie die Wehrmacht an der Hauptfront in Osteuropa fesselte. An einem Erstarken der Sowjetunion lag den Westmächten langfristig sehr wenig, so dass der These zuzustimmen ist, dass Sowjetrussland ab Sommer 1941 die Hauptlast des Krieges gegen Deutschland getragen habe.

Es muss allerdings berücksichtigt werden, dass die maßgeblichen britischen und amerikanischen Militärs, aber auch Diplomaten, den Kampfwert der Roten Armee für so gering einschätzten, dass man in Anbetracht der bisherigen deutschen Siege mit einem baldigen Zusammenbruch rechnete. Zu dieser Bewertung trugen nicht zuletzt die großen „Säuberungen" Stalins innerhalb der Streitkräfte 1937/38 bei, die mit der Liquidierung von rund drei Vierteln des höheren Offizierskorps einer „Enthauptung" gleichkam[174]. Auf diplomatischen Kanälen war damals die Einschätzung vom geringen Kampfwert der Streitkräfte verbreitet worden, ohne zu bedenken, dass Stalin aus dieser Mordaktion auch Vorteile zog. So gelang ihm auf äußerst brutale Weise die Disziplinierung der verschonten Offiziere, und der Nachwuchs rückte trotz erheblicher Ausbildungsmängel schnell auf, womit eine Verjüngung in den höheren Rängen eintrat. Nach dem 22. 6. 1941 hatten es also die Führungsstäbe in England und den USA schwer, zu einer zutreffenden Einschätzung der Roten Armee zu kommen, worauf aber die politischen Entscheidungen, ob man Stalin unterstützen sollte, gründeten. Vielfach wurde ein deutscher Sieg über Sowjetrussland innerhalb von 6 – 8 Wochen, spätestens binnen 3 Monaten angenommen.

Es verwundert daher nicht, wenn hochrangige Berater von Präsident Roosevelt, wie etwa Harry Hopkins, eine Niederlage Stalins ins Kalkül zogen, auch wenn sie dessen Unterstützung befürworteten. Schon am 8. Juli hatte Molotov dem amerikanischen Außenamt eine umfangreiche „Wunschliste" übermittelt, wobei man u.a. die baldige Lieferung von 3.000 Bombern und

3.000 Jagdflugzeugen begehrte[175]. Eine nüchterne, fast geschäftsmäßige Note durchzog künftig die Überlegungen in Washington. Immerhin erschien es aus dieser Sicht völlig unvernünftig, in einen möglichen Koalitionspartner zu „investieren", von dem man gar nicht wusste, ob er in nächster Zeit noch existieren würde.

Nach seinem Besuch bei Stalin Ende Juli 1941 riet Hopkins seinem Präsidenten, keine Konferenz mit Stalin abzuhalten, solange der deutsch-sowjetische Krieg nicht entschieden sei. Er schlug daher Stalin vor, eine solche Konferenz erst für die Zeit nach dem 1. Oktober vorzusehen. Wie er an Roosevelt schrieb, werde man erst dann wissen, „ob es noch eine Front geben werde oder nicht", und wo ungefähr die Front während der kommenden Wintermonate verlaufen werde[176]. Außenminister Cordell Hull trat für eine Politik ein, die Hitler nicht reizen und keinen Konflikt heraufbeschwören sollte. Dass das Gesetz über die allgemeine Wehrpflicht nur mit einer (!) Stimme Mehrheit am 12. August vom Repräsentantenhaus verabschiedet wurde, zeigt die große Abneigung, vor allem innerhalb der Republikanischen Partei, d. h. der „Isolationisten", in den europäischen Krieg verwickelt zu werden. Außerdem galt es für die Regierung, die weitverbreitete antisowjetische Stimmung im Lande zu berücksichtigen[177].

Auch die Führungsspitzen von Heer und Marine, General Marshall und Admiral Stark, plädierten im September für eine Militärstrategie, die in erster Linie die Herrschaft auf den Meeren und den Bestand des britischen Reiches sicherte, die „Aufrechterhaltung einer aktiven Front in Russland" aber nur an letzter Stelle nannte[178]. In diesem September-Memorandum wurden Zweifel an der Durchhaltekraft der Sowjetunion geäußert, gleichzeitig aber betont,

173 Valentin Falin, Zweite Front. Die Interessenkonflikte in der Anti-Hitler-Koalition, München 1985, besonders S. 207ff. - Die oft polemisch und emotional geäußerten Vorwürfe Falins an die Regierungen Churchill und Roosevelt laufen darauf hinaus, dass beide Mächte durch unzureichende Waffenhilfe und eine verfehlte Strategie die Sowjetunion ausbluten lassen wollten, um nach Kriegsende einen recht schwachen Partner vorzufinden; Falin bezeichnet Churchill sogar als „Musterbeispiel menschlicher Niedertracht" (S. 214).

174 Allerdings betrug die Quote aller getöteten bzw. zur Lagerhaft verurteilten Offiziere nur 7,7 %, bezogen auf 1937; siehe: Roger R. Reese, Red Commdanders, Lawrende/Kansas 2005, S. 21; dazu Rudolf Ströbinger, Stalin enthauptet die Rote Armee, Stuttgart 1990.

175 Zitiert gemäß Andreas Hillgruber, Der Zenit des Zweiten Weltkrieges Juli 1941, Vortrag, Wiesbaden 1977, S. 38.

176 Robert Sherwood, Roosevelt and Hopkins. An intimate history, New York, 2. Auflage 1950; zitiert nach der russischen Ausgabe, Moskau 1957, S. 267.

177 Siehe auch: Bernd Martin, Verhandlungen über separate Friedensschlüsse 1942 – 1945; in: Militärgeschichtliche Mitteilungen 2/1976, S. 95 – 113, hier: S. 98.

178 Falin, Zweite Front, a.a.O., S. 239.

dass der Kampf gegen Deutschland zentrales Anliegen sei, wogegen Japan die Chance erhalten sollte, die Neutralität zu wählen. Das politische und militärische Gewicht der Sowjetunion wog also in den Augen der amerikanischen Militärs ziemlich wenig. Ein gleichzeitiger Krieg gegen Deutschland und Japan wurde von Marshall und Stark allerdings für ungünstig erachtet. Wie beide noch Ende November 1941 betonten, sollte man bei der Eröffnung von Kampfhandlungen nichts übereilen.

Auch Roosevelt hielt das von Stalin erhoffte direkte Eingreifen der USA auf dem russischen Kriegsschauplatz kurzfristig für völlig ausgeschlossen und stützte sich hierbei auf die Stellungnahme seiner hohen Militärs und von Kriegsminister Stimson. Die entscheidende Auseinandersetzung mit Deutschland würde aus seiner Sicht erst Mitte 1943 erfolgen; bis dahin blieb die Rüstungshilfe als einziges Mittel zur Unterstützung der schwer bedrängten Sowjetunion. Die Planungszahlen für den Ausbau der Streitkräfte gemäß dem „Victory-Programm" vom 9. 7. 1941 sprachen ebenfalls für ein wirksames Eingreifen der USA in Europa erst im Sommer 1943. Bis dahin sollten die Streitkräfte auf 8,8 Mill. Mann erhöht werden, wobei die Armee sogar über 215 Divisionen, darunter 61 Panzerdivisionen verfügen würde; die Luftstreitkräfte sollten befähigt werden, einen strategischen Luftkrieg zu führen[179]. Die amerikanische Strategie stellte sich somit darauf ein, dass man den Kampf gegen die „Aggressoren" gemeinsam mit England, notfalls auch ohne Sowjetrussland führen könne.

Als einziger strikter Befürworter einer raschen, wirksamen Hilfe für die Sowjetunion trat Joseph E. Davis, der ehemalige Botschafter der USA in Moskau, auf. Er legte Roosevelt am 8. Juli eine Denkschrift vor, worin erklärt wurde, dass ein schneller Sieg der Wehrmacht in Russland nicht zu erwarten sei, dass aber die wertvollen Rohstoffe, die im Zuge eines tiefen Vormarsches den Angreifern in die Hände fielen, es ihnen ermöglichen würden, den Krieg auf unabsehbare Zeit fortzuführen. Die USA sollten daher die Sowjetregierung möglichst tatkräftig unterstützen, um Stalin vor der Gefahr zu bewahren, gestürzt zu werden, oder ihn davon abzuhalten, Frieden mit Hitler zu schließen. Eine solche Entwicklung würde die Deutschen aus der Klammer des Zweifrontenkriegs befreien[180].

Mit der Atlantik-Charta vom 12. 8. 1941 stellten Roosevelt und Churchill heraus, dass sie zwar Hitler-Deutschland als Hauptgegner betrachteten, mit dem man keinen Friedenskompromiss eingehen würde, dass sie aber die Sowjetunion keineswegs als Nutznießer einer neuen Weltordnung nach dem erstrebten Sieg über die „Achsenmächte" betrachteten. Die Atlantik-Charta enthielt ein weltpolitisches Programm im Sinne einer Pax americana, in der Großbritannien die Rolle eines „Juniorpartners" spielte, was aber von Churchill nicht wahrgenommen oder verdrängt wurde. Die Absage an einen Kolonialismus jeglicher Art traf nämlich die britische Indien-Politik im Nerv. Deshalb sträubte sich Anthony Eden, der im Dezember 1940 Lord Halifax als Außenminister abgelöst hatte, gegen eine enge Anlehnung an die Vereinigten Staaten, durch die er die ureigensten Interessen Großbritanniens gefährdet sah.

In den USA rief der Inhalt der Erklärung bei den Isolationisten Ablehnung hervor, etwa vom prominenten Senator Robert Taft; dieser meinte, dass die USA ihre Außenpolitik nur nach eigenen Grundsätzen ausrichten sollten und dass „selbst ein Zusammenbruch Englands einer Beteiligung an europäischen Kriegen für den Rest unseres Lebens" vorzuziehen wäre[181]. Was die Sowjetregierung betraf, so verlangte die Charta, falls diese das Programm überhaupt akzeptierte, erhebliche Zugeständnisse. Stalin war dazu nur unter Vorbehalten bereit, obwohl sein Ruf nach Beistand immer dringender wurde. So unterstrich er in einer Botschaft vom 5. September die „tödliche Gefahr", in der sich Sowjetrussland befände, worin offenbar auch seine Verbitterung über das Ausbleiben von Rüstungshilfe mitschwang.

Erst die Moskauer Konferenz (29. 9. bis 1. 10.) erbrachte konkrete wirtschaftliche Vereinbarungen, wobei Lord Beaverbrook, der britische Vertreter, am deutlichsten die Vorteile rascher Hilfslieferungen für Moskau erkannte[182]. Stalin betonte wieder sein Interesse an der Verlegung britischer Truppen in die Ukraine, ohne eine verbindliche Antwort zu erhalten. Roosevelt setzte immerhin durch, dass mit dem 7. November die amerikanische Rüstungshilfe im Rahmen des „Lend-Lease"-Gesetzes für die Sowjetunion im Ausmaß von zunächst 250 Mill. Dollar ausgedehnt wurde. Dies geschah zu einem Zeitpunkt, als die Hoffnung stieg, dass die Rote Armee Moskau und Leningrad erfolgreich verteidigen und somit dem deutschen Angriff den Winter hindurch standhalten könnte.

Da aber erhebliche Zeit vergehen würde, bis diese Rüstungsgüter an der Front wirksam werden konnten, hing alles von der Widerstandskraft der Roten Armee ab. Um diese Widerstandskraft zu erhalten, wandten Stalin, Berija und Schukov schärfste Mittel an, die in der gnadenlosen Bestrafung aller jener gipfelten, die es offenbar am Kampfwillen fehlen ließen, fliehen oder überlaufen wollten. Durch rigorose Befehle und Gewaltaktionen von Sondertruppen sollte nicht nur die Praxis des massenweisen Überlaufens unterbunden, sondern

179 Hillgruber, Der Zenit des Zweiten Weltkrieges, a.a.O., S. 28.

180 Dirk Bavendamm, Roosevelts Krieg 1937 - 1945 und das Rätsel von Pearl Harbor, München-Berlin 1993, S. 170/71.

181 John Charmley, Der Untergang des Britischen Empires, Graz 2005, S. 53.

182 Falin, Zweite Front, a.a.O., S. 227.

auch die Loyalität aller Bevölkerungskreise sogar mit Sippenhaftung erzwungen werden[183].

Immerhin hatte die Rote Armee bis Mitte August bereits über eine Million an Gefangenen und Überläufern verloren. Stalin befahl am 12. September, in allen Divisionen aus zuverlässigen Soldaten „Sperrabteilungen“ mit dem Auftrag zu bilden, die Disziplin rigoros wiederherzustellen, die Flucht von Soldaten zu verhindern und die Anstifter zu Flucht und Panik zu töten. In militärisch bedrohlichen Lagen griffen Kommandeure und Politkommissare besonders brutal durch. So befahl der Kriegsrat der Leningrader Front am 18. September, als die Deutschen nur mehr 10 km vor der Stadt standen, hinter der Front drei Sperrlinien zu errichten, um fliehende Soldaten aufzugreifen. Razzien im Hinterland, Misshandlungen und willkürliche Erschießungen von Soldaten nahmen überhand, so dass sich Stalin selbst genötigt sah, die Übergriffe mit einem Befehl vom 4. Oktober zu verbieten[184], was aber an seiner Unterdrückungspolitik im Grunde genommen nichts änderte.

Es ging vor allem um die Hebung der Kampf- und Wehrmoral, die bis auf wenige Ausnahmen sehr zu wünschen übrig ließ, und deren Verfall von der politischen Führung offenbar als genauso bedrohlich wie die militärischen Erfolge des Gegners eingeschätzt wurde. Auch der Aufruf Stalins zum Partisanenkrieg vom 3. Juli sollte den Widerstandsgeist heben, obwohl diese Kampfform von den Betroffenen große Opfer forderte: Die unter deutsche Besatzung geratene Bevölkerung hatte nämlich sowohl unter der Brutalität der Partisanen als auch unter den Repressalien der Deutschen zu leiden. Gegen ranghohe Generäle, denen man Versagen bei der Führung der Truppen oder mangelnden Widerstandswillen vorwarf, ging Stalin ebenfalls erbarmungslos vor. So ließ er am 28. 10. 1941, kurz nach der verlorenen Schlacht bei Vjasma und Brjansk, 10 leitende Persönlichkeiten, darunter 5 Generäle der Luftstreitkräfte und Fliegerabwehr, ohne Gerichtsurteil erschießen[185]; man betrachtete sie offenbar für die Hauptschuldigen an den bisherigen Niederlagen der Roten Armee. Insgesamt wurden etwa 158.000 Soldaten im Verlauf des Krieges erschossen[186].

Wie brüchig die Stabilität innerhalb der Roten Armee in diesem Zeitraum war, erhellt die Tatsache, dass die Spezialorgane des NKVD bis zum 20. 12. 1941 über 638.000 Soldaten unter dem Verdacht der Fahnenflucht festnahmen. Zieht man noch alle diejenigen ins Kalkül, die von den „Sperrabteilungen“ der Divisionen festgenommen bzw. erschossen worden sind, und die Zehntausende, die der Festnahme entgangen sind, so beträgt die Gesamtzahl der Deserteure 1941 sicherlich mehr als eine Million[187]. Die Sowjetunion hatte somit an einer äußeren und inneren Front zu kämpfen. Man entnimmt daraus, welche Chancen eine andere politische Strategie deutscherseits gehabt hätte.

Ende September baute die sowjetische Strategie auf ein militärisches Durchhalten bis zum Eintritt der Regen- und Schlammperiode, von der man wusste, dass sie die Operationen mehr oder minder zum Erliegen brächte, so dass man während der Wintermonate an die Reorganisation von Armee und Rüstungsindustrie gehen konnte. Eine wichtige Voraussetzung dafür bildete die Evakuierung gefährdeter Anlagen der Rüstungsindustrie und der dazu benötigten Arbeiterschaft hinter die Volga nach Zentralrussland, um sie dem deutschen Zugriff zu entziehen[188]. Die seit Ende Juni laufende Evakuierung erreichte immerhin die Verlegung von über 1.500 Industrieanlagen und 25 Millionen Menschen, so dass man hoffen konnte, nach Überwindung der Schwächephase die vielen noch vorhandenen Ressourcen in die Waagschale zu werfen. Wenn es also gelänge, bis zum Winterbeginn durchzuhalten, wären Armee und Staat fürs Erste gerettet.

Die deutsche Operation „Taifun“ erzielte ab 30. 9./2. 10. höchst dramatische Anfangserfolge gegen einen starken Gegner, der jedoch eine mangelhafte Aufstellung gewählt hatte und sich ungeschickt verteidigte[189]. Die Rote Armee musste die Vernichtung von 7 Armeen und die weitgehende Zerschlagung von

---

183 Es ist vor allem der STAVKA-Befehl Nr. 270 vom 16. 8. 1941 zu nennen, der allen unzuverlässigen und kampfesmüden Soldaten und Offizieren die Erschießung androhte. Dazu ausführlich: Joachim Hoffmann, Die Geschichte der Wlassow-Armee, Freiburg 1984, S. 132/33; Bogdan Musial, „Konterrevolutionäre Elemente sind zu erschießen“, Berlin 2000.

184 Bogdan Musial, Erbarmungslose Abrechnung mit Deserteuren, in: Frankfurter Allgemeine, 11. 8. 2003, S. 38; ergänzend: Jörg Barberowski, Der Rote Terror. Die Geschichte des Stalinismus, München 2003.

185 Unter den Getöteten befanden sich: Generaloberst Grigorij Schtern, Befehlshaber der Luftverteidigungskräfte, die Generalleutnante Pavel Ryčagov, der ehemalige Leiter der Hauptabteilung Luftstreitkräfte, Jakov Smuschkevič, der stellvertretende Generalstabschef der Luftstreitkräfte, sowie Generalleutnant Ivan Proskurov, der ehemalige Leiter des militärischen Nachrichtendienstes (David E. Murphy, What Stalin knew. The Enigma of Barbarossa, New Haven/ Connecticut 2005, S. 259).

186 Zitiert nach Richard Overy, Die Diktatoren. Hitlers Deutschland, Stalins Russland, München 2005.

187 Musial, Erbarmungslose Abrechnung mit Deserteuren, a.a.O., S. 38.

188 Frederick Kagan, The Evacuation of Soviet Industry in the Wake of `Barbarossa´: A Key to the soviet Victory, in: The Journal of Slavic Military Studies, Juni 1995, S. 387 – 414.

189 Der HGr. Mitte mit 3 Armeen und 3 Panzergruppen standen 3 sowjetische Fronten (West-, Reserve-, Brjansker Front), gegliedert in 83 Schützen-, 9 Kavallerie- und 3 mechanisierte Divisionen sowie 13 Panzerbrigaden mit rund 1,3 Mill. Mann, gegenüber; siehe: www.rkkaww2.narod.ru vom 28. 1. 2005; Bitva pod Moskvoi, Khronika, Fakti, Lyudi, Olma-Press 2002, Band 1/2 (Die Aufschlüsselung findet sich im Anhang).

3 weiteren hinnehmen[190]. Der wegen seiner Rücksichtslosigkeit berüchtigte Schukov wurde mit der Führung der wenigen Truppenreste beauftragt, die der Vernichtungsschlacht entronnen waren. Der sowjetische Heeresbericht schlug erstmals düstere Töne an. Die Deutschen durchbrachen in schwungvoller Verfolgung mehrere Moskauer Schutzstellungen, während der Generalstab bereits die Einschließungslinie um die Stadt festlegte. Doch Stalin weigerte sich, Moskau zu verlassen und in sein geheimes Hauptquartier in Samara (Kujbischev) am Mittellauf der Volga auszuweichen[191], das von langer Hand vorbereitet war. Er verhängte am 19. Oktober den Belagerungszustand über die Stadt, die man an vielen Stellen zur Sprengung vorbereitete.

Doch dann blieb der Vormarsch in Schlamm und Morast rund 65 km vor dem Stadtrand stecken, während der Gegner verzweifelte Anstrengungen zur Verteidigung unternahm[192]. Der Angriffsschwung erlahmte aber weniger wegen des hartnäckigen Widerstandes, sondern vor allem deshalb, weil die Deutschen ihre gewonnene quantitative Überlegenheit auf Grund des Dauerregens, vermischt mit Schneefall, und des schwierigen Geländes nicht nutzen konnten: So schafften es die Panzer- und motorisierten Verbände nicht, ihre Beweglichkeit zur Umgehung der Widerstandsinseln und zum raschen Vordringen auf Moskau auszuspielen; sie mühten sich im Kampf gegen die Elemente ab, ehe sie auf die letzten herangeschafften Kräfte des Gegners stießen. Damit sanken die Chancen auf die Eroberung Moskaus noch im Herbst auf ein Minimum. Schukovs Westfront verfügte Anfang November wieder über 27, wenn auch stark geschwächte Divisionen, und 14 Panzerbrigaden[193].

Es hätte sich nun angeboten, mit Rücksicht auf die erschöpfte Truppe und die bisherigen hohen Verluste den Angriff abzubrechen und geeignete Stellungen zu beziehen, um Vorbereitungen für den Winterkrieg zu treffen; dies hätte die Chance geboten, mit aufgefrischten Kräften im nächsten Frühjahr wieder offensiv zu werden, um unter besseren Bedingungen die Entscheidung zu suchen. Doch der zuversichtliche Chef des Generalstabes setzte sich Mitte November gemeinsam mit den Feldmarschällen v. Bock und v. Kluge mit seiner Absicht durch, den Angriff wiederaufzunehmen: Dem wankenden Gegner sollte mit letzter Kraft der eigene, vermeintlich stärkere Wille aufgezwungen werden, obwohl der Zustand der Truppe dagegen sprach und Hitler nicht auf der Fortsetzung der Offensive bestand. Noch immer herrschte bei der Heeresführung Optimismus. So ließ der Generalstabschef beim OKW Richtlinien für die Aktivitäten nach der Einnahme Moskaus und die Umgliederung des Ostheeres erörtern, da man noch immer von einem vollen Erfolg ausging[194].

Doch der unter härtesten Bedingungen vorgetragene Angriff kam schließlich am 5. Dezember wenige Kilometer vor Moskau zum Erliegen; die Rote

Armee hatte sich in der Zwischenzeit bereits so gefestigt und neue Verbände herangeholt, dass sie tags darauf eine Gegenoffensive beginnen konnte, wenn auch die Zielsetzung zunächst nur die Zerschlagung der bedrohlichsten deutschen Positionen im Auge hatte. Unter den sowjetischen Verbänden waren viele, die man überhastet aufgestellt und notdürftig ausgebildet hatte, die aber soviel Kampfkraft entwickelten, um die erschöpften, frierenden und dezimierten deutschen Truppen, die unter argen Versorgungsmängeln litten, zum Rückzug zu zwingen[195]. Gleichzeitig schlug der Versuch der HGr. Nord fehl, die Verbindung zu den Finnen herzustellen, und sie musste den Rückzug hinter den Volchov antreten. Auch die HGr. Süd erlitt einen ernsten Rückschlag bei Rostov am Don. Somit stand fest, dass die deutsche Strategie, die Sowjetunion noch vor Wintereinbruch 1941 niederzuwerfen, gescheitert war.

---

190 Die deutsche HGr. Mitte machte bis zum 19. Oktober 673.000 Gefangene und erbeutete bzw. zerstörte 1.200 Panzer sowie 5.400 Geschütze; gemeinsam mit den Gefallenen und Schwerverwundeten verlor die Rote Armee über 900.000 Mann (G. F. Krivoschejev, Die Verluste der Sowjetunion in Kriegen, Kampfhandlungen und militärischen Konflikten, russisch, Moskau 1993, S. 171; allein die West- und Reservefront sollen fast 500.000 Mann verloren haben).

191 Das Staatliche Verteidigungskomitee beschloss am 15. 10. 1941, den Großteil der Regierung, der Verwaltung, des Generalstabes, das diplomatische Korps und die KOMINTERN nach Samara (Kujbischev) zu evakuieren. Dort war ein riesiger, unterirdischer Bunker mit 12 Stockwerken angelegt worden, der als Hauptquartier des Obersten Kommandos dienen sollte. Die Anlage wird heute als Museum genutzt (Frankfurter Allgemeine, 15. 10. 1997, S. 13/14). Der Generalstab kehrte am 20. 11. nach Moskau zurück.

192 Schukov konnte nach der fast vollständigen Vernichtung der West- und Reservefront nur mehr rund 90.000 Mann aufbieten, die er an den Zufahrtsstraßen nach Moskau konzentrierte. Da die Deutschen auf Grund des morastigen Geländes auf diese Straßen dringend angewiesen waren, konnte deren Vormarsch so lange verzögert werden, bis Ende Oktober Verstärkungen eintrafen.

193 Die Gesamtzahl der Kräfte, die gegen die HGr. Mitte standen, umfasste am 1. 11. bereits wieder 80 Divisionen, von denen aber viele nur einen Bruchteil ihres Sollstandes hatten, darunter 2 Panzerdivisionen und 23 Panzerbrigaden. Diese hatten eine Durchschnittsstärke von 30 Panzern („Bitva pod Moskvoi, Khronika, Fakti, Lyudi“, Olma-Press 2002, Band 1/2).

194 Warlimont, Im Hauptquartier der Wehrmacht, a.a.O., S. 208; KTB Halder III, Eintragungen vom 19. und 29. 11. 1941.

195 Viele Infanterieregimenter hatten nur mehr die Stärke von Bataillonen, viele Bataillone die von Kompanien: Manche Panzerdivisionen verfügten über weniger als 10 Kampfpanzer. Die Panzergruppe 3, die Moskau von Norden her angriff, besaß in ihren drei Panzerdivisionen Ende November nur mehr 77 Panzer (Klaus Reinhardt, Die Wende vor Moskau, Stuttgart 1972, S. 164 – 166). Zu den zahlreichen Erfrierungen kamen Erkrankungen, vor allem Darmerkrankungen, die auf den Kampf unter schlechten hygienischen Verhältnissen zurückzuführen waren.

Mit diesem Scheitern, das erst im Lauf der nächsten Wochen auf Grund der großen sowjetischen Erfolge, vor allem im Mittelabschnitt der Ostfront, der obersten deutschen Führung zum Bewusstsein kam, waren tiefgreifende Folgen verbunden. So musste die Rüstungsindustrie, die bereits seit dem Juli auf die Drosselung der Heeresbelange und die Bevorzugung der Luftwaffe und der U-Boot-Rüstung eingestellt war, eine neuerliche Umsteuerung hinnehmen, um den hohen Anforderungen des Ostheeres nachzukommen. Minister Todt erklärte Hitler gegenüber Ende November angesichts der beschränkten Rüstungskapazität und der gewaltigen Anforderungen des Kampfes im Osten, dass der Krieg militärisch nicht mehr zu gewinnen sei, und plädierte für eine politische Lösung. Hitler widersprach ihm nicht, sah aber keine Möglichkeit, zu einer politischen Beendigung zu kommen[196]. Den gleichen Gedanken soll auch Ribbentrop gehegt haben, als er Hitler kurz vor Jahresende riet, angesichts der unbefriedigenden Lage im Osten mit der UdSSR Frieden zu schließen[197].

Nicht umsonst hat General Jodl im Mai 1945 im Rückblick auf diese Ereignisse die Wende vor Moskau im Dezember 1941 als Kulminationspunkt des Krieges schlechthin bezeichnet; die Masse der deutschen Streitkräfte war auf unbestimmte Zeit im Osten in einen Kampf auf Leben und Tod verwickelt, eine Wende zum Besseren war nicht in Sicht, und der Kriegseintritt der USA bedeutete einen neuen, mächtigen Gegner im Westen: Ein Gesamtsieg sei demnach nicht mehr möglich gewesen[198].

Strategische Weichenstellung: Japan und die USA auf Kriegskurs

Diese Kriegswende gewinnt noch größeres Gewicht, wenn man sich die inzwischen getroffenen Entscheidungen in Tokio und Washington vor Augen hält. Im zweiten Halbjahr 1941 traten Ereignisse ein, die durch den Zusammenstoß zwischen Japan und den USA den auf Europa begrenzten Krieg zu einem weltumspannenden Krieg ausweiteten. Die Konstellation der Mächte nahm hierbei seltsame Formen an. Während Deutschland und Sowjetrussland in einen gnadenlosen Krieg verwickelt waren und um die Vorherrschaft auf dem Kontinent kämpften, stand Japan noch ungebunden abseits und schwankte, welche Strategie es verfolgen solle, obwohl der Dreimächtepakt ein Zusammenwirken mit Berlin nahe legte. Die USA besaßen Handlungsfreiheit, auch wenn man die Unterstützung Englands massiv fortsetzte und in Deutschland den Hauptgegner sah.

Es wäre nun im Sinne der deutschen Strategie gelegen gewesen, wenn die japanische Armee mit möglichst starken Kräften von Nordchina aus gegen Sowjetisch-Fernost angetreten wäre, um die UdSSR in einen Zweifrontenkrieg zu verwickeln. Das lag ganz im Sinne Ribbentrops, der am 1. Juli diesbezüglich nach Tokio telegraphierte und ein Eingreifen der japanischen Armee in Sowjetisch-Fernost empfahl. Der damals noch amtierende Außenminister Matsuoka wurde gebeten, auf die Führung der Streitkräfte einzuwirken, dass eine durch Sibirien nach Westen angreifende japanische Armee so weit vorstieße, dass noch vor Winterbeginn eine Vereinigung mit den Angriffsspitzen der Deutschen, die über Moskau hinaus nach Osten vorgingen, stattfände[199]. Hitler dachte aber in dieser Phase der großen Erfolge bereits an die Zeit nach dem erwarteten Sieg über die Sowjetunion und hielt eine Unterstützung durch Japan für verzichtbar. Allerdings hat er später heftig bedauert, nicht unverzüglich nach dem 22. Juni um die Mitwirkung des hochgeschätzten Verbündeten beim Kampf gegen die Sowjetunion ersucht zu haben. In diesem Fall hätten die beiden Staaten „gemeinsam den Bolschewismus vor dem Winter 1941 ausgerottet, und Roosevelt hätte sich schwer gehütet, mit solchen Gegnern anzubandeln“ [200]. Doch diese Erkenntnis kam dreieinhalb Jahre zu spät.

Hitler bot vielmehr Japan am 15. Juli ein Bündnis gegen die USA an, ein Zeichen, dass er ein Eingreifen Japans gegen Sowjetrussland nicht für dringlich, ja für verzichtbar hielt. Er vertrat vielmehr die Ansicht, dass ein Krieg mit den USA früher oder später unausweichlich wäre, eine Ansicht, die durch die amerikanische Besetzung Islands am 7. Juli und durch die aggressive Taktik amerikanischer Kriegsschiffe innerhalb der deutschen Operationszone neue Nahrung erhielt; immerhin hatte Roosevelt am 11. 9. Weisung an die Marine gegeben, beim Zusammentreffen mit deutschen oder italienischen U-Booten unverzüglich anzugreifen[201]. Deshalb täte Japan gut daran, sich auf Krieg mit den USA einzustellen. Das kam jedoch einem „strategischen Sündenfall“ gleich: Bündnispartner sollten nämlich ihre Kräfte gemeinsam gegen den Gegner rich-

196 Walter Rohland, Bewegte Zeiten. Erinnerungen eines Eisenhüttenmannes, Stuttgart 1978, S. 78; Kriegswende Dezember 1941, ed. Jürgen Rohwer/Eberhard Jäckel, Koblenz 1984, S. 209.

197 Siehe dazu: Below, Als Hitlers Adjutant, a.a.O., S. 299.

198 „Wir alle, und besonders jeder Soldat, sind in diesen Krieg gegen Russland mit einem beklemmenden Gefühl gegangen beim Gedanken an seinen Ausgang. Insbesondere wurde mir dies klar, als die Katastrophe des Winters 1941/42 hereinbrach, dass von diesem Kulminationspunkt des beginnenden Jahres 1942 an kein Sieg mehr errungen werden konnte.“ (Joachim Schultz-Naumann, Die letzten dreißig Tage. Das Kriegstagebuch des OKW, April bis Mai 1945, München 1980, S. 130).

199 Andreas Hillgruber, Der Zenit des Zweiten Weltkrieges Juli 1941, Vortrag, Wiesbaden 1977, S. 16.

200 Hitlers politisches Testament, Hamburg 1981, S. 93.

201 Jürgen Rohwer, Die USA und die Schlacht im Atlantik, in: Jürgen Rohwer/Eberhard Jäckel (Hrsg.), Kriegswende 1941, Koblenz 1994, S. 81 – 103; hier: S. 94/95.

ten, mit dem man gerade im Krieg stand, und diesen besiegen, bevor man sich einem neuen Gegner zuwandte.

Doch die japanische Führung beging denselben „Sündenfall", so dass die so wichtige strategische Bündelung der Kräfte unterblieb. Nach der Ablösung Matsuokas am 15. Juli, der als Einziger für ein Eingreifen gegen die Sowjetunion eintrat, bevor man gegen die USA Front machte, setzte sich im Verlauf des Sommers diejenige Partei durch, die eine „Südexpansion" und die Errichtung einer „Großasiatischen Wohlstandssphäre" anstrebte, die besonders vom späteren Regierungschef Tojo und vom Admiralstab vertreten wurde. Damit trennten sich, strategisch gesehen, die Bündnispartner voneinander und verabsäumten ein viel versprechendes Zusammenwirken gegen Sowjetrussland, das nach menschlichem Ermessen einem solchen Doppeldruck 1941 nicht standgehalten hätte[202]. Somit fand im Juli 1941 eine zunächst kaum bemerkte virtuelle Kriegswende statt.

Der bevorstehende Zusammenstoß der japanischen und amerikanischen Strategie beschleunigte sich einerseits nach dem Einmarsch japanischer Truppen im südlichen Indochina, andererseits nach der Sperre aller japanischen Kredite in den USA sowie dem Abbruch der Handelsbeziehungen mit Japan durch England und die Dominions am 26. Juli. Mit der Verkündung des Embargos am 1. August wurde das extrem vom Erdölimport abhängige Japan[203] vor eine äußerst schwierige Entscheidung gestellt: Unterordnung und Gesichtsverlust oder Krieg.

Die kaiserliche Konferenz vom 7. September ließ keinen Zweifel daran, dass Japan nur mehr einen sehr geringen Spielraum für eine friedliche Lösung hatte. Die Marineleitung stellte klar, dass aus klimatischen Gründen – Beginn des Monsunregens – der Angriff auf die amerikanische Flotte, wenn überhaupt, bis Anfang Dezember geführt werden müsse. Im Ringen innerhalb der Regierungskreise setzten sich schließlich Kriegsminister Tojo Hideki und sein Anhang, der die Kriegsoption bevorzugte, durch, worauf Konoe am 16. Oktober zurücktrat. Damit waren die Weichen mehr oder minder gestellt. Der japanische Kriegsplan ging von einer realistischen Beurteilung des Kräfteverhältnisses aus. Da man einen längeren Krieg gegen die USA für chancenlos hielt, strebte man eine weitgehende Vernichtung der gegnerischen Pazifikflotte durch einen Überraschungsschlag an, um dann in der Lage zu sein, den Krieg $1^{1/2}$ – 2 Jahre lang durchzustehen, bis man die wirtschaftlich wichtigen Regionen in Südostasien nutzbar gemacht hatte. Außerdem kalkulierte die japanische Führung mit einem baldigen Sieg Deutschlands über Sowjetrussland, was eine gravierende Schwächung der britischen Position mit sich brächte. Gemeinsam mit Deutschland werde Japan stark genug sein, um die USA zu einem Kompromissfrieden zu bewegen[204].

In dieser strategischen Kalkulation lag jedoch ein großes Risiko, nämlich die Vorwegnahme eines deutschen Sieges an der Ostfront innerhalb kurzer Frist. Denn erst dann wäre die Voraussetzung gegeben, dass Deutschland mit voller Kraft die britische Mittelmeer- und Nahostposition, u.U. mit der Unterstützung Japans, 1942 zu Fall brächte. Damit wären die USA, falls England trotz dieser Verschlechterung der Lage noch weiterkämpfte, in einen sehr unangenehmen Zweifrontenkrieg verwickelt worden. Die Alternative hätte für Japan im Herbst 1941 darin bestanden, erst die Entscheidung im deutsch-sowjetischen Krieg abzuwarten. Dies hätte aber bedeutet, die eigenen Angriffspläne auf unbestimmte Zeit zurückzustellen und auf die amerikanischen Forderungen einzugehen. Zu diesem grundsätzlichen Rückzug war die Regierung in Tokio jedoch nicht bereit.

Die in großer Eile in Washington geführten Verhandlungen scheiterten nicht zuletzt an der Weigerung Japans, seine Truppen aus dem besetzten Teil Chinas abzuziehen. Von Seiten Roosevelts und Hulls wurde keine Kompromissbereitschaft gezeigt; man verlangte vielmehr japanische Vorleistungen, so dass die Verhandlungen massiv ins Stocken gerieten. Dennoch war man sich in Washington noch nicht schlüssig, wie die drohende Konfrontation mit Japan mit der Strategie „Germany first" in Einklang zu bringen wäre. Zumindest arbeitete die Zeit zugunsten der USA. Präsident Roosevelt und einige Minister wussten durch die Entschlüsselung des japanischen „Purpurcodes"[205] von den Anweisungen aus Tokio an die japanischen Diplomaten ab Anfang August 1941 und waren daher über deren schwache Verhandlungsposition auf dem Laufenden. Er wusste auch um das Angebot Hitlers, für den Fall eines japanisch-amerikanischen Krieges an der Seite Japans zu kämpfen.

Damit besaß die amerikanische Regierung einen wesentlichen strategischen Vorteil. Roosevelt erfuhr auf diesem Wege, dass die japanische Regierung ihre Verhandlungen im negativen Fall spätestens am 30. November beenden wollte, um die geplante Flottenoperation nicht zu gefährden. Dies löste

202 Immerhin musste die Sowjetunion nach dem 22. 6. 1941 in den Militärbezirken Transbaikal und Fernost starke Heeres- und Luftwaffenkräfte belassen, die aber im Laufe des Herbstes an die europäische Front verlegt wurden, nachdem feststand, dass Japan nicht die Sowjetunion angreifen würde. So standen zunächst im Militärbezirk Zentralasien 5 Divisionen, im Militärbezirk Transbaikal eine Armee mit 8 Divisionen, darunter 1 Panzerdivision, und in Fernost 4 Armeen mit 23 Divisionen, darunter 4 Panzerdivisionen.

203 Die japanischen Erdölreserven von 8,4 Mill. Tonnen reichten bestenfalls für 18 Monate.

204 Peter Herde, Japan, Deutschland und die Vereinigten Staaten im Jahre 1941, in: Kriegswende Dezember 1941, a.a.O., S. 26 – 54; hier: S. 49.

205 Der Inhalt dieser Funksprüche erhielt aus Geheimhaltungsgründen die Bezeichnung MAGIC.

bei ihm und Außenminister Hull eine heftige Reaktion aus. Cordell Hull verschärfte mit der Überreichung eines Ultimatums an Japan am 26. 11. die Konfrontation und stellte sich auf einen baldigen Kriegsausbruch ein[206]. Immerhin ließ Roosevelt am 28. 11. den Kriegsplan „Rainbow 5" in Aktion setzen, ohne dass aber eine ausdrückliche Alarmierung für die Flotten- und Heeresteile auf Hawai erfolgte[207].

Die japanische Seite beging einen schweren Fehler, da die Admiräle im Vertrauen auf ihren Funkschlüssel („Codebuch" D, Ausgabe 7) nach dem Auslaufen der Flotte keine Funkstille hielten. Die amerikanischen Kryptologen hatten nämlich diesen Funkschlüssel bereits decodiert, so dass der Funkverkehr der Admiräle mit geringem Zeitverzug von der gegnerischen Funküberwachung im Pazifik aufgefangen und entschlüsselt werden konnte. Infolge dieses Erfolgs konnte die Marineführung den Kurs der japanischen Flotte, die Pearl Harbor ansteuerte, von Anfang an genau verfolgen. Mit hoher Wahrscheinlichkeit hatte auch Präsident Roosevelt rechtzeitig von dieser Route Kenntnis erhalten[208].

Der Überraschungsangriff der japanischen Flotte gegen Pearl Harbor wurde äußerst gründlich vorbereitet. Der Plan stieß jedoch im Admiralstab zunächst auf heftigen Widerstand, da man bei Eröffnung der Feindseligkeiten zunächst von einer Schlacht zwischen den beiden Kriegsflotten ausging. Auch zweifelten manche Admiräle an der entscheidenden Wirkung des Angriffs und wollten eine derart massive Provokation des Gegners vermeiden. Erst als sich der hoch angesehene Admiral Yamamoto mit seiner ganzen Autorität für einen Luftangriff auf die amerikanische Flotte einsetzte, stimmte Admiral Nagano, der Chef des Admiralstabes, diesem Ansinnen zu. Der Überraschungsschlag des 7. Dezember erzielte zwar einen großen Erfolg, indem 2 Schlachtschiffe versenkt und 3 weitere im Hafen auf Grund gesetzt wurden, doch die 3 Flugzeugträger, die ein viel wichtigeres Ziel sein mussten, blieben verschont, da sie zum Zeitpunkt des Angriffs nicht im Hafen lagen.

Als Roosevelt am 8. Dezember vor dem Kongress Japan den Krieg erklärte, durfte er damit rechnen, dass dadurch auch der Kriegsfall mit Deutschland eintreten würde. Indem Hitler und Mussolini am 11. Dezember den USA den Krieg erklärten, stand Roosevelt endlich seinem Hauptfeind gegenüber, ohne selbst den ersten Schritt getan zu haben. Wahrscheinlich hätte er einen alleinigen Waffengang gegen Deutschland bevorzugt. Churchill zeigte seine Freude, da die USA nun endlich als verbündete Macht fest an der Seite Englands standen und er hoffen durfte, den meisten Nutzen aus dem Prinzip „Germany first" zu ziehen[209]. Dass damit die Abhängigkeit Englands von den USA noch weiter verschärft wurde, stand auf einem anderen Blatt. Mit dem Schritt vom 11. Dezember wurde der seit Monaten währende kriegsähnliche Schwebezustand zwischen Deutschland und den USA beendet, was zwar die deutsche Seekriegsleitung von einer Fessel befreite, jedoch der deutschen Seite eine neue, schwere Belastung auferlegte. Die Kriegserklärungen von Ungarn, Rumänien und Bulgarien an die USA konnten lediglich die Linientreue von Hitlers Verbündeten demonstrieren.

Hitler kalkulierte, dass es nun zu keiner Sonderregelung zwischen Tokio und Washington mehr kommen könne und dass Japan zunächst die Hauptlast des Krieges gegen die USA zu tragen hätte. Damit bräuchte Deutschland für absehbare Zeit noch nicht mit einem Eingreifen dieser Macht in Europa oder im Mittelmeer zu rechnen. Er hegte nämlich die Überzeugung, dass es ohnehin früher oder später zu einem militärischen Zusammenstoß gekommen wäre und nahm daher den schweren Nachteil in Kauf, bereits jetzt mit der größten Industrie- und Seemacht der Welt in Kriegszustand zu geraten, ohne vorher die Sowjetunion besiegt zu haben. Auch militärische Führungsstellen und andere Entscheidungsträger nahmen den Kriegseintritt der USA als bedrückend auf. Dieser Schritt fand obendrein zu einem strategisch und psychologisch sehr ungünstigen Zeitpunkt statt, da man zum ersten Mal mit dramatischen Rückschlägen zu kämpfen hatte, nämlich an der sowjetischen Front und in Nordafrika.

---

206 Charmley, Der Untergang des Britischen Empire, a.a.O., S. 57.

207 Zur Problematik der mangelhaften Alarmierung der Inselbesatzung: Friedrich Korkisch, Pearl Harbor. 7. Dezember 1941: Zeitenwende durch Überfall?, Teil II, in: ÖMZ 3/1992, S. 243 – 250; Herde, Japan, Deutschland und die Vereinigten Staaten, a.a.O., S. 52; Charles Tansill, Die Hintertür zum Kriege, Selent 2000, S. 390ff.; Robert B. Stinnett, Pearl Harbor, Oakland/Cal. 2004.

208 Zur Dekodierung des japanischen Marineschlüssels: Robert B. Stinnett, Leserbrief in „Frankfurter Allgemeine", 19. 5. 2004. – Dazu kommt, dass Roosevelt auf Grund einer Meldung der britischen Admiralität schon am 6. Dezember vormittags wusste, dass eine japanische Expeditionsflotte in den Golf von Siam eingedrungen war und damit britisches und holländisches Kolonialgebiet bedrohte, was die Auslösung des Bündnisfalls mit Großbritannien und den Niederlanden bedeutete.

209 John Charmley, Der Untergang des britischen Empire, Graz 2005, S. 58.

V. Der Wechsel zur Ermattungsstrategie und die große Kriegswende (Dezember 1941 – Februar 1943)

Der „Große Plan", Japans Parallelkrieg und die Gegenzüge der Westalliierten

Die Kriegswende 1941/42 brachte das deutsche Ostheer an den Rand einer militärischen Katastrophe, die nur unter dem Einsatz letzter Reserven, verbissener Kampfführung und unter großen Opfern bis Ende Februar überwunden werden konnte. Aus nachträglicher Sicht gebührt der Kampfleistung der Deutschen höchste Anerkennung, einer Leistung, die selbst die harten Anforderungen übertraf, wie man sie vom Ersten Weltkrieg her kannte[210]. Die Truppe sah sich im Bewusstsein bestärkt, dem Gegner im soldatischen Können noch immer überlegen zu sein und das materielle Übergewicht des Gegners durch höhere Kampfmoral auszugleichen. Die oberste Führung erkannte jedoch mit Ernüchterung, dass das Heer auf Grund der bisherigen Einbußen zu einer Offensive ähnlich wie im Vorjahr außerstande war[211].

Darüber hinaus mussten sich Halder und seine Mitarbeiter eingestehen, dass man die Rote Armee sträflich unterschätzt hatte, und dass sie nicht zusammengebrochen war, obwohl nach bisherigen Erfahrungen jede andere Armee bei derart vernichtenden Niederlagen längst zu bestehen aufgehört hätte. Indem der Generalstab versuchte, sich die Ursachen des sowjetischen Widerstands zu erklären, kam er zu widersprüchlichen Ergebnissen, die keine korrekten Schlussfolgerungen zuließen. Immerhin hatte die Rote Armee bis Ende 1941 mindes-

---

210 Hans Meier-Welcker, Aufzeichnungen eines Generalstabsoffiziers 1939 – 1942, Freiburg 1982, S. 147.

211 Das Ostheer verlor bis Ende März 1942 über 1,1 Mill. Mann an Gefallenen, Vermissten und Verwundeten, was einer Quote von 34,6% der durchschnittlichen Stärke von 3,2 Mill. Mann entsprach. Die Totalschäden an Frontflugzeugen betrugen Ende Dezember 1941 über 2.500 Maschinen (Das Deutsche Reich und der Zweite Weltkrieg, Band 4, S. 699).

tens 5,5 Mill. Mann verloren; diese Zahl entsprach dem Gesamtumfang ihrer Streitkräfte, wie er bei Kriegsbeginn bestanden hatte[212].

Während das Heer noch im Spätwinter heftige Abwehrschlachten ausfocht, um das Vordringen der Roten Armee endgültig zum Stehen zu bringen, begannen die deutschen Führungsstäbe mit der Erstellung einer umfassenden Lagebeurteilung und mit den Planungen für 1942. Die Vereinigten Staaten befanden sich nun zwar im Krieg, doch man konnte davon ausgehen, dass sich ihr Potential erst nach einem Jahr gegen die „Achsenmächte" auswirken würde. Das hieß, dass man im Jahre 1942 noch mit keiner Invasion im Westen zu rechnen brauchte und dementsprechend die Masse des Heeres und der Luftwaffe im Osten einsetzen konnte. Allerdings zog die Führungsspitze aus der veränderten Lage nicht die Konsequenz, sämtliche personellen und materiellen Hilfsquellen in Form einer Generalmobilmachung aufzubieten: ein strategischer Fehler ersten Ranges.

Während das OKH und auch Hitler in der offensiven Fortsetzung des Krieges gegen Sowjetrussland die Entscheidung suchen wollten, gingen die Gedanken der Seekriegsleitung in eine völlig andere Richtung: Sie wollte zwar den Zufuhrkrieg im Atlantik verschärfen, wenn auch die U-Boote infolge des Verzichts auf die Verwendung schwerer Überwasserschiffe den Kampf nahezu allein führen mussten; das Schwergewicht sollte jedoch auf den Kriegsschauplatz Mittelmeer und darüber hinaus verlagert werden, nämlich in Richtung Persischer Golf, um schließlich im Indischen Ozean zu einer wirksamen Kooperation mit der japanischen Marine zu kommen. Zunächst musste aber die Panzerarmee Afrika nach ihrem Rückzug im Dezember wieder aufgefrischt und verstärkt werden; außerdem musste der für England höchst wichtige Luftwaffen- und Marinestützpunkt Malta zumindest lahm gelegt werden. Dazu hatte man das II. Fliegerkorps im November aus dem Einsatz gegen Sowjetrussland abgezogen, um es nach Sizilien zu verlegen. Es kam aber zu spät, um noch die Niederlage Rommels vor der Festung Tobruk abzuwenden, fehlte andererseits bei den Abwehrkämpfen der Heeresgruppe Mitte vor Moskau.

Die skizzierte Gesamtkriegsplanung reichte weit über die Kompetenz der Marine hinaus. Wie Raeder am 13. Februar Hitler gegenüber ausführte, müssten Malta und Suez genommen werden, und im Irak hätten Truppen bis zum Mündungsgebiet von Euphrat und Tigris bei Basra vorzustoßen, um die britische Weltmachtposition mit dem Kernland Indien zum Einsturz zu bringen. Diese Verlagerung des militärstrategischen Schwerpunktes in Richtung Ägypten und Mittlerer Osten verwies die Schlacht im Atlantik an die zweite Stelle der Prioritäten[213]. Nach den Grundzügen der Marine-Denkschrift vom

25. Februar, des „Großen Planes", der mit Dienststellen des Auswärtigen Amtes abgestimmt war, sollte eine kombinierte Operation von Heer und Marine einerseits über Ägypten, andererseits über den Kaukasus hinweg die britischen Positionen in Vorderen und Mittleren Osten gewinnen. Damit wäre auch die prekäre Frage der Erdölversorgung der Wehrmacht durch die Eroberung der kaukasischen und irakischen Ölfelder gelöst.

Wenn diese Zielsetzungen des „Großen Planes" schon auf Grund der logistischen Berechnungen an die Grenze des Realisierbaren stießen, so gingen die Hoffnungen einer Kooperation mit Japan darüber hinaus. Die japanische Seekriegsführung zielte nämlich auf den Pazifik und auf die entscheidende Schwächung der in Pearl Harbor schwer getroffenen US-Flotte. Gemäß dem Text der deutsch-japanischen Militärallianz vom 18. 1. 1942 standen die Eroberung der gegnerischen Positionen im pazifischen und südostasiatischen Raum sowie die Erringung der Seeherrschaft im Westpazifik im Zentrum. Japan trachtete nach der Errichtung eines „autarken Gefüges", gestützt auf eine ausreichende Rohstoffbasis in den besetzten Gebieten. Der Indische Ozean erschien höchstens als Nebenkriegsschauplatz, und die Entsendung größerer Flotteneinheiten ins Arabische Meer lag – abgesehen von einigen U-Booten – gänzlich außerhalb der japanischen maritimen Planung. Erst wenn abzusehen wäre, wann die deutschen Panzerspitzen im Zuge des „Unternehmens Aida" den Suez-Kanal überschritten, würde die Marineführung bereit sein, mit der Entsendung stärkerer Seestreitkräfte ins Arabische Meer zu reagieren[214].

Welche Chancen ein Zusammenwirken zwischen den japanischen und deutschen Streitkräften hervorbringen mochte, wurde durch den japanischen Flottenvorstoß in den Golf von Bengalen und gegen Ceylon Anfang April demonstriert, als die Japaner der „British Eastern Fleet" hohe Verluste an Kriegs- und Handelsschiffen beibrachten, ehe sich diese bis an die Küste Ostafrikas zurückzog. Es erscheint einleuchtend, dass bei Erringung der Seeherrschaft im westlichen Indischen Ozean durch Japan die britischen Schifffahrtswege durch

212 Mit den Gefangenen (3,3 Mill.), Gefallenen, Invaliden und an ihren Verletzungen Verstorbenen erreichten die sowjetischen Verluste mindestens 5,5 Mill. Mann; dazu kamen noch Zehntausende an Versprengten. Fast die Hälfte aller militärischen Verluste der Sowjetunion bis 1945 mit insgesamt 11,94 Mill. Mann entfiel auf das Jahr 1941 (Isvestija, 25. 6. 1998, S. 1/2).

213 So lautete das Fazit der Überlegungen von Admiral Kurt Fricke, des Chefs des Stabes der Seekriegsleitung vom 17. 1. 1942.

214 So lautete kurzgefasst die Beurteilung von Admiral Nomura, des Vertreters der japanischen Marine bei der Seekriegsleitung, am 8. 4. 1942 (Michael Salewski, Die deutsche Seekriegsleitung 1935 – 1945, Band II, München 1975, S. 92).

das Rote Meer zum Suezkanal und in den Persischen Golf schwerstens gefährdet gewesen wären; man hätte die Lieferungen für die britischen Truppen im Nahen Osten und für die Rote Armee entlang der „Südroute" durch Persien zumindest nachhaltig drosseln können. Auf dieser „Südroute" erhielt die Sowjetunion 1942 fast 30% und im nächsten Jahr sogar 33,5% aller Hilfslieferungen im Rahmen des Leih- und Pachtvertrages[215].

Für den japanischen Admiralstab besaß jedoch der Vorstoß gegen die Salomonen-Inseln, Neukaledonien und die Fidschi-Inseln Vorrang, um die Seestraßen, die von den USA nach Australien führten, zu beherrschen. Nicht zu Unrecht galt Australien als geostrategische Absprungbasis für eine mögliche Gegenoffensive. Der in Richtung Port Moresby an der Südküste Neuguineas und gegen die Salomonen unternommene Vorstoß endete jedoch mit einem Remis in der ersten Seeluftschlacht zwischen japanischen und amerikanischen Flottenteilen im Korallenmeer (4. – 8. Mai). Hierbei leisteten amerikanische Aufklärungsspezialisten, denen der Einbruch in den gegnerischen Marinefunkschlüssel gelungen war, der Flottenführung wertvolle Dienste[216].

Das Anfang Mai von Berlin übermittelte Ersuchen an Tokio, gegen die Sowjetunion zum Angriff überzugehen, um möglichst viele sowjetische Kräfte zu binden, wurde von Admiral Kondo mit dem Argument abgewiesen, dass dieses Land ein „Nebenkriegsschauplatz" wäre. Es lag vielmehr im Sinne der japanischen Militärstrategie, dass die Deutschen die britische Mittelmeerflotte vernichtend trafen und dass der Vorstoß der Wehrmacht in Russland über den Kaukasus hinweg gegen die britischen Basen in Syrien und im Irak geführt würde. In diesem Sinne wirkte auch der Botschafter in Tokio, der für einen deutschen Angriff gegen den Nahen Osten mit dem Ziel einer Verbindungsaufnahme im Indischen Ozean eintrat; der Entscheidungskampf gegen die Sowjetunion sollte vertagt werden, wobei der Gedanke eines Sonderfriedens mit Moskau unter Vermittlung japanischer Diplomaten ins Spiel kam[217].

In diesem Punkt schieden sich die Geister. Abgesehen von den ideologischen Schranken, die eine Annäherung an Moskau behinderten, stand für die deutsche oberste Führungsspitze der Angriff in Südrussland an erster Stelle; Japan hingegen sah in den USA und Großbritannien den Hauptfeind, den es unter Zurückstellung der angestrebten Niederwerfung Sowjetrusslands mit vereinten Kräften zu besiegen galt. Eine gleichzeitige Verfolgung beider Ziele erschien auf Grund der Kräfte- und Versorgungslage ausgeschlossen. Diese Einschätzung entsprach den herrschenden Faktoren. Die Seekriegsleitung war die einzige Instanz innerhalb der obersten deutschen Führung, die das japanische Konzept befürwortete. Sie fand zwar beim Generalstabschef des Heeres insofern Unterstützung, als dieser den Vorstoß der Panzerarmee Afrika unter

Rommel an den Suezkanal befürwortete, jedoch ein weiteres Vordringen in den Nahen und Mittleren Osten für unrealistisch hielt. Auch einen weiträumigen Vorstoß über den Kamm des Kaukasus nach Süden noch 1942 hielt er schon aus Versorgungsgründen für wirklichkeitsfremd. Seine Auffassung über die Seekriegsleitung mündete in die Formulierung: „Die Leute träumen in Kontinenten“[218].

Unter diesen Aspekten nimmt es nicht wunder, dass die deutsche und japanische Militärstrategie fast zur Gänze getrennte Wege gingen. Während die japanische Führungsspitze, die im Wesentlichen von der Marine unter Admiral Isoroku Yamamoto beherrscht wurde, den Vernichtungssieg über die amerikanische Flotte anstrebte, um danach den Pazifik zu dominieren, ging das OKW, ohne sich dessen ganz bewusst zu sein, zur Ermattungsstrategie über. Herrschte noch 1941 die Niederwerfungsstrategie durch den erstrebten militärischen Sieg über die Sowjetunion, so beruhten die Kriegsziele für 1942 auf folgenden Absichten:

- Sowjetrussland sollte so sehr geschwächt werden, dass es keine ernsthafte Bedrohung mehr für Deutschland darstellte;
- Das Ostheer sollte die äußerst ergiebigen Erdölfelder im Kaukasus, nämlich Majkop, Grosnij und Baku in seinen Besitz bringen, die eine ungestörte Versorgung der gesamten Wehrmacht auf unbestimmte Zeit ermöglichten;
- Unabhängig davon, welche Erfolge die Atlantikschlacht oder der Krieg im Mittelmeer noch erbrachte, sollte der von den „Achsenmächten“ eroberte Großraum so gefestigt werden, dass er allen Bedrohungen seitens der Angloamerikaner widerstehen konnte. Damit wurde auch der Übergang zur strategischen Verteidigung mit Jahresende 1942 indirekt angekündigt.

Diese Grundsatzentscheidung lief also auf einen Parallelkrieg der „Achsenmächte“ und Japans hinaus. In Europa blieb das Schwergewicht des Krie-

---

215 Hans-Adolf Jacobsen, Der Weg zur Teilung der Welt, Koblenz – Bonn 1977, S. 512. Unter den bis September 1945 eingetroffenen Hilfslieferungen ragen 437.000 Lastkraftwagen, 12.161 Panzer und Kampffahrzeuge, über 14.000 Flugzeuge und Lebensmittel im Umfang von fast 4,3 Mill. t hervor. Besonders die Fahrzeuge erwiesen sich für die sowjetischen Operationen als wertvoll.

216 Das Deutsche Reich und der Zweite Weltkrieg, Band 6, S. 249ff.

217 Siehe den Bericht des Botschafters, Generalleutnant E. Ott, an Ribbentrop vom 3. 3. 1942 (Der Weg zur Teilung der Welt, a.a.O., S. 190). Ott verwies auf japanische Einschätzungen, die eine veränderte Haltung der sowjetischen Führungsspitze zur Kriegsfortsetzung bzw. zu einem Ausgleich mit Deutschland zu erkennen meinten.

218 Generaloberst Halder, Kriegstagebuch, Band III, Eintragung vom 12. 6. 1942.

ges gegen die Sowjetunion gerichtet, womit aber nicht mehr die Niederwerfung, sondern die rüstungswirtschaftliche Schädigung im Vordergrund stand. Das hieß mit anderen Worten: Es wurde unterschwellig eingeräumt, dass man nicht unbedingt mit einer endgültigen Niederringung der Sowjetunion rechnete. Die bestmögliche Stärkung der eigenen Durchhaltefähigkeit unter Zuhilfenahme der eroberten Hilfsquellen erschien ausreichend.

Diese Entscheidung hatte auch wesentliche Auswirkungen auf den Kriegsschauplatz Mittelmeer. Die Panzerarmee Afrika unter Rommel nahm zwar am 21. Juni das schwer umkämpfte Tobruk und stieß Mitte Juli bis El Alamein, also ins unmittelbare Vorfeld des Kriegshafens Alexandrien, vor. Diese Erfolge waren aber nicht auf den Plan der Seekriegsleitung zurückzuführen, sondern entsprangen einer Eigendynamik, die auf der Führungskunst Rommels und der Gunst der taktischen Lage beruhte. Weder hatte man den Angriff gegen Suez entsprechend bevorratet, noch war die wichtigste Voraussetzung, nämlich die Eroberung der Inselfestung Malta durch deutsch-italienische Truppen, erfüllt.

Trotz schwerer Einwände der Marine und des Oberbefehlshabers Süd, Feldmarschall Kesselrings, setzte sich Rommel über dessen Plan, im Juli zunächst Malta zu gewinnen und dann erst Ägypten anzugreifen, hinweg und wagte auf eigene Faust den Vorstoß auf Alexandrien. Die Lage schien auf des Messers Schneide zu stehen. Auch Churchill neigte dieser Einschätzung zu, als er am 2. Juli dramatisierend von einer „tödlichen Gefahr" sprach, in der das britische Weltreich schwebe. So begann Rommel aus der vermeintlichen Gunst der Stunde mit stark geschwächten Kräften eine Improvisation, die jeder soliden Vorbereitung entbehrte und auch kurz darauf an den britischen Stellungen vor El Alamein scheiterte. Auch wenn der Rückschlag der Afrika-Armee Anfang Juli zunächst nicht als dramatisch empfunden wurde, hatte die deutsche Seite doch den Bogen überspannt. Aus nachträglicher Sicht kann man davon sprechen, dass dieser Entschluss der größte operative Fehler Rommels in seiner Karriere gewesen ist[219].

An der Zielsetzung Japans änderte sich durch diese Lageentwicklung nichts. Die für die japanische Strategie maßgebende Admiralität hielt strikt daran fest, die USA als Hauptfeind zu betrachten. Während die Heeresleitung den Angriff in China wieder aufnehmen wollte, versuchte die Admiralität unter Admiral Nagano, die Entscheidung zur See gegen die USA herbeizuführen. Im Meinungsstreit über den besten Operationsplan setzte sich der Flottenchef, Admiral Yamamoto, durch, der mit einem Angriff gegen die Insel Midway und die Inselgruppe der Aleüten die amerikanische Pazifikflotte unter Admiral Chester Nimitz zur Schlacht stellen und sie vernichtend schlagen wollte. Damit wäre die Voraussetzung für den geplanten Angriff auf Neuguinea und Australien geschaffen. Dies hieß also: direkte Strategie durch Sieg über die feindlichen Seestreitkräfte.

Doch mehrere taktische Fehler von Vizeadmiral Nagumo, der die Flugzeugträger der Angriffsflotte befehligte, und die bessere Führung der US-Navy ermöglichten dem zahlenmäßig unterlegenen amerikanischen Gegner am 4. Juni bei Midway einen überaus wichtigen Sieg[220]. Der wesentliche Nachteil des japanischen Geschwaders, das u. a. 4 Flugzeugträger umfasste, lag in der mangelhaften Aufklärung, die den Verbleib des US-Verbandes, darunter 3 Flugzeugträger, zu spät feststellte. Die Japaner verloren sämtliche Träger, der Gegner nur einen. Eine Vorentscheidung auf dem pazifischen Kriegsschauplatz war gefallen.

Der Admiralstab unter Nagano entschloss sich aber nicht zu einer strategischen Kehrtwende gegen den Indischen Ozean und den Persischen Golf, sondern für die Fortsetzung des Krieges im Pazifik. Die anfängliche Verschleierung dieser schmerzlichen Niederlage trug zur schleichenden Entfremdung der Bündnispartner bei[221]. Obendrein verkannte der Admiralstab längere Zeit hindurch die Bedeutung eines mit Deutschland koordinierten Tonnagekrieges, vor allem durch U-Boote. Die mehrmaligen Bemühungen der Seekriegsleitung, die japanische Flotte zum Kampf gegen die Seeverbindungen der Alliierten im Indischen Ozean zu motivieren, blieben erfolglos. Erst im Februar 1943 räumte der Vertreter der japanischen Marine in Berlin ein, dass man nun die Bedeutung des Tonnagekrieges verstünde und entsprechende Maßnahmen ergreifen würde, eine Einsicht, die aber zu spät kam, um noch eine Wende im Seekrieg herbeizuführen[222].

Eine weitere Folge der genannten Grundsatzrichtlinien des OKW lag darin, dass die Hauptanstrengungen von Heer und Luftwaffe gegen die Sowjetunion gerichtet wurden, um in einem nochmaligen Anlauf zu versuchen, einen großen, vielleicht entscheidenden Sieg in Europa zu erringen. Dies bedeutete in zweierlei Hinsicht ein großes Risiko: Erstens mussten nicht nur die personellen, sondern auch die Rüstungsanstrengungen auf das Heer konzentriert wer-

---

219 Baum/Weichold, Der Krieg der „Achsenmächte“, a.a.O., S. 232.

220 Ein erster Luftangriff gegen die Insel Midway brachte den Japanern nur geringe Erfolge. Als der japanische Befehlshaber die in Reserve befindlichen Kampfflugzeuge für einen zweiten Schlag gegen Midway mit Bomben umrüsten lässt, wird ihm ein gegnerischer Verband gemeldet, zu dem auch ein Flugzeugträger gehören soll. Er lässt deshalb seine Jagdbomber wieder mit Torpedos gegen Schiffsziele bewaffnen, doch in dieser Phase werden seine Schiffe von einem vernichtenden Luftangriff getroffen (Ausführlich: Das Deutsche Reich und der Zweite Weltkrieg, Band 6, S. 254ff.).

221 Salewski, Die deutsche Seekriegsleitung, Band II, S. 104.

222 Salewski, Die deutsche Seekriegsleitung, a.a.O., Band 2, S. 298ff.

den, das durch den Winterkrieg stark geschwächt war; diese Stärkung konnte aber nur auf Kosten der Marine- und Luftwaffenrüstung gehen; und zweitens gab es keinerlei Gewähr, dass die Rote Armee auch dann, wenn die deutschen Operationen plangemäß verliefen, am Ende des Feldzuges 1942 zusammenbrechen würde. Auch wenn Hitler am 30. April erklärt hatte, dass der Krieg zu Lande im Osten entschieden würde, konnte niemand vorhersehen, wie und wann die Sowjetunion am Ende ihrer Kräfte wäre.

Eine nüchterne Betrachtung der militärstrategischen Lage im Osten und des Kräftestandes des Heeres hätte es nahe gelegt, nur mehr Angriffe mit begrenztem Ziel unter Schonung des militärischen Instruments zu führen, um die personellen Reserven nicht aufs Spiel zu setzen. Der an vielen Abschnitten sehr ungünstige Frontverlauf, die bisherigen hohen Verluste, die geringen Ressourcen, aber auch das Wiedererstarken der Roten Armee veranlassten sogar Generalstabschef Halder für kurze Zeit, an die strategische Defensive zu denken. Immerhin besaßen Mitte März von den 162 an der Ostfront eingesetzten Divisionen nur 8 ihre volle Krampfkraft, und der Fehlbestand an Panzern betrug fast 2.100[223].

In der Feindlagebeurteilung neigte der Generalstab noch immer zu einer Unterschätzung des Gegners, indem man davon ausging, dass die sowjetische Führung lediglich in der Lage wäre, bis zum Spätherbst 60 Schützendivisionen und einige Panzerverbände aufzustellen[224]. Als schließlich das OKW mit der Weisung Nr. 41 vom 5. April als übergeordnetes Ziel der Operationen festlegte, die „den Sowjets noch verbliebene lebendige Wehrkraft endgültig zu vernichten", kamen bei manchen Beteiligten starke Zweifel an der Sinnhaftigkeit dieser Strategie auf, etwa beim Befehlshaber des Ersatzheeres, Generaloberst Fromm, oder beim Chef der Abwehr, Admiral Canaris.

Die Seekriegsleitung hatte stets die Auffassung vertreten, dass sogar ein Sieg über die Sowjetunion kein Einlenken Englands bewirken würde. Folgende Überlegung ist zu beachten: Selbst wenn es gelänge, starke sowjetische Kräfte in Südrussland zu vernichten und bis Baku, dem Haupterdölgebiet vorzudringen, blieben derart hohe Risiken bestehen, dass ein endgültiger Sieg äußerst fraglich, wenn nicht unmöglich erschien. Der durch die Operation gewonnene Raum würde eine enorme Verlängerung der Frontlinie bewirken, so dass eine Verteidigung der Gesamtfront, selbst wenn man die Armeen der Verbündeten schonungslos heranzog, wenig Aussicht auf Erfolg hätte. Es zeichnete sich bereits jetzt eine dramatische Überforderung des Kräftehaushalts ab. Es musste nämlich gelingen, alle Erdölgebiete zu erobern, und zwar unzerstört, was kaum anzunehmen war, und es mussten diese Gebiete auch behauptet werden, ansonsten wäre der Feldzug als gescheitert zu betrachten[225].

Darüber hinaus hatte man auf deutscher Seite noch immer keine konstruktive politische Strategie entwickelt, um die Masse der Bevölkerung für die deutsche Sache zu gewinnen; auch wurde die Chance nicht genutzt, bereits damals unter den rund 3,5 Mill. Gefangenen Freiwillige für den Kampf gegen Sowjetrussland zu werben. Der Versuch Goebbels vom April 1942, eine Revision der politischen Strategie vor allem gegenüber den Ukrainern einzuleiten, ging ins Leere. Wie groß die Bereitschaft der Ukrainer war, gegen das Stalin-Regime zu kämpfen, zeigte sich im April 1943. Als mit der Aufstellung einer westukrainischen Division begonnen wurde, meldeten sich 80.000 Ukrainer zum Kampfeinsatz. Insgesamt dienten rund 250.000 Ukrainer in den Osttruppen[226], wozu auch die so genannten Ostlegionen[227] und Hilfsverbände gehörten. Insgesamt dienten rund 970.000 Sowjetbürger in Wehrmacht und Waffen-SS[228].

Anfang Juli 1942 geriet der erfahrene und bekannte General Vlassov, der Befehlshaber der 2. Stoßarmee, im Zuge der Schlacht am Volchov in deutsche Gefangenschaft; er erklärte sich bald darauf bereit, eine Armee aus Kriegsgefangenen aufzustellen und an deutscher Seite für die Befreiung Russlands zu kämpfen. Vlassov war überzeugt, dass man Stalin durch das eigene Volk nicht stürzen könne und dass die Deutschen ohne Hilfe von Russen die Sowjetunion nicht besiegen würden[229]. Sein Angebot einer „Waffenbrüderschaft" wurde zunächst ignoriert und erst im November 1944 mit Zurückhaltung angenom-

---

223 Das Deutsche Reich und der Zweite Weltkrieg, Band 6, Stuttgart 1990, S. 787.

224 Ebenda, Band 6, S. 801.

225 Der Gegner konnte hingegen durch Rückzug an die Volga und in den Kaukasus die Versorgung des Angreifers extrem strapazieren; außerdem bot die Abwehrflanke entlang des Don, die von den Armeen der Verbündeten besetzt werden sollte, Möglichkeiten für Gegenangriffe.

226 Darunter wurden Verbände verstanden, die aus Angehörigen der zahlreichen Völker und Volksgruppen der UdSSR bestanden; sie dienten als Kampf-, Sicherungs-, Bau- und Hilfsverbände; allein die Kosaken zählten bei Kriegsende 53.000 Mann.

227 Die „Ostlegionen" rekrutierten sich aus Angehörigen der kaukasischen, armenischen, tatarischen und turkestanischen Volksgruppen; ab Frühjahr 1942 wurden von der 162. Infanteriedivision 90 Feldbataillone aufgestellt. Insgesamt dienten mindestens 200.000 Mann der genannten Volksgruppen in Heer und Waffen-SS (Hoffmann, Die Ostlegionen, Freiburg 1976, S. 172).

228 Neuerdings wird sogar eine Zahl von 1,2 Mill. Sowjetbürgern angegeben, die mit den Deutschen kollaboriert hätten (Frankfurter Allgemeine, 2. 5. 2005, S. 44).

229 Hans-Werner Neulen, An deutscher Seite. Internationale Kriegsfreiwillige von Wehrmacht und Waffen-SS, 2. Auflage, München 1992, S. 338.

men, zu einem Zeitpunkt, als die Deutschen das besetzte Territorium (mit Ausnahme Kurlands) längst geräumt hatten[230].

Indem nun das OKW und Hitler ihre Hoffnungen auf einen siegreichen Feldzug gegen die Sowjetunion setzten, schlugen sie die Chance aus, die ihnen die Seekriegsleitung aufgezeigt hatte: Unter Zuführung geringer Kräfte, darunter Fallschirm- und Luftlandetruppen, hätte man das im April bereits aus der Luft vollständig niedergekämpfte Malta erobern können, womit der Nachschubverkehr für Rommels Armee gesichert worden wäre; damit hätte Rommel nach ausreichender Bevorratung mit Hilfe der Marine rechtzeitig den Angriff gegen Alexandrien und Suez führen können; immerhin stünden dann zwei Fliegerkorps (II., X.) zur Luftunterstützung bereit. Eine Einnahme Ägyptens hätte die bereits arg geschwächte britische Mittelmeerflotte zum Rückzug gezwungen. Allerdings hätte es zugunsten einer Bündelung der Kräfte eine enge Zusammenarbeit zwischen dem „Oberbefehlshaber Süd" und dem italienischen Oberkommando sowie dem Flottenstab bedurft, der es ablehnte, sich den deutschen Bedürfnissen und Vorgaben unterzuordnen.

Die in Aussicht stehenden Erfolge hätten zwar nach übereinstimmender Einschätzung von Heeres- und Marineleitung nicht den entscheidenden Sieg gegen Großbritannien erbracht, aber die geopolitische Position der „Achsenmächte" ganz erheblich gefestigt: Die Panzerarmee Afrika wäre zum Großteil für andere Aufgaben frei geworden, ebenso ein Großteil der Luftwaffe; eine Rückeroberung des Mittelmeers durch die britische Flotte wäre, auch wenn man die Haltung der französischen Militärs in Nordafrika nicht vorhersehen konnte, äußerst erschwert gewesen; schließlich hätte der militärische Erfolg auch politische Vorteile verschafft. Selbstverständlich hätte die Durchführung dieses Konzepts keine gravierenden Auswirkungen auf die Sowjetunion gebracht. Es hing also viel davon ab, ob man den neuerlichen Angriff im Osten als einzige lohnende Option ansah und ihm realistische Siegeschancen zusprach. Wenn man diese Siegeschancen jedoch anzweifelte, so blieb die Mittelmeer-Strategie das Maximum dessen, was im Jahre 1942 durchsetzbar war. Eine Verfolgung beider Zielsetzungen nebeneinander hätte dem Prinzip der Schwergewichtsbildung widersprochen.

Als die Phase der Entschlussbildung im April 1942 zu Ende geht, ist abzusehen, dass Deutschland und Japan jeweils allein ihre strategischen Ziele verfolgen, und dass sich Deutsche und Italiener im Mittelmeer zu keinem aufeinander abgestimmten Vorgehen aufraffen können. Die Strategie der Achsenmächte für das Jahr 1942 litt somit unter gravierenden Nachteilen, auch wenn mit einem Eingreifen der USA auf dem europäischen Kriegsschauplatz noch nicht zu rechnen war. Schon auf Grund des drohenden verschärften Bombenkrieges und der Erfordernisse des U-Boot-Krieges hätte sich 1942 aus heutiger Sicht ein Übergang zur strategischen Verteidigung angeboten.

Die Strategie der Sowjetunion lief zwar auf die Verteidigung des verbliebenen Raumes hinaus, gleichzeitig sollte aber die Wehrmacht durch örtlich begrenzte Offensiven empfindlich geschwächt werden. Man wollte operativ wichtige Ziele erreichen, etwa Leningrad entsetzen, den großen Frontbogen nordöstlich von Smolensk abschneiden, das Industriegebiet im Süden zurückgewinnen und die Krim zurückerobern. Gleichzeitig ging es um die Ergänzung der Verluste sowie um die Aufrüstung und die Umgliederung der Roten Armee. So hatten die Rüstungswerke im Ural und im Transkaukasus bis zur Eröffnung der Operationen im Mai an die 4.500 Panzer, 14.000 Geschütze und 3.000 Kampfflugzeuge produziert. Allein bis Juli wurden 26 Panzerkorps zu je 4 Brigaden und 168 Panzern, darunter 98 T-34, aufgestellt[231]. Zu Beginn des Sommerfeldzuges kamen zur Überraschung des OKH bereits zwei Panzerarmeen zum Einsatz.

Die britische und amerikanische Strategie zielte zunächst darauf ab, die Sowjetunion als kampfkräftigen Partner zu erhalten, obwohl Präsident Roosevelt und manche seiner Berater einen Zusammenbruch des Stalin-Regimes noch immer nicht ausschlossen und in ihren Planungen berücksichtigten. Roosevelt legte am 16. Februar sein grundlegendes Konzept für den Kampf gegen Deutschland und Japan vor. Hierin galt nach wie vor Deutschland und nicht Japan als Hauptgegner, so dass Heeres- und Marineführung intensiv danach strebten, noch 1942 eine Front in Westeuropa, vor allem an der französischen Kanalküste, zu errichten.

Eine solche Strategie kam den Interessen der Sowjetunion sehr entgegen, da Stalin und Molotov immer wieder die Errichtung einer zweiten Front in Westeuropa forderten. Anlässlich der Besprechungen des gemeinsamen Komitees der britischen und amerikanischen Stabschefs[232] in London (18. – 25. Juli) ging es um die Schaffung dieser „zweiten Front". Hierbei stand die Bildung eines weiträumigen Brückenkopfes auf der Halbinsel Cotentin mit der Hafenstadt Cherbourg im Mittelpunkt der Überlegungen. Dieser Brückenkopf sollte so lange gehalten werden, bis man 1943 stark genug war, um den Angriff ins Landesinnere zu eröffnen. Es bedurfte großer Anstrengungen Churchills und Lord Alan Brookes, des

230 Die Aufstellung beschränkte sich zunächst auf eine Division, die noch im April 1945 an der Oderfront zum Einsatz kam. Insgesamt fanden 310.000 Russen innerhalb der Vlassov-Armee und der Wehrmacht Verwendung.

231 David M. Glantz/Jonathan House, When Titans clashed. How the Red Army stopped Hitler, Lawrence/Kansas 1995, S. 102.

232 Dieses Komitee der Stabschefs war auf Veranlassung Roosevelts bereits im Januar 1942 in Washington geschaffen worden, diente als oberstes Organ der Alliierten für die Erstellung von Grundsatzplanungen und trat als Vollkonferenz bis Kriegsende 89mal zusammen.

Chefs des Empire-Generalstabes, ihren amerikanischen Gesprächspartnern Harry Hopkins, General Marshall und Admiral King zu verdeutlichen, welche Gefahren damit verbunden waren und dass es besser erschien, die Aktivitäten auf die Bekämpfung der deutschen U-Boote im Atlantik und die Zerschlagung der deutsch-italienischen Positionen in Nordafrika zu richten. Für den britischen Generalstab stand die Verteidigung Ägyptens und des Nahen Ostens im Vordergrund. Erst nach mühsamen Auseinandersetzungen willigte Roosevelt am 23. Juli ein, zunächst den Nahen Osten zu sichern und noch 1942 in Nordafrika zu landen, um gemeinsam mit der britischen 8. Armee die Deutschen niederzukämpfen; hingegen sollte die Invasion in Frankreich auf das Jahr 1943 verschoben werden[233].

Dass die britische Führung die Gefahren einer Invasion in Nordfrankreich realistischer einschätzte als ihre amerikanischen Partner, wurde durch die Landung einer britischen Division bei Dieppe am 19. 8. 1942 (Unternehmen „Jubilee"), die unter sehr schweren Verlusten nach wenigen Stunden scheiterte, vor Augen geführt. Gegenüber der sowjetischen Regierung hatten Großbritannien und die USA einen schweren Stand, da Stalin nach Beginn der deutschen Sommeroffensive mit Nachdruck die Bildung einer zweiten Front verlangte, noch dazu, da die Sowjetunion mit den USA erst am 11. Juni ein Abkommen über gegenseitige Hilfeleistung unterzeichnet hatte. Churchill musste Stalin anlässlich der Moskauer Konferenz Mitte August die enttäuschende Mitteilung machen, dass die alliierten Streitkräfte im Herbst 1942 in Nordafrika (Unternehmen „Torch"), nicht aber in Frankreich eingreifen würden. Die Planung für diese Operation stand schon am 21. August im Großen und Ganzen fest. Das britisch-sowjetische Verhältnis litt aber auch unter der vorläufigen Einstellung der Versorgungsgeleitzüge nach Murmansk, nachdem mehrere Geleitzüge im Eismeer schwerste Verluste erlitten hatten[234]. Stalin protestierte vergeblich gegen diesen Schritt der britischen Admiralität. Immerhin hatten die bisherigen Zufuhren bewirkt, dass die Rote Armee u.a. britische Panzer erhielt, die bereits in den Sommerschlachten zum Einsatz kamen.

Zunächst war die britische Strategie ganz auf die Abwehr der deutschen Offensive in Nordafrika gerichtet, die Anfang Juli gerade noch rechtzeitig bei El Alamein, 130 km von Alexandrien, dem britischen Haupthafen, entfernt, zum Stehen gebracht werden konnte. Das mit hohen Schiffsverlusten[235] erkaufte Wiedererstarken der Inselfestung Malta, das nach der ursprünglichen Planung von deutsch-italienischen Truppen Mitte Juli erobert werden sollte, erwies sich als entscheidend für den Ausgang des Feldzuges. Die Absicht Rommels, doch noch bis Alexandrien und zum Suezkanal durchzubrechen, scheiterte Ende August an der beträchtlich verstärkten 8. britischen Armee unter General Montgomery, aber noch mehr an der rigorosen Dezimierung der von Italien organisierten Seetransporte durch britische Marine- und Luftstreitkräfte, die von Malta aus operierten.

Damit schwand im Herbst 1942 jede Hoffnung, die britischen Positionen in Ägypten und im Nahen Osten zu erobern und hierauf im Sinne der deutschen Seekriegsleitung zum gemeinsamen Handeln mit der japanischen Marine zu gelangen. Die deutsche Seite beschränkte sich auf die Verteidigung der El-Alamein-Stellung, ohne angesichts des bevorstehenden Großangriffs der Briten nach einer Alternative zu suchen, etwa in Form eines Rückzuges auf die libysch-ägyptische Grenze[236], die bessere Abwehrchancen geboten hätte. Das OKW und Rommel vertrauten auf die raffiniert ausgebauten Stellungen bei El-Alamein und die Besserung der Versorgungslage. Damit waren die Achsenmächte in Nordafrika endgültig in die strategische Defensive geraten.

Die deutsche Offensive im Osten: Überspannung der Kräfte

In Südrussland hatten inzwischen die beachtlichen deutschen Erfolge auf der Halbinsel Krim, bei Charkov und am unteren Oskol im Mai und Juni die Erwartung steigen lassen, dass die Rote Armee ihren Widerstand nicht mehr lange fortsetzen könne, wenn man ihr noch einige wuchtige Schläge versetzte. Die OKW-Weisung Nr. 41 vom 5. April 1942 formulierte daher als Ziel, den Gegner „vorwärts des Don zu vernichten", die Erdölgebiete im Kaukaus-Raum zu gewinnen und den Gebirgszug selbst zu überschreiten. Daneben sollte im Nordabschnitt Leningrad nach Maßgabe der Kräftelage eng abgeschnürt werden. Der in drei Abschnitten geplante Angriff in Südrussland sollte Stalingrad erreichen (nicht einnehmen!) und es als Verkehrs- und Rüstungszentrum ausschalten; erst dann wäre der Vorstoß in den Kaukasus aufzunehmen[237]. Das

233 Der Weg zur Teilung der Welt, a.a.O., S. 199.

234 Im Zuge der Bekämpfung des Geleitzuges PQ-17 (1.– 10.7.1942) verloren die Briten 24 von 37 Schiffen mit 144.000 BRT. Auf der Nordmeerroute wurden 1942 immerhin 38,7% aller für die UdSSR bestimmten Hilfslieferungen transportiert.

235 Im Zuge des Unternehmens „Pedestal" (10. – 13.8.1942) versuchte ein britischer Geleitzug, bestehend aus 14 Frachtschiffen und Tankern unter Sicherung durch 2 Schlachtschiffe, 3 Flugzeugträger, 4 Kreuzer und zahlreiche Zerstörer von Gibraltar nach Malta zu gelangen; 1 Flugzeugträger, 2 Kreuzer, 1 Zerstörer und 9 Transporter wurden versenkt; 1 Flugzeugträger und 2 Kreuzer wurden schwer beschädigt. Dennoch ermöglichten die nach Malta verbrachten Nachschubgüter die Fortsetzung des Widerstands (Weichold/Baum, Der Krieg der „Achsenmächte" im Mittelmeer-Raum, a.a.O., S. 244).

236 Dieser Schritt hätte vor allem die Nachschubwege wesentlich verkürzt und eine bessere Konzentration der Luftwaffenkräfte, auch hinsichtlich einer neuen Offensive gegen Malta, ermöglicht (Weichold/Baum, Der Krieg der „Achsenmächte" im Mittelmeer, a.a.O., S. 256).

237 Hitlers Weisungen für die Kriegführung, a.a.O., S. 184.

Gelingen des Feldzugs unterlag jedoch einem so groben Missverhältnis von Kraft, Raum und Zeit, dass die Operation nur bei Eintreffen durchwegs günstiger Umstände Erfolg versprach. Nur bei Eroberung der unzerstörten Erdölquellen konnte von einem Sieg gesprochen werden. Obendrein verzichteten Hitler und das OKH auf die Konzentration aller verfügbaren Kräfte auf dem Südflügel, indem man z.B. die siegreiche 11. Armee nach der Eroberung von Sevastopol nach Norden verlegte, um Leningrad abzuschnüren.

Die STAVKA hatte jedoch aus den Niederlagen des Frühjahrs die richtigen Schlüsse gezogen und entschieden, den erwarteten deutschen Angriff aufzufangen, notfalls weiträumig zurückzuweichen und mit den inzwischen aufgestellten Verstärkungen einen wuchtigen Gegenangriff zu führen. Immerhin konnte man auf 10 Reserve- und 2 Panzerarmeen zurückgreifen. Wenn auch Stalin und der Generalstab mit einem neuerlichen Vorstoß auf Moskau von Südwesten her rechneten, hatte man bis zum Frühsommer u.a. fünf Reservearmeen hinter dem Südflügel disloziert.

Die Anfangserfolge der am 28. Juni – sehr spät – begonnenen Operationen täuschten die Deutschen längere Zeit über das gelungene Ausweichmanöver des sowjetischen Südflügels hinweg. Stalin hatte durch rigorose Maßnahmen die bereits sichtbaren Zersetzungserscheinungen eingedämmt[238] und die hartnäckige Verteidigung Stalingrads und der Erdölquellen des Kaukasus befohlen. Der Verzicht auf eine klare Schwerpunktbildung unter Zusammenfassung aller verfügbaren Kräfte[239] – entweder gegen Stalingrad oder gegen Grosnij und Baku – erleichterte die strategische Verteidigung der Roten Armee. Stalingrad wurde im Juli und August zu einer äußerst starken Festung ausgebaut, wobei vier Verteidigungsstreifen[240] hintereinander angelegt wurden, während 4 Armeen und eine Panzerarmee die Verteidigung des Vorfeldes übernahmen. Es erscheint daher dennoch erstaunlich, dass die Deutschen unter heftigsten Anstrengungen und Einsatz aller Reserven bis 12. November etwa 90% des Stadtgebietes eroberten, dann aber den Angriff wegen Erschöpfung der Truppen einstellen mussten.

Die Rote Armee setzte inzwischen die Nordflanke des gegen Stalingrad gerichteten Angriffskeiles der 6. Armee unter ständigen Druck und gewann einen wichtigen Brückenkopf am Südufer des Don, so dass von dort keine deutschen Truppen abgezogen werden konnten, die dringend für die Einnahme der restlichen Stadtteile benötigt wurden. Doch die möglichst baldige Einnahme dieser Stadtteile war unbedingt erforderlich, um Truppen für die Stabilisierung der langen Nordwest- und Südflanke freizumachen, da das OKH für diese Zwecke über keine Reserven mehr verfügte. Da im Kaukasus-Raum in Unterschätzung der gegnerischen Ressourcen der Vorstoß der HGr. A ebenfalls fortgesetzt werden sollte, um zumindest Grosnij zu gewinnen, konnte man auch von dort keine Verstärkungen gewinnen. Als einziges Erdölfeld hatte man am 9. August das von Majkop erobert, das der Gegner jedoch völlig unbrauchbar gemacht hatte. Der Übergang über den Kamm des Hochkaukasus in Richtung Suchumi und Sotschi scheiterte am Kräftemangel. Selbst der mehrmals vorgetragene Angriff durch den Waldkaukasus, um die Schwarzmeerküste bei Tuapse zu gewinnen, kam Ende Oktober endgültig zum Erliegen.

Doch bereits vorher hatten Hitler und sein Beraterstab erkennen müssen, dass die deutsche Offensive im Kaukasusraum bis zum Einbruch der Schlammperiode nicht die gesteckten Ziele erreichen würde. Indem sich Hitler am 7. September zu einem Wutanfall hinreißen ließ und das Steckenbleiben der Operationen den örtlichen Befehlshabern anlastete, gab er indirekt den Fehlschlag des Feldzuges zu, ohne jedoch die entsprechenden Konsequenzen zu ziehen. Hierbei kam es zu einem tiefen Zerwürfnis mit General Jodl, seinem engsten Berater, nachdem dieser seine Beurteilung der Lage auf Grund einer Orientierung im Hauptquartier der HGr. A ungeschminkt dargestellt hatte[241].

Die STAVKA hingegen fühlte sich so stark, dass sie sogar eine gefährliche Offensive gegen den ausgedehnten Frontbogen der HGr. Mitte bei Rschev – Sytschevka – Gschatsk beginnen konnte. Armeegeneral Schukov bot alle seine Energie und Brutalität auf, um die 9. Armee und 3. Panzerarmee zu durchbrechen und den gesamten Frontbogen zum Einsturz zu bringen. Der am 30. Juli begonnene Angriff von 5 sowjetischen Armeen sowie zwei Panzer- und einem Kavalleriekorps erzielte bis Anfang September unter entsetzlichen Verlusten

238 Es handelt sich u.a. um den Befehl Stalins Nr. 227 als Volkskommissar für Verteidigung vom 28. 7. 1942, worin allen Deserteuren, Panikmachern und Drückebergern die Höchststrafe angedroht wurde (Dmitri Wolkogonov, Stalin. Triumph und Tragödie, Düsseldorf 1989, S. 621/22).

239 Hitler hatte nach der Eroberung Sevastopols die Verlegung der 11. Armee vom Südflügel, wo sie spürbar fehlen sollte, nach Norden befohlen, um endlich Leningrad zu bezwingen. Des Weiteren hielt er am sehr ungünstigen Stellungsverlauf der HGr. Nord und Mitte fest und weigerte sich, Reserven durch Rücknahme exponierter Frontvorsprünge zu gewinnen.

240 Der erste Verteidigungsabschnitt verlief in einem Abstand von 60 – 90 km im Norden, Westen, Süden und Südosten, der zweite etwa 30 - 40 km im Halbkreis um die Stadt; der dritte deckte die Zufahrtswege, während der vierte unmittelbar am Stadtrand verlief. Ostwärts der Volga standen erhebliche Reserven und vor allem eine starke Artillerie zum Eingreifen bereit.

241 Die Entlassung des Oberbefehlshabers dieser Heeresgruppe, die ab nun von Hitler selbst geführt wurde, und die von Generalstabschef Halder am 24. 9., den Hitler schon seit längerem ablehnte, umreißen die tiefe Krise in der obersten Führung im September 1942; dazu: Engel, Heeresadjutant bei Hitler, a.a.O., S. 126.

nur bescheidene Geländegewinne; er verfehlte seinen Zweck, wenn er beabsichtigte, die Deutschen zum Kräfteabzug aus Südrussland zu bewegen. Offenbar verfolgte Schukov viel weiter gesteckte Ziele, nämlich die Zertrümmerung zumindest des Nordteils der HGr. Mitte[242].

Die Sommerschlacht an der Westfront ist somit als sowjetische Niederlage anzusehen. Schukov wurde schließlich von Stalin abberufen und an die Front bei Stalingrad gesandt, um die dortigen Befehlshaber aufzurütteln und zu maßregeln. Er blieb dort bis zum 12. September, ohne aber etwas Wesentliches zur Verteidigung der Stadt beizutragen. Mit dem militärstrategischen Entschluss der STAVKA, im November zur Gegenoffensive im Süden überzugehen, hatte er entgegen seiner nachträglichen Behauptung nichts zu tun.

Im September finden fast gleichzeitig entscheidende Weichenstellungen auf sowjetischer und deutscher Seite statt, die eine konträre Wahrnehmung der Gesamtlage erkennen lassen. Die STAVKA beurteilte die Lage auf dem Südflügel so, dass sie zwar weitere bescheidene Geländegewinne der Deutschen für möglich hielt, einen entscheidenden Sieg – Eroberung von ganz Stalingrad, Vorstoß bis Baku und Astrachan, Überschreiten des Kaukasus und Gewinnung der Schwarzmeerküste – jedoch ausschloss. Am 13. September fiel der Entschluss, die 6. Armee mittels einer groß angelegten Offensive einzuschließen, des Weiteren die deutsche Donfront in Richtung Rostov zu durchbrechen, um den deutschen Kräften im Kaukasusraum den Rückzugsweg abzuschneiden. Fast gleichzeitig sollte Schukov seine Angriffe gegen die HGr. Mitte erneuern, wobei daraus ohne weiteres die Hauptoffensive des Winters 1942/43 mit weitreichenden Folgen werden konnte.

Demgegenüber hielt Hitler im Schatten der Führungskrise an seinen Fernzielen – Astrachan und die Küste des Kaspischen Meeres –, aber auch an der Einnahme von Stalingrad fest, obwohl er sich große Sorgen wegen des bevorstehenden Winters machte[243]. Der neue Generalstabschef des Heeres, General Zeitzler, bemühte sich zwar, Hitler die Gefahren, die aus dem gleichzeitigen Behaupten der Positionen bei Stalingrad, entlang des Don und im Kaukasus entsprangen, zu verdeutlichen, konnte ihn aber nicht einmal zu einem Teilrückzug bewegen. Ein solcher Teilrückzug wenigstens an einem Frontabschnitt hätte Kräfte freigemacht, die der Verteidigung der übrigen gefährdeten Abschnitte zugute gekommen wären.

Da im OKW seltsamerweise noch im Dezember – nach dem sowjetischen Großangriff – die Wiederaufnahme des Angriffs im Kaukasus im Frühjahr 1943 für erstrebenswert erachtet wurde[244], hätte es sich dringend empfohlen, die äußerst exponierte Position bei Stalingrad rechtzeitig aufzugeben, da obendrein das Oberkommando der 6. Armee schon aus Versorgungsgründen einen weiträumigen Rückzug befürwortete. So hatte es bereits Anfang Oktober die Rücknahme der Truppen bei Stalingrad zumindest in eine Sehnenstellung zwischen dem Don und dem Volga-Knie bei Beketovka vorgeschlagen[245].

An dieser Stelle muss mit aller Deutlichkeit betont werden, dass selbst eine völlige Einnahme Stalingrads noch vor Einbruch des Winterwetters und ein Freimachen von Kräften zur Flankensicherung keinen Sieg auf militärstrategischer Ebene bedeutet hätte. Die Eroberung Stalingrads hätte nur eine räumlich begrenzte Entspannung bewirkt. Die Krisenherde, nicht nur an den Flanken der 6. Armee, sondern auch an der übrigen Ostfront waren so zahlreich[246], dass das deutsche Oberkommando hoch zufrieden sein durfte, wenn es gelang, die äußerst weit gespannte Front vom Finnischen Meerbusen im Norden bis zum Kamm des Hochkaukasus im Süden während des Winters 1942/43 zu halten. Schon die erfolgreiche Verteidigung der vorgeschobenen Positionen im Kaukasus, am Terek-Abschnitt und in der Kalmückensteppe hätte sehr hohe Anforderungen an Führung, Truppe und Versorgung gestellt. Auf Grund der sehr geringen OKH-Rerserven erschien es mehr als fraglich, ob man selbst im Falle einer Eroberung Stalingrads die Ostfront insgesamt ohne Rückschläge behauptet hätte.

Der Verlust der strategischen Initiative seitens der „Achsenmächte“

Aus militärstrategischer Sicht gab es im Herbst 1942 nur eine sinnvolle Entscheidung, nämlich die gesamte Ostfront auf Verteidigung umzustellen. In diesem Sinne wäre eine Rücknahme sowohl der Positionen an der Volga und im gro-

---

242 Viktor Suworow, Marschall Schukov. Lebensweg über Leichen, Selent 2002, S. 197; Schukov trieb in wiederholten, sinnlosen Sturmangriffen seine Truppen gegen die starken deutschen Stellungen vor, wo sie furchtbare Verluste erlitten, die lange Zeit geheim gehalten wurden, anscheinend, um den vermeintlichen Ruhm des bekannten Marschalls nicht zu schmälern.

243 Engel, Heeresadjutant bei Hitler, a.a.O., S. 127.

244 Jürgen Förster, Strategische Überlegungen des Wehrmachtführungsstabes für das Jahr 1943, in: Militärgeschichtliche Mitteilungen 1/1973, S. 95 – 107.

245 Radikaler war hingegen die Lösung, die 6. Armee und die 4. Panzerarmee samt der 3. rumänischen Armee auf die Tschir-Don-Stellung, besser noch auf eine Sehnenstellung zwischen Don und Donez zurückzuführen (Das Deutsche Reich und der Zweite Weltkrieg, Band 6, S. 992/93).

246 Im Norden rechnete man mit weiteren Entsatzversuchen zur Sprengung des Belagerungsringes von Leningrad; südlich des Ilmensees musste die Verbindung zum schwer umkämpften II. Armeekorps bei Demjansk freigehalten werden; der große Frontbogen der HGr. Mitte bei Bjeloj – Rschev – Gschatsk begünstigte eine Offensive zur Abschnürung; nördlich von Voronesch lag ein Krisenherd, und aus den Brückenköpfen am Don drohten ebenfalls Angriffe.

ßen Donbogen als auch im Kaukasus auf eine radikal verkürzte Stellung nahe liegend gewesen. Auch im Bereich der Heeresgruppen Mitte und Nord hätte sich die Aufgabe exponierter Abschnitte dringend angeboten. Wenn schon kein Sieg mehr errungen werden konnte, musste man wenigstens die Niederlage vermeiden.

Ein Übergang zur strategischen Verteidigung im Herbst 1942 hätte sich auch aus anderen triftigen Gründen angeboten: In Ägypten hatte Rommel nach 10tägiger, härtester Gegenwehr die Alamein-Stellung räumen und am 3. November den Rückzug nach Libyen einleiten müssen. Wenn auch der Sieg der Briten nicht die überragende Bedeutung besaß, die ihm Churchill beimaß[247], so hatte doch Rommel erstmals eine schwere Niederlage erlitten.

Außerdem waren amerikanische und britische Truppen am 8. November, kaum behindert von der Gegenwehr französischer Truppen, in drei operativen Gruppen mit insgesamt 63.000 Mann bei Rabat, Oran und Algier gelandet und rückten in Richtung Tunesien vor. Die zahlreichen Hinweise über die bevorstehende Landung hatten nur zu schwachen Reaktionen auf deutscher und italienischer Seite geführt. Umso größer war die Bestürzung bei den „Achsenmächten" über die gelungene Landung der Alliierten. Die deutschen U-Boote konnten die alliierten Versorgungsgeleite nur wenig schädigen, wogegen Malta dem deutsch-italienischen Nachschub schwere Verluste zufügte[248]. Die Lage der geschlagenen deutsch-italienischen Truppen stellte sich so dar, dass man früher oder später mit dem Eingreifen alliierter Verbände in ihrem Rücken rechnen musste, was aller Voraussicht nach zur Vernichtung von Rommels Armee führen würde, falls sie nicht rechtzeitig evakuiert wurde.

Der Aufbau eines tiefen Brückenkopfes in Tunesien durch die Deutschen, der als „Eckpfeiler der Kriegführung an der Südflanke Europas" unbedingt gehalten werden sollte[249], bannte zwar fürs erste diese Gefahr; allerdings wurden im Mittelmeer weitere Heereskräfte unter dem Befehl der 5. Panzerarmee, aber auch starke Luftstreitkräfte zu einem Zeitpunkt festgelegt[250], als die Ostfront dringendst Verstärkung benötigte. Während das OKH einer Räumung Nordafrikas zuneigte, traten die Seekriegsleitung und das OKW für die Behauptung eines weiträumigen Brückenkopfes ein.

Im Zuge dieses Zwiespalts zeichnete sich die Kriegswende unwiderruflich ab: Der Verlust Nordafrikas würde die „Achsenmächte" endgültig in die strategische Defensive drängen und Italien unmittelbar der Gefahr einer alliierten Invasion aussetzen. Außerdem bewirkte die Besetzung des restlichen Frankreich, die im Zuge der deutschen Gegenmaßnahmen erfolgte, dass die Chance einer Verständigung mit dem Vichy-Regime endgültig zerrann und dass die Résistance besonders in Südfrankreich, begünstigt durch die geographischen Verhältnisse, mächtigen Auftrieb erhielt.

Ein Übergang zur strategischen Verteidigung wäre auch mit Rücksicht auf die Luftlage höchst zweckmäßig gewesen: Der erste britische 1000-Bomber-Angriff gegen Köln in der Nacht zum 31. Mai 1942 machte deutlich, welche Bedrohung seitens des britischen Bomberkommandos gegen deutsche Städte von nun an ausging[251]. In Kürze war auch mit einem Eingreifen der 8. amerikanischen Luftflotte von England aus zu rechnen, das die Funktion eines „unsinkbaren Flugzeugträgers" erfüllte. Damit drohten Tag- und Nachtangriffe gegen die nur unzureichend geschützten Städte und Rüstungsbetriebe. Wenn auch mahnende Stimmen auf einen schnellen Ausbau der Reichsluftverteidigung drängten, blieben die Produktion und Ausrüstung von Jagdflugzeugen weit hinter den Erfordernissen zurück. Im Dezember 1942 wurden kaum mehr als 700 Jäger produziert, was sich aber bald als viel zu wenig erweisen sollte, um die alliierte Luftoffensive ab Januar 1943 abzuwehren. In der Luftwaffenführung überwog noch weit in das Jahr 1943 hinein der Angriffsgedanke[252], so dass man sich viel zu spät auf die Abwehr der alliierten Tages- und Nachtangriffe einstellte.

Was den Seekrieg betraf, so musste die Führung berücksichtigen, dass die Angriffe der U-Boot-Rudel gegen die alliierte Zufuhr auf dem Atlantik trotz aller Erfolge nicht zur Abschnürung Großbritanniens geführt hatten. Da die verbliebenen schweren Überwasserkampfschiffe im Februar 1942 aus ihrem Atlantikstützpunkt Brest zurückgezogen wurden, musste die U-Boot-Flotte, abgesehen von den wenigen Marinefliegern, den Zufuhrkrieg allein beschrei-

247 Churchill feierte den Sieg in der „Schlacht um Ägypten" überschwenglich in seiner Rede am 10. November, wobei er weitere vernichtende Schläge gegen „Hitlers Nazis" ankündigte. Diese seien gerade durch den technischen Apparat geschlagen worden, mit dem sie hofften, die „Weltherrschaft zu erringen" (Der Weg zur Teilung der Welt, a.a.O., S. 214).

248 Die „Achsentruppen" verloren im November und Dezember zusammen 35.300 BRT Schiffsraum, wobei die Briten durch einen Geleitzug, der Malta am 20. 11. erreichte, ihre dortigen Vorräte ab dem 20. 11. wieder auffüllten.

249 So lautete ein Kerngedanke der strategischen Konzeption, wie sie Jodl gegenüber Warlimont am 29. 11. 1942 formulierte (Das Deutsche Reich und der Zweite Weltkrieg, Band 6, S. 713).

250 So verfügte die Luftflotte 2 am 30. November über 1.532 Flugzeuge, darunter 551 Transportflieger, d.h. weit mehr, als sie vor der Schlacht bei El Alamein besessen hatte; die Verstärkung der Luftflotte ging vor allem zu Lasten der Ostfront und der Bekämpfung der Nordmeergeleitzüge; demgegenüber musste die Luftflotte 4 bei Stalingrad und im Kaukasus mit knapp 1.180 Flugzeugen auskommen (Gundelach, Die deutsche Luftwaffe im Mittelmeer, a.a.O., S. 460/61).

251 Die „Daily News" vom 1. 6. berichtete sogar, dass 1.250 Bomber Köln angegriffen hätten.

252 Das Verhältnis zwischen Angriffs- und Verteidigungsflugzeugen verschob sich erst im Frühjahr 1944 zugunsten der letzteren.

ten. Es erschien daher sehr fraglich, ob der bescheidene monatliche Zuwachs an U-Booten genügen würde, um die Schiffsneubauten der Alliierten zu übertreffen, über deren Produktionsleistung die Seekriegsleitung sehr beunruhigende Nachrichten besaß. Immerhin wurden 100 – 150 Frontboote, die ständig in See standen, für einen Sieg in der Atlantikschlacht für erforderlich gehalten. Tatsächlich befanden sich im Oktober von 195 Frontbooten 105 im Atlantik auf See.

Die überragenden Versenkungserfolge des ersten Halbjahres 1942 konnten in der Folge nicht wiederholt werden, da sich die gegnerische U-Boot-Abwehr obendrein auf ULTRA-Erkenntnisse stützte, die durch die Dekodierung des deutschen Funkverkehrs gewonnen wurden. Die Versenkungserfolge der U-Boot-Flotte auf allen Meeren betrugen vom Januar bis Juli 1942 über 3,24 Mill. BRT und fielen bis Jahresende auf knapp 2,62 Mill. BRT zurück; dies entsprach einem monatlichen Durchschnitt von 436.000 BRT. Die U-Boot-Führung hatte hingegen errechnet, dass ein Versenkungserfolg von mehr als 700.000 BRT monatlich erforderlich wäre, um die gegnerische Schifffahrt entscheidend zu treffen[253].

Angesichts dieser Gesamtlage, die eine rasche Umstellung auf Verteidigung dringend nahe legte, vollzog sich die Entscheidungsschlacht bei Stalingrad, gefolgt vom Zusammenbruch des Südflügels der Ostfront. Die sowjetische Großoffensive an Don und Volga, die am 19. 11. begann, erbrachte am 23. 11. die – zunächst lose – Einschließung von 20 deutschen und 2 rumänischen Divisionen mit insgesamt ca. 260.000 Mann (davon ca. 200.000 Deutsche) und 150 Panzern. Da in der Folge nicht nur die rumänischen, sondern auch die italienischen und ungarischen Truppen nacheinander an der Don-Front durchbrochen und zum größten Teil vernichtet wurden, bedeutete dies für die „Achsenmächte“ eine militärische Katastrophe ersten Ranges.

Die Reaktion der obersten deutschen Führung beruhte auf einer mangelhaften und unrealistischen Lagebeurteilung, wobei man auf Luftversorgung und Entsatz der 6. Armee setzte. Doch selbst wenn man die von der Armeeführung geforderte Lösung, die auch nachträglich angemessen erschien, nämlich den möglichst frühen Ausbruch, als Alternative heranzieht, wäre die Gefahr für den Südflügel der Ostfront keineswegs gebannt worden: Die 6. Armee hätte unter den herrschenden Bedingungen zwar einen Großteil ihrer Soldaten, aber keineswegs ihre schwere Ausrüstung retten können[254]; sie bedurfte der Verstärkung, um eine neue Verteidigungslinie aufzubauen; die drei verbündeten Armeen entlang des Don brauchten ebenso dringend Verstärkung, um ihre Stellungen und damit den operativen Zusammenhang mit der 6. Armee zu halten, der ansonsten eine neuerliche Umfassung drohte[255]; ein verfrühter Rückzug der Verbündeten hätte den Anschluss an die 6. Armee preisgegeben.

Daraus folgt, dass die rasche Rücknahme der beiden Armeen der HGr. A aus dem Kaukausus in Richtung Rostov, zumindest bis zur Linie Novorossijsk – Krasnodar – Kuban-Abschnitt – Salsk ebenfalls erforderlich gewesen wäre, da zwischen ihnen und den deutschen Truppen am unteren Don eine Lücke von 300 km Breite klaffte, die den Gegner geradezu zum Angriff einlud. Gelänge es ihm nämlich, bis zur Mündung des Don westlich von Rostov vorzustoßen, wäre die gesamte HGr. A von ihren rückwärtigen Landverbindungen und von der übrigen Ostfront abgetrennt worden: eine strategische Niederlage unabsehbaren Ausmaßes. Dann wäre auch die Chance entfallen, Teile dieser Heeresgruppe zur Stützung des übrigen Südflügels heranzuziehen.

Indem nun Hitler und das OKH die Einschließung der 6. Armee nur als vorübergehende Krise betrachteten, eine Wiederherstellung der Lage durch den Entsatzangriff erhofften und keinen rechtzeitigen Rückzug der beiden Kaukasus-Armeen anordneten, war der Zusammenbruch vorprogrammiert. Nicht mehr der Starrsinn Hitlers, sondern die realen Kräfteverhältnisse diktierten das Geschehen[256]. Noch am 18. Dezember präsentierte Hitler dem italienischen Außenminister eine positive Beurteilung der Gesamtlage, wobei er die den „Achsenmächten“ zu Gebote stehenden Mittel kräftig herausstellte. Er bezeichnete das Festhalten an der Position in Nordafrika als sehr wichtig und hielt die von der Roten Armee kürzlich errungenen Erfolge für unerheblich. Indem er betonte, dass das Ziel im Osten darin bestünde, den „bolsche-

253 Das Deutsche Reich und der Zweite Weltkrieg, Band 6, S. 301, 369. - Tatsächlich wären zur Erreichung des Zieles Versenkungen von 1,3 Mill. BRT notwendig gewesen, was aber angesichts der Gegenmaßnahmen – neuartige Peilgeräte, verbesserte Wasserbomben, weit reichende Flugzeuge zur U-Boot-Bekämpfung – fast unmöglich war.

254 Siehe dazu: Manfred Kehrig, Die 6. Armee im Kessel von Stalingrad, in: Stalingrad, ed. J. Förster, München – Zürich 1993, S. 76 – 110, hier: S. 91; „In den Steppen ohne Chance“, in: Süddeutsche Zeitung, 10. 2. 1978, S. 13.

255 Um den äußerst geringen Handlungsspielraum des OKH zu verdeutlichen, sei angeführt, dass dieses nach der Einschließung der 6. Armee anfangs nur 3 Panzer- und 2 Infanteriedivisionen heranzog, um die Front im Einbruchsraum zu festigen und den Entsatz vorzubereiten.

256 Nachdem die Spitze der Entsatztruppen am 19. Dezember bis auf 50 km an die Front der 6. Armee vorgedrungen war, bot sich erneut die Chance zum Ausbruch, der aber angesichts der gegnerischen Übermacht, des Treibstoff- und Munitionsmangels wahrscheinlich nur zur Rettung weniger Teile geführt hätte. Generaloberst Paulus wagte es daher nicht, eigenmächtig den Befehl zum Ausbruch zu erteilen. Der Entsatzangriff wurde daraufhin abgebrochen, da Manstein obendrein alle Kräfte zur Abwehr einer neuen Offensive gegen den Rücken seiner Heeresgruppe brauchte.

wistischen Koloss“ zu schlagen sowie Lebensraum zu gewinnen[257], um auf Dauer die Rohstoff- und Ernährungsbasis für Europa zu sichern, entwarf er eine Perzeption, die entschieden mehr von Wunschzielen als vom Realitätssinn geprägt war. Doch die Wirklichkeit sollte diese Sichtweise sehr bald zerstören.

Die Rote Armee nützte ihre Chance und zertrümmerte den Südflügel der Ostfront zwischen Voronesch und Rostov, wobei es den Deutschen mit Mühe gelang, die beiden Kaukasus-Armeen gerade noch vor der Einschließung zu bewahren. Die 6. Armee band bis Ende Januar 1943 immerhin fast 60 sowjetische Divisionen, so dass diese für Angriffszwecke ausfielen. Erst das gelungene Manöver Mansteins warf die weit in die Ukraine fast bis zum unteren Dnjepr vorgedrungenen Angreifer wieder hinter den oberen Donez zurück. Die sich bereits als Sieger fühlende Rote Armee erlitt hierbei erhebliche Verluste. Hand in Hand mit Teilrückzügen an anderen Abschnitten konnte Manstein den Südflügel der Ostfront im März stabilisieren, wonach die Operationen vorläufig zum Stillstand kamen.

Auffallenderweise hatte jedoch die STAVKA im November 1942 nicht alle verfügbaren Verbände gegenüber dem Südflügel der Ostfront konzentriert, sondern namhafte Kräfte unter Armeegeneral Schukov gegen den Frontbogen der HGr. Mitte angesetzt, den dieser bereits im August vergeblich zum Einsturz bringen wollte. Der am 25. November mit 8 Armeen vorgetragene Angriff (Operation „Mars“) scheiterte nach wochenlangen Kämpfen unter sehr hohen Verlusten, besonders an Panzerkräften. Die gut vorbereiteten Verteidiger vereitelten jeden Durchbruch des Gegners. Dass man gerade Schukov mit dieser Aufgabe betraute, unterstreicht, dass das sowjetische Oberkommando wesentlich mehr anstrebte, als nur einen vermeintlichen Ablenkungsangriff, der obendrein zu spät kam, um die Aufmerksamkeit der deutschen Führung zu fesseln und die Stalingrad-Operation zu erleichtern. Immerhin hätte ein voller Erfolg Schukovs gegen die deutsche HGr. Mitte ähnlich dramatische Auswirkungen gehabt wie die Erfolge in Südrussland. Man kann durchaus der Auffassung sein, dass die Rote Armee bei Verzicht auf die Operation „Mars“ und bei Konzentration aller Kräfte gegen den deutschen Südflügel einen viel größeren Sieg mit kaum abschätzbaren Folgen erreicht hätte, als er tatsächlich eintraf[258].

Dennoch kann der sowjetische Sieg als überragend gelten. Im Rahmen des deutsch-sowjetischen Krieges bedeutete der Untergang der 6. Armee mit rund 175.000 Mann[259] und die fast völlige Vernichtung von 4 Armeen der Verbündeten einen überragenden strategischen Sieg der Sowjetunion, der zu Recht als die Kriegswende schlechthin gilt. Die Niederlage hatte derartige Dimensionen angenommen, dass man sie in keiner Weise vor den Feindmächten und den Verbündeten beschönigen konnte. Deutschland befand sich somit propagandistisch und bündnispolitisch in der Defensive. Indem aber Hitler und führende Militärs die Verantwortung für den Zusammenbruch im Süden der Ostfront hauptsächlich dem „Versagen“ der verbündeten Armeen anlasteten, schwand die bereits brüchige Vertrauensbasis weiter dahin, vor allem seitens Ungarns und Rumäniens. Beide Staaten suchten in der Folge vermehrt den Kontakt zu den Westalliierten, um diese vor der Gefahr eines Sieges des bolschewistischen Russland besonders für Südosteuropa zu überzeugen. Zu einem Sonderfrieden konnte es aber schwerlich kommen, da die Westalliierten in diesem Fall den Bruch der Allianz mit Stalin riskiert hätten[260].

Die Niederlage in Südrussland veränderte auch die deutsch-sowjetische Kräftebilanz ganz erheblich. Die im Zuge der Schlacht erlittenen hohen Verluste der Roten Armee[261] wogen aber bei weitem nicht so schwer wie der Umstand, dass die Sowjetunion ein beachtliches Übergewicht erreicht und die militärstrategische Handlungsfreiheit errungen hatte, die sie bei geschickter Operationsführung nicht mehr aus der Hand zu geben brauchte. Hatte der Rückschlag des Ostheeres vor Moskau im Winter 1941/42 trotz schwerer Nachteile noch keinen Verlust der militärstrategischen Initiative bewirkt, so veränderten die Niederlagen in Südrussland und in Nordafrika die Gesamtlage der „Achsenmächte“ derart gravierend, dass sie sich unwiderruflich in die Defensive gedrängt sahen. Obendrein drohte in Süd- und Südosteuropa die Errichtung einer kräftezehrenden Nebenfront. Hingegen konnte die Sowjetunion nun als siegreicher und selbstsicherer Bündnispartner der Westalliierten auftreten und dementsprechend ihre Kriegsziele formulieren. In den nächsten Monaten sollte Stalin seinen gewonnenen politischen Spielraum deutlich anwenden.

Auch auf dem pazifischen Kriegsschauplatz war inzwischen die Kriegswende eingetreten. Am 8. August 1942 unternahm die amerikanische Flotte

257 Der Weg zur Teilung der Welt, a.a.O., S. 219ff.

258 Die russische Fachliteratur hat das Scheitern der Operation „Mars“ erst vor kurzem an die Öffentlichkeit gebracht und das sehr verlustreiche Anrennen gegen die deutsche Front scharf verurteilt. Demnach wollte Schukov um jeden Preis einen größeren Sieg als seine Konkurrenten Rokossovskij, Vatutin und Jeremenko im Süden erringen; siehe: M. Chodarenok/O. Vladimirov, Nicht in die Schlacht, sondern zum Abschlachten, in: Unabhängige Militärrundschau, 8. 6. 2001.

259 Vom ursprünglichen Bestand von 200.000 Mann wurden rund 25.000 Mann ausgeflogen.

260 Jürgen Förster, Stalingrad. Risse im Bündnis 1942/43, Freiburg 1975, S. 132.

261 Nach russischen Angaben zählte man für die Zeit vom 19. 11. 1942 bis zur Beendigung der Kämpfe um Stalingrad rund 155.000 Gefallene und 331.000 Verwundete (Glantz/House, When Titans clashed, a.a.O., S. 142).

überraschend eine Landung auf der Salomonen-Insel Guadalcanal, wobei es sich um die erste größere amphibische Operation des Marinekorps handelte. Nachdem es die japanischen Streitkräfte durch Führungsfehler versäumt hatten, den gegnerischen Brückenkopf rechzeitig zu beseitigen, räumten sie nach schweren beiderseitigen Schiffsverlusten Anfang Februar 1943 die Insel. Damit war der amerikanischen Seite ein wichtiger Einbruch in die äußere Verteidigungszone Japans gelungen. Da General McArthur, der amerikanische Oberbefehlshaber im Pazifik, inzwischen auch in Neuguinea örtliche Erfolge erfochten hatte, mussten die Japaner mit Angriffen gegen die nächstliegenden Positionen rechnen. Jedenfalls konnte Japan ab diesem Zeitpunkt nicht umhin, zur strategischen Defensive überzugehen, wobei man ähnlich wie die deutsche Führung plante, den erwarteten Angriff möglichst lang an der Peripherie abzuwehren.

Als Hitler am 21. 1. 1943 erstmals das Ansuchen an Japan richtete, militärisch gegen Sowjetrussland im Fernen Osten vorzugehen, hätte eine Erfüllung dieses Ansuchens einen geradezu „revolutionären" Wechsel in der Strategie Japans bedeutet[262]: Tokio hätte die Belange der Marine zurückstellen, das Heer in jeder Hinsicht aufrüsten, die Außenposten in Südostasien und im Pazifik räumen und sich auf die Verteidigung des unmittelbaren Vorfeldes der japanischen Inseln beschränken müssen. Zu einem solchen fundamentalen Strategiewechsel war aber die Führungsspitze in Tokio nicht bereit.

Im Januar 1943 fielen neben militärstrategischen auch politische Entscheidungen großer Tragweite. Im Zuge der Konferenz von Casablanca einigten sich Churchill und Roosevelt schließlich auf die Forderung nach „bedingungsloser Kapitulation" von Deutschland, Italien und Japan, die von Roosevelt am 24. 1. verkündet wurde. Dieses bis heute sehr umstrittene Postulat zählte schon vor dem Kriegseintritt der USA zur Gedankenwelt Roosevelts, wurde aber auch im maßgeblichen Unterausschuss des State Departments vertreten. Es sollten vor Kriegsende keine territorialen oder politischen Vereinbarungen getroffen werden, was aber den Interessen der Sowjetunion zuwiderlief, die ein Vorschieben ihrer Westgrenze vertraglich geregelt haben wollte. Roosevelt behielt sich die Verhandlungen mit Stalin selbst vor, strebte also nach voller Handlungsfreiheit für die Regelung der Nachkriegsordnung. Die Militärs erhielten ebenfalls freie Hand, die Operationen ohne Rücksicht auf politische Einschränkungen zu führen.

Die Auffassung über die konkreten Kriegsziele gingen aber zwischen den amerikanischen und britischen Repräsentanten weit auseinander: Während Churchill und seine Stabschefs auf den Vorrang der Kriegführung im Mittelmeer drängten, da obendrein die dafür erforderlichen Kräfte bereitstünden, vermied Roosevelt eine Festlegung. Er hatte erstmals am 7. 1. in der Runde seiner Stabschefs die Forderung nach „bedingungsloser Kapitulation“ ausgesprochen, ohne dass es zu einer Erörterung der schwerwiegenden Folgen gekommen wäre. Generalstabschef Marschall wollte auf Operationen gegen Sizilien oder Italien verzichten, da er eine Verzettelung der Kräfte und kaum tragbare Schiffsverluste befürchtete; er wollte vielmehr im Sommer 1943 in der Bretagne landen, da man dieses Unternehmen von England aus besser unterstützen konnte als die Landung in Sizilien. Wenn auch die amerikanischen Stabschefs nicht an der Casablanca-Konferenz teilnahmen, so standen doch die Gegensätze in der militärstrategischen Konzeption im Raum.

Die britischen Militärs pochten auf ihre jahrelange Kriegserfahrung und argumentierten, dass die Wehrmacht erst gründlich geschwächt werden müsse, ehe man an die Invasion in Frankreich schritt. Um diese Schwächung voranzutreiben, trat Generalstabschef Sir Alan Brooke für eine Niederwerfung Italiens im Jahre 1943 ein, da mit einer hartnäckigen Verteidigung und einer Dezimierung starker deutscher Kräfte zu rechnen wäre. Roosevelt schloß sich schließlich dieser Auffassung an, lehnte aber das Konzept Churchills, neben der Landung in Italien auch eine Invasion in Südosteuropa vorzubereiten, ab[263].

Der grundlegende Unterschied zwischen der amerikanischen und britischen strategischen Auffassung bestand darin, dass die amerikanischen Stabschefs die direkte Strategie bevorzugten, indem sie möglichst bald eine Entscheidung gegen den stärksten Gegner, nämlich Deutschland, herbeiführen wollten. Einer solchen Strategie hätte die Invasion in Westeuropa am ehesten gedient. Die Briten bevorzugten, nicht zuletzt auf Grund ihrer Erfahrungen, die indirekte Strategie, um zunächst die Voraussetzungen für die entscheidende Schlacht zu schaffen.

Wenn auch Roosevelt nach wie vor für die „Germany-first“-Strategie eintrat, sah die amerikanische Marineführung unter Admiral King in Japan den Hauptgegner; da auch der Heeresgeneralstab unter General Marshall auf Grund der Verschiebung der Invasion in Westeuropa Kräfte zur Verfügung hatte, die er nicht nutzlos zurückhalten wollte, sollten zunächst begrenzte Angriffe im Pazifik unternommen werden. Inzwischen wollte man in England die Absprungbasis für die Invasion ausbauen. Wo volle Übereinstimmung zwischen Briten und Amerikanern herrschte, war die Absicht, eine starke, gemeinsame Bomberoffensive gegen Deutschland und Italien durchzuführen.

---

262 Bernd Martin, Japan und Deutschland, in: Stalingrad, ed. J. Förster, München – Zürich 1993, S. 240.

263 Ausführlich: Michael Howard, Grand Strategy, Band 4, London 1972, S. 239ff.

Die am 21. Januar in der so genannten Casablanca-Direktive festgelegten Grundzüge nannten als erstes Angriffsziel die deutsche U-Boot-Industrie, die U-Boot-Stützpunkte und -werften. Damit wollte man nicht nur einen Beitrag zur Sicherung der lebenswichtigen Seeverbindungen nach Großbritannien leisten, sondern auch eine Hauptvoraussetzung für die geplante Invasion schaffen. Als nächstes in der Prioritätenliste kam die Bekämpfung der deutschen Flugzeugindustrie, vor allem der Jägerfertigung, da die Jagdflugzeuge naturgemäß der ärgste Feind der Bomber waren. Des Weiteren zielte die Offensive gegen Treibstoffraffinerien und das Verkehrsnetz. Während die Briten ihre Luftangriffe bei Nacht verstärkt fortsetzen sollten, ging es der 8. US-Luftflotte um Präzisionsangriffe bei Tag von England aus gegen Objekte der Rüstungsindustrie. Bei manchen Militärs spielte der Gedanke mit, dem Gegner aus der Luft derart schwere Schläge zu versetzen, dass er zusammenbrach, ohne dass man eine Invasion unternehmen musste[264]. Mit diesen Entschlüssen hatte die indirekte Strategie samt Abnutzungscharakter auf Seiten der Westalliierten die Oberhand behalten, jedoch mit dem Unterschied, dass die Alliierten die weitaus größeren Ressourcen im Vergleich zu ihren Gegnern besaßen.

264 Dieses Konzept vertrat vor allem Luftmarschall Sir Arthur Harris, der seit Februar 1942 das britische Bomberkommando führte, aber auch General Henry H. Arnold, der Befehlshaber der US-Luftstreitkräfte (Robin Neillands, Der Krieg der Bomber, Berlin 2002, S. 140; Falin, Zweite Front, a.a.O., S. 341).

VI. Die Strategie der „inneren Linie“: Die Verteidigung der Festung Europa (Februar 1943 – August 1944)

Die „Achsenmächte“ gehen zur strategischen Verteidigung über

Die Rede Goebbels im Berliner Sportpalast am 18. 2. 1943 markiert eine neue Phase der Auseinandersetzung, nämlich den relativ späten formalen Beginn des „totalen Krieges“ durch Deutschland. Die Sowjetunion hatte eine totale Mobilisierung aller Kräfte spätestens seit Oktober 1941, als die Deutschen auf Moskau vorstießen, eingeleitet. Goebbels gehörte mit Minister Speer, der seit Februar 1942 die Position des Rüstungsministers innehatte, zu den wenigen Prominenten, die darauf drängten, die Volkswirtschaft endlich den Anforderungen eines Mehrfrontenkrieges anzupassen; noch immer lagen zahlreiche personelle und materielle Reserven brach, die einer Friedenswirtschaft entsprachen. Speer, aber auch viele Spitzenmilitärs, etwa Feldmarschall Milch, der für die Luftrüstung zuständig war, wussten um die riesigen Kraftquellen der USA, aus denen gewaltige Produktionsleistungen hervorgingen. Obendrein hatte die sowjetische Rüstungsindustrie höchst eindrucksvoll ihre Regenerationskraft bewiesen. Wenn noch irgendeine Chance bestand, nicht in die totale Niederlage zu schlittern, mussten größte Anstrengungen bei der Reorganisation der Wirtschaft, bei der Rekrutierung von Arbeitskräften und beim Ersatz für die Wehrmacht unternommen werden.

Auch diesmal entschloss sich Hitler nicht zu einer tiefgreifenden Neuordnung der Rüstungsindustrie, etwa durch Unterstellung der Luftwaffen- und Marinerüstung unter das Ministerium Speer, sondern er versuchte, der Lage durch ein System von Aushilfen gerecht zu werden. Ebenso wenig kam es zu einer Ausschöpfung aller personellen Reserven, da vor allem der Dienstleistungssektor, etwa die Beamtenschaft, nicht wesentlich verkleinert wurde. Auch die „Auskämmung“ der rückwärtigen Dienste bei Heer und Luftwaffe brachte nur bescheidene Erfolge. Man behalf sich mit dem Einsatz von

Zwangsarbeitern, ausländischen Arbeitskräften und Kriegsgefangenen, was aber keineswegs genügte, um die Fehlstellen, die durch die Rekrutierung von zivilen Beschäftigten für die Wehrmacht entstanden waren, wettzumachen[265]. Immerhin litt die Rüstungswirtschaft bereits vor der Niederlage bei Stalingrad an einem Fehl von rund 1 Mill. Arbeitskräften.

Hitler und das OKW beschritten den militärstrategischen Weg, die Fronten im Osten und in Nordafrika nachhaltig zu verteidigen. Dazu musste der Wehrmacht, die Ende Mai 1943 immerhin den bisherigen Höchststand von 9,5 Mill. Mann erreichte, genügend Ersatz zugeführt werden. Die Absicht, die Wehrmacht im ersten Halbjahr 1943 mit ca. 800.000 Mann Ersatz zu stärken, erwies sich nicht zuletzt durch die zahlreichen Ausnahmen, etwa bei den Beamten, nicht in vollem Umfang durchsetzbar[266]. So litt die Ostfront im März noch immer an einem Fehl von 470.000 Mann.

Auf strategischer Ebene ging das OKW zur peripheren Verteidigung über, die aber folgende Nachteile aufwies:

- Auf Grund des Personalbedarfs für die Wehrmacht gingen der Rüstungsindustrie viele Fachkräfte verloren, die durch Angelernte, Zwangsarbeiter, KZ-Häftlinge und Kriegsgefangene ersetzt wurden;
- Die Gefahr, schmerzliche Niederlagen zu erleiden, war bei einer Verteidigung der Peripherie größer als bei einer Verteidigung nur von lebenswichtigen Räumen bzw. bei radikaler Verkürzung der Fronten; die periphere Verteidigung würde viel mehr Kräfte erfordern und auch entsprechend hohe Verluste verursachen, die bald nicht mehr gedeckt werden konnten;
- Jeder weitere Schritt, Personal aus der Rüstungsindustrie abzuziehen und durch Angehörige älterer Geburtsjahrgänge zu ersetzen, würde die Produktionsleistung negativ beeinflussen, die ohnehin schon unter sehr hohem Anforderungsdruck stand;
- Eine Verteidigung der Peripherie legte große Teile der Luftwaffe und damit auch der Luftwaffenrüstung fest, die ansonsten der Reichsverteidigung zugute gekommen wären.

Daraus ist zu entnehmen, dass die deutsche oberste Führung noch immer nicht auf strikte Verteidigung umgestellt hatte; der Verteidigung der Rüstungswerke und der Bevölkerung gegen Luftangriffe wurde noch immer nicht die angemessene Bedeutung beigemessen. Im Generalstab der Luftwaffe war man sich der herrschenden Zwangslage wohl bewusst, doch hoffte man darauf, an der Ostfront noch einen Teilsieg zu erringen, ehe man alle entbehrlichen Jagdgeschwader für die Heimatluftverteidigung abzog. Ein solcher Teilsieg erschien Hitler, Goebbels und Jodl auch aus politischen Gründen äußerst wichtig, um dem Gegner, den Verbündeten und nicht zuletzt dem eigenen Volk die ungebrochene Kraft der Wehrmacht vor Augen zu führen. Im Sinne Hitlers bedeutete die Alternative, nämlich der Reichsverteidigung Vorrang zu geben und im Osten auf eine verkürzte Abwehrstellung auszuweichen, z. B. auf die vom Generalstab vorgesehene „Tiger-Stellung“, ein Zeichen der Schwäche; er argumentierte, dass die Fronttruppe in diesem Fall frühzeitig an ein Ausweichen dächte, und dass ein solches Ausweichen die Preisgabe scheinbar unverzichtbarer Gebiete, etwa des Donezbeckens[267] mit seinem Kohlenrevier, nach sich zöge: ein Zeichen, dass er den Übergang zur Defensive noch nicht vollzogen und akzeptiert hatte.

Der aufgezeigte Kompromiss bewirkte außerdem, dass ein klarer rüstungsmäßiger Schwerpunkt nicht zustande kam. Dazu trug nicht nur das Bestreben Hitlers bei, die Außenfronten möglichst lange zu halten und obendrein den U-Boot-Krieg zu verschärfen, sondern auch die internen Machtkämpfe innerhalb der NS-Führungsspitze. Während eine Zusammenfassung aller Rüstungsagenden unter einer Behörde als Gebot der Stunde erschien, wachte z.B. Göring eifersüchtig über die Eigenständigkeit seiner Luftrüstung, während die SS-Führung ihre eigenen Wege in der V-Waffenfertigung ging. Großadmiral Dönitz, der neue Oberbefehlshaber der Marine, unterstellte immerhin sein Rüstungsprogramm im Juli 1943 dem Ministerium Speer. Bei der Luftwaffenrüstung wurde hingegen dieser Schritt erst am 20. 6. 1944 vollzogen, nachdem die Bombenangriffe der Alliierten bereits verheerende Wirkung erzielt hatten. Da eine abrupte Änderung der Rüstungsziele große Nachteile nach sich gezogen hätte, wäre eine einheitliche Planung bei der Zuteilung von Arbeitskräften, Fertigungsstätten, Rohstoffen und Energie notwendig gewesen. Auf jeden Fall musste eine klare Prioritätenliste vorliegen. Gerade dies war nicht der Fall, da z.B. das Rüstungsprogramm der Marine im April 1943 die höchste Dringlichkeitsstufe erhielt, nachdem Hitler bereits im Januar dem Panzerbauprogramm diese Stufe eingeräumt hatte[268].

Die dramatischen Folgen der peripheren Verteidigung traten erstmals ans Tageslicht, als die neugebildete Heeresgruppe Afrika versuchte, vom Brückenkopf Tunis aus möglichst weit nach Westen vorzustoßen und die als schwach

265 In den Jahren 1943 und 1944 beschränkte sich der Zuwachs an Arbeitskräften fast nur auf insgesamt 2,9 Mill. Zwangsarbeiter, Ausländer und Kriegsgefangene (Rudolf Wagenführ, Die Deutsche Industrie im Krieg 1939 – 1945, Berlin 1963, S. 45ff.).

266 Speer, Erinnerungen, a.a.O., S. 267/68.

267 Hitler sprach am 1. 2. 1943 sogar davon, dass die Preisgabe des Donezbeckens die „offensive Beendigung des Krieges im Osten“ unmöglich mache (Warlimont, Im Hauptquartier, a.a.O., S. 318).

268 Speer, Erinnerungen, a.a.O., S. 285.

bewerteten amerikanischen Truppen vernichtend zu schlagen. Neben Hitler und Mussolini trat auch Feldmarschall Kesselring, der Oberbefehlshaber Süd, für eine Behauptung des Brückenkopfes ein, wogegen Rommel die schleunige Räumung befürwortete. Doch die Realität belehrte die Befürworter der Offensivlösung eines Besseren. Allein die Transportlage erlaubte nicht einmal, die Hälfte des Nachschubbedarfs zu decken. Die Luftwaffe erlitt bei der Unterstützung der Erdkämpfe, aber vor allem beim Lufttransport unerhörte Verluste. Selbst nachdem die letzte Offensive Rommels gegen die britische 8. Armee am 6. März 1943 gescheitert war, entschloss sich weder das deutsche noch das italienische Hauptquartier zur Evakuierung der Truppen. Im Gegenteil: Noch im April wurde der Brückenkopf auf dem Luft- und Seeweg durch fast 11.000 Mann, 46 Panzer und 268 Kraftfahrzeuge verstärkt[269].

So gingen schließlich bewährte Elitetruppen des Heeres und der Luftwaffe mit rund 130.000 Mann, dazu 120.000 Italiener, bei ihrer Kapitulation zwischen dem 10. und 13. Mai verloren. Der Verlust von 12 deutschen Großverbänden, darunter 2 Flak-Divisionen, sowie von 5 erprobten italienischen Divisionen[270] rissen ein gewaltiges Loch in die Verteidigung der Südflanke Europas. Hitler bewertete im Nachhinein das Festhalten an Tunesien so, dass man dadurch Italien im Bündnis gehalten und die Invasion Südeuropas um ein halbes Jahr hinausgeschoben hätte. Was er aber verschwieg, war die Tatsache, dass nun der Kampf um Italien aus einer Position ausgesprochener Schwäche aufgenommen werden musste und dass erst recht ein „Absprung“ des Bündnispartners drohte. Ein Kampf um Zeitgewinn in Tunesien wäre höchstens zu rechtfertigen gewesen, wenn die Deutschen inzwischen der Roten Armee eine gravierende Niederlage zugefügt, die Ostfront begradigt und dadurch Kräfte freigemacht hätten, die dem Kampf in Südeuropa dienten.

Die Erringung der Luftherrschaft durch die Westalliierten

Im Luftkrieg wurden mit der peripheren Verteidigung ebenfalls negative Erfahrungen gemacht. Seit dem Sommer 1940 hatte man zwar ein wohl durchdachtes System zur Abwehr von britischen Nachtangriffen aufgebaut, das aber, wie die Bombardierung Kölns durch mehr als 1.000 Bomber demonstrierte, einem massiven Angriff in der Taktik des Bomberstroms nicht gewachsen war. Diese Taktik zielte darauf ab, bestimmte Nachtjagdräume so sehr zu „sättigen“, dass sich Radar und Jäger überfordert sahen. Die Verteidigung wurde zunächst peripher entlang einer Kette von Nachtjagdräumen im westlichen Vorfeld entlang der Nordsee- und Kanalküste geführt und dann schrittweise über große Teile Deutschlands erweitert. Demgegenüber verfügten die Briten Anfang 1943 bereits über 515 Kampfflugzeuge, darunter 480 moderne Bomber mit erfahrenen Besatzungen. Im Laufe des Jahres 1942 hatte das Bomberkommando durch Einführung neuer Leitsysteme und Bordradargeräte sowie durch die Aufstellung eines „Pfadfinder-Verbandes“ zur Zielmarkierung einen leichten technisch-taktischen Vorsprung errungen[271].

Deutscherseits steigerten zwar verbesserte Radargeräte zur Erfassung einfliegender Flugzeuge und zum Heranführen der Jäger an die Feindbomber[272] die Erfolge der Nachtjagd, doch blieben die Bestandszahlen der Jäger weit hinter den Anforderungen zurück. Die Anfang 1943 beginnenden Flächenbombardements gegen deutsche Städte und die amerikanischen Tagesangriffe gegen Rüstungszentren verlangten nach einer sprunghaften Verstärkung der Jagdverbände. Ende Dezember 1942 waren nur 389 Nachtjäger (ohne Zerstörer) vorhanden, während der Bestand an Tagjägern an allen Fronten 1.360 betrug. Als Aushilfe wurde versucht, die Städte durch zahlreiche Flak-Verbände zu schützen. Diese Maßnahme fügte zwar den Angreifern erhöhte Verluste zu, stellte aber aus der Sicht der Rüstungsökonomie eine Verschwendung von Waffen, Personal und technischem Aufwand dar, da die Abschussquoten der Jäger wesentlich höher lagen als bei den Fliegerabwehrkanonen. Im Oktober 1943 standen im Reichsgebiet bereits 9 Flak-Divisionen und 7 Flak-Brigaden, die bis Kriegsende sogar auf 30 Flak-Divisionen vermehrt wurden. Der Ausbau der Flak-Waffe verursachte einen überaus hohen Aufwand an Soldaten, Luftwaffenhelfern, Material und Arbeitskräften. Der Mannschaftsstand stieg bis Kriegsende auf 1,1 Mill. Mann[273].

Dass die Notwendigkeit einer radikalen Verstärkung der Jagdfliegerkräfte nicht berücksichtigt wurde, belegt die vergebliche Forderung der Generäle

---

269 Hillgruber/Hümmelchen, Chronik des Zweiten Weltkrieges, a.a.O., S. 169.

270 Gundelach, Die deutsche Luftwaffe im Mittelmeer, Bd. 2, a.a.O., S. 583.

271 Es handelte sich um das Flugzeugleitsystem OBOE mit einer Reichweite von 400 km, mit dessen Hilfe man auch Einzelziele bei Nacht treffen konnte, sowie um das Bordradar H2S mit Rundsicht, das der Besatzung erlaubte, Ziele auch ohne die Signale der Bodenleitstellen anzugreifen; der Einsatz der Pfadfindergruppe begann am 14. 8. 1942, womit ein wesentlicher Vorteil erzielt wurde (Das Deutsche Reich und der Zweite Weltkrieg, Bd. 7, Stuttgart 2001, S. 9ff.; Neillands, Der Krieg der Bomber, a.a.O., S. 86ff., S. 151, S. 155).

272 Gemeint sind das „Würzburg“-Radargerät und der „Würzburg-Riese“; die Nachtjäger selbst wurden mit dem Bordradar „Lichtenstein B/C“ (Erfassungsreichweite: 3,2 km) ab Herbst 1941 bzw. ab Oktober 1943 mit dem Bordradar „Lichtenstein SN 2“ ausgerüstet.

273 Die Bevorzugung der Flak gegenüber den Jägern äußerte sich auch in der Produktion von immer schwereren und komplizierteren Geschützen bis zu den 12,8 cm-Zwillingskanonen auf Drehkranzlafette. Die Unwirtschaftlichkeit des Flak-Einsatzes ging z.B. daraus hervor, dass zum Abschuss eines Bombers im Durchschnitt 3.200 Schuss der 8,8 cm-Flak 41 erforderlich waren; bis Kriegsende soll sich dieses Verhältnis auf 1.500 Schuss verringert haben.

Kammhuber[274] und Galland im Frühjahr 1943, 3 Jagdkorps mit je 2 – 3 Jagddivisionen und über 2.000 Nachtjäger aufzustellen[275]. Es galt der Erfahrungswert, dass für einen entscheidenden Luftsieg eine drei- bis vierfache Überlegenheit an Jägern gegenüber den Feindbombern vorhanden sein müsse. Dies erschien auch deswegen erforderlich, da ab April 1943 Begleitjäger zum Schutz der Bomber bei Tagesangriffen auftraten und mit einer Reichweitensteigerung dieser Jäger bis Mitteldeutschland gerechnet werden musste. Ein solcher Schritt hätte jedoch eine energische Umsteuerung der Rüstung zugunsten der Reichsverteidigung auf Kosten der Angriffsflugzeuge, aber auch von Heer und Marine bedeutet. Da dies nicht eintrat, hätte sich eine weitgehende Aufgabe des Vorfeldes und eine Konzentration der Jäger innerhalb der Reichsgrenzen angeboten.

Der Ausstoß an Tag- und Nachtjägern stieg erst Mitte 1943 auf rund 1.000, im Januar 1944 auf 1.017 und erreichte erst im September 1944 die Zahl von 2.878 Maschinen[276]. Man entnimmt daraus, zu welchen Leistungen die Rüstungsindustrie trotz der bisher erlittenen Zerstörungen imstande war. In der Führungsspitze der Luftwaffe herrschte Klarheit darüber, dass man sich auf keine Abnutzungsstrategie einlassen durfte, wie sie seitens der Westalliierten verfolgt wurde; es musste vielmehr erreicht werden, dem Gegner so horrende Verluste zuzufügen und die Moral der Bomberbesatzungen so sehr zu zermürben, dass dieser die Fortsetzung der Angriffe für selbstzerstörerisch hielt und den Kampf um die Luftherrschaft aufgab.

Auf Seiten der Briten war Luftmarschall Harris bereit, einen durchschnittlichen Verlust von 4% der Bomber hinzunehmen, wogegen die amerikanischen Luftwaffen-Generäle Arnold, Spaatz und Eaker glaubten, sogar Dauerverluste zwischen 7 – 10% verkraften zu können. Tatsächlich lagen jedoch die Verluste bei vielen Einsätzen viel höher, was zu einer Zielverlagerung, ja sogar zur vorübergehenden Abschwächung der Luftoffensive führte. Bereits vor der Übernahme des Bomberkommandos durch Harris griffen die Briten fast nur in Form des Flächenbombardements an, wobei in erster Linie die Moral der Bevölkerung – „moral bombing" – getroffen werden sollte. Solche „unterschiedlosen Angriffe", so brutal sie auch erscheinen mochten, entsprangen strategischen Überlegungen und nicht etwa dem Gedanken an Revanche für frühere deutsche Angriffe auf Großbritannien[277].

Der Grundsatz, der nicht nur von Harris, sondern auch Luftmarschall Charles Portal, dem Chef der Air Force, verfochten wurde, lautete: Je früher der Widerstandswille der arbeitenden Bevölkerung zusammenbrach, desto näher war man dem Sieg. Im Luftfahrtministerium hatte man zwar darauf hingewiesen, dass die bewusste Bombardierung von Zivilisten den Grundsätzen des

Völkerrechts widerspreche, dass aber Angriffe gegen die Moral des Feindes zulässig seien[278]. Harris forderte eine Verstärkung der Bomberflotte mit dem Ziel, in jeder Nacht 1.000 Bomber gegen Deutschland einsetzen zu können, womit der Krieg – wie er behauptete – im Herbst 1943 siegreich beendet wäre. Schließlich einigten sich die Verantwortlichen auf eine Verstärkung der alliierten Bomberflotte auf 3.000 Maschinen im Jahre 1944. Dahinter stand der strategische Grundgedanke, Deutschland allein durch massive Bombenangriffe kapitulationsbereit zu machen. In diesem Sinne überwog das Element der Vernichtungsstrategie über der Abnutzungsstrategie.

Die 8. und später auch die 15. amerikanische Luftflotte, die zunächst von Nordafrika, hierauf von Süditalien aus operierte, beschränkten sich auf die Tagesluftoffensive, weniger aus moralischen Bedenken, sondern weil man sich durch präzises Bombardieren von Rüstungs- und Verkehrszielen größere Wirkung gegen die militärische Kraft des Gegners versprach. Über die Vorteile einer Nacht- oder Tagesluftoffensive war es zu einer heftigen Auseinandersetzung gekommen, in die auch Churchill eingriff, doch die Generäle Spaatz und Eaker[279] widersetzten sich dem Ansinnen, die britischen Nachtangriffe zu unterstützen. Durch die Casablanca-Direktive vom 21. 1. 1943 wurde zwar eine gemeinsame Zielsetzung verfügt, man überließ jedoch den beiden Luftflotten die Art der Durchführung[280].

---

274 General Josef Kammhuber war der Verantwortliche für den Aufbau der Nachtjagd seit Juli 1940 und fiel im Juni 1943 bei Hitler in Ungnade, da er vor der rasanten Zunahme der Bomberproduktion in den USA gewarnt hatte.

275 Friedhelm Golücke, Schweinfurt und der strategische Luftkrieg 1943, Paderborn 1980, S.115. – Geplant war der Ausbau auf 18 Nachtjagdgeschwader mit insgesamt 2.180 Maschinen.

276 Angaben gemäß der „Ausstoß-Übersicht“ des Technischen Amtes der Luftwaffe vom 6. 2. 1945; zitiert gemäß Speer, Erinnerungen, a.a.O., S. 578, Anmerkung 21.

277 Allerdings wurden Frankreich, Belgien und die Niederlande ab Oktober 1942 von den Flächenbombardements ausgenommen und die Angriffe auf militärisch wichtige Ziele beschränkt, eine Maßnahme, die aber im späteren Kriegsverlauf wenig Beachtung fand (Das Deutsche Reich und der Zweite Weltkrieg, Bd. 7, S. 24).

278 Neillands, Der Krieg der Bomber, a.a.O., S. 117. - Portal richtete am 3. 11. 1942 ein Schreiben an das Komitee der Stabschefs, worin er vorschlug, bis Ende 1944 etwa 1,5 Mill. t Bomben über Deutschland abzuwerfen, wobei er mit 90.000 Getöteten und 1 Mill. Schwerverletzten rechnete.

279 Generalmajor Carl Spaatz führte ab Sommer 1942 die 8. amerikanische Luftflotte, während Brigadegeneral Ira C. Eaker das unterstellte VIII. Bomberkommando befehligte.

280 Der Schlüsselsatz der Weisung lautete: „Vordringliches Ziel ist die fortschreitende Zerstörung und Desorganisation des deutschen militärischen, industriellen und wirtschaftlichen Systems sowie die Untergrabung der Moral des deutschen Volkes bis zu einem Grad, wo seine Fähigkeit zum bewaffneten Widerstand entscheidend geschwächt ist.“ (Neillands, Der Krieg der Bomber, S. 231).

Harris bog die Weisung in seinem Sinne zurecht, dass er den Kampf zur Untergrabung der Moral des deutschen Volkes nicht als ein Ziel neben anderen Zielen, sondern als Hauptziel bezeichnete. Demnach richteten die Amerikaner ihre Angriffe bis Sommer zunächst gegen die U-Boot-Werften, Hafenanlagen und die Zulieferindustrie für den U-Boot-Bau, worauf ab Juli die Schädigung der deutschen Jagdwaffe und der Jägerproduktion absoluten Vorrang erhielt. Harris hingegen griff zwar ebenfalls Industrieziele an, doch erlitten diese weniger Schäden als die Wohnbezirke, so dass das „moral bombing“ im Vordergrund stand. Daran änderte auch die gemäß der Pointblank-Weisung („Fangschuss“) vom 10. Juni begonnene „Combined Bomber Offensive“ nichts. Die Befehlshaber der beiden Luftflotten erwarteten jeweils von der anderen Luftflotte, die eigenen Anstrengungen zu unterstützen. Auch die britische Admiralität trat an Harris mit dem Ansinnen heran, Teile der Bomberflotte für die Bekämpfung der deutschen U-Boote auf See abzustellen, doch Harris beharrte auf seinem Konzept. So nahm die Führungskontroverse ihren Fortgang, und jede der beiden Luftflotten folgte eigensinnig ihrer Doktrin. Die massiven Nachtangriffe gegen die Ruhr-Städte (März – Juli), auf Berlin (27. 3.) und schließlich Hamburg („Operation Gomorrha“, 24. 7. – 3. 8.) forderten entsetzliche Opfer unter der Bevölkerung und richteten riesige Zerstörungen in den Wohnbezirken an, schädigten jedoch die Rüstungsbetriebe mit einigen Ausnahmen relativ wenig.

Allein in Hamburg, das neben 4 britischen Nachtangriffen auch Ziel von 2 amerikanischen Tagesangriffen war, fanden an die 42.000 Menschen den Tod, während ca. 600.000 infolge des entfachten Feuersturms obdachlos wurden. Schon die Wahl des Decknamens lässt die Vernichtungsabsicht des Bombardements erkennen. Die 43 Großangriffe auf Städte des Ruhrgebietes richteten zwar in Essen und Wuppertal schwere Schäden in den Rüstungswerken an, erzielten aber keineswegs die von Harris erwartete vernichtende Wirkung[281]. Auch der nächtliche Angriff auf die Möhne- und Edertalsperre am 16./17. Mai, so kühn er auch durchgeführt wurde, forderte zwar viele Menschenleben, verfehlte aber zum Großteil seinen Zweck, nämlich die Lahmlegung der Energieversorgung im Ruhrgebiet.

Deutscherseits lösten die enormen Opfer in Hamburg zwar Entsetzen und Erschütterung aus, führten aber noch immer nicht zum Entschluss, der Luftverteidigung absolute Priorität innerhalb der Gesamtstrategie einzuräumen. Andrerseits unterschätzten die meisten britischen Militärs die Leistungen der Deutschen bei der Wiederinstandsetzung der Fabriken und der Verlagerung von Industrien. Da die durchschnittlichen Totalverluste an Bombern knapp unter 5% lagen, sah aber Harris keinen Grund, die Nachtangriffe einzuschränken. Die Kontroverse um die Frage, welches Angriffsverfahren das militärisch wirkungsvollere wäre, ging weiter. Erst nachdem die amerikanischen Geschwader im Frühjahr 1944 die Luftherrschaft errungen hatten, schlug das Pendel zugunsten der Tagesluftangriffe aus.

Als schärfster Feind der Alliierten galt Anfang 1943 die deutsche U-Boot-Flotte. Deswegen hatte auch die Casablanca-Direktive die Ausschaltung der U-Boot-Gefahr als oberstes Ziel der Bomberoffensive gemeinsam mit den Seestreitkräften gefordert. Der Atlantik war der einzige Kriegsschauplatz, wo die Deutschen anfangs 1943 noch in der Offensive lagen, auch wenn sich die Gegenmaßnahmen der Alliierten bereits schmerzhaft bemerkbar machten. Dass eine rein zahlenmäßige Vermehrung der Boote nicht ausreichte, unterstreicht die paradox erscheinende Tatsache, dass von den insgesamt 400 U-Booten, die Anfang März 1943 vorhanden waren, nur 70 im atlantischen Operationsgebiet im Einsatz standen[282].

Unter günstigen Verhältnissen erzielten 43 U-Boote in der größten Geleitzugsschlacht des Krieges zwischen dem 16. bis 20. März mit der Versenkung von 141.000 BRT einen erstaunlichen Sieg, doch machten sich hierauf die Abwehrvorkehrungen entscheidend bemerkbar. Obwohl Ende April 65 U-Boote an der Atlantikfront standen und noch höhere Versenkungserfolge erwarten ließen, schlug die Abwehr kraftvoll zu. Zum Entsetzen der Seekriegsleitung gingen im Mai 41 U-Boote bei einer Versenkungsmenge von nur 226.000 BRT gegenüber 590.000 BRT im März verloren. Diese Verluste erschienen untragbar; die Abwehr hatte sich durchgesetzt, und Dönitz brach am 24. Mai 1943 den Tonnagekrieg im Atlantik ab, wobei er ungewisse Hoffnungen auf einen neuen, noch in Entwicklung befindlichen U-Boot-Typ setzte, der fast geräuschlos lange Strecken unter Wasser zurücklegen konnte, dessen Einsatzreife aber noch im Ungewissen lag[283]. Damit hatten die Westalliierten einen Sieg auf strategischer Ebene erzielt, der keineswegs unterschätzt werden darf: Die Seewege nach England waren gesichert, der Aufbau eines gewaltigen Luftwaffen- und Heerespotentials in England im Hinblick auf die geplante Invasion konnte weitgehend ungefährdet voranschreiten, und die deutsche Seite wurde auch zur See auf die strategische Defensive beschränkt.

---

281 Das Deutsche Reich und der Zweite Weltkrieg, Bd. 7, S. 21.

282 Jochen Brennecke, Die Wende im U-Boot-Krieg, Heyne-Taschenbuch Nr. 7966, München 1991, S. 367. - Alle anderen U-Boote wurden als Schulboote verwendet oder befanden sich in Ausbildung, lagen in Stützpunkten bzw. waren auf dem Hin- und Rückmarsch zum bzw. vom Einsatzgebiet im Atlantik begriffen oder wurden in anderen Meeren eingesetzt.

283 Es handelte sich um die so genannten Walter-U-Boote, wobei das erste derartige Versuchs-U-Boot am 14. 11. 1943 in Dienst gestellt wurde.

Während das britische Bomberkommando am nächtlichen Flächenbombardement festhielt und auch einige beachtliche Erfolge verzeichnete, wie z.B. die ernsthafte Schädigung der V-Waffenentwicklung (Luftangriff auf Peenemünde am 17./18. 8. 1943)[284], setzte die 8. Luftflotte ihre strategischen Luftangriffe auf Rüstungsziele fort. Sie musste jedoch im Laufe des Sommers und Herbstes in einigen Fällen extrem hohe Verluste hinnehmen[285], die eine Fortsetzung ihrer Offensive mit der bisherigen Taktik inakzeptabel erscheinen ließen: Ohne weit reichende Begleitjäger, die den Bombern während ihres gesamten Flugweges bis weit nach Deutschland hinein Schutz gewährten, konnte man den Besatzungen derartige Opfer nicht zumuten. Auch die 9. Luftflotte, die von Nordafrika aus startete, erlitt am 1. 8. bei ihrem Angriff auf die Erdölraffinerien in Ploieşti, die von einer Flak-Division und Jägern geschützt wurde, enorme Verluste, nämlich 64 Bomber. Sie wurden Opfer der massierten Abwehr oder der eigenen Bomben, stürzten ins Meer oder mussten in der Türkei notlanden (36% Totalverlust). Solche Verluste konnten auf Dauer nicht verschmerzt werden.

Die amerikanischen Bombergeschwader schonten also ab Mitte Oktober ihre Substanz, wodurch die Verteidiger eine kostbare Zeitspanne bis Februar 1944 gewannen, die sie aber nicht entsprechend für die Verstärkung der Tagjagd nutzten. Als aber die 8. Luftflotte Ende Februar 1944 ihre Offensive wieder mit geballter Kraft, vor allem gegen Werke der Flugzeugindustrie, aufnahm, wurden die Bomber von zahlreichen Begleitjägern vom Typ P-51 „Mustang" abgeschirmt, so dass die Abfangjäger nur geringe Erfolge erzielten, dafür aber steigende Verluste erlitten. Ab diesem Zeitpunkt geriet die deutsche Tagesluftverteidigung unaufhaltsam ins Hintertreffen, obwohl die Fertigungszahlen an Jagdflugzeugen steil anstiegen. Der Anfang März 1944 gegründete „Jägerstab" unter der Leitung Speers unternahm einen letzten Kraftakt, um die noch brachliegenden Ressourcen zu bündeln.

Erst am 26. Juni, also nach Beginn der Invasion, bekannten sich Hitler und Göring unter dem Zwang der Verhältnisse zum Standpunkt, dass die Produktion von Jagdflugzeugen absoluten Vorrang haben müsse; auch einige Tage später bekräftigte Hitler seinen Entschluss, alles auf die Massenfertigung von Jagdflugzeugen zu setzen: eine Einsicht, die mindestens 10 Monate zu spät kam[286], um noch einen Umschwung im Luftkrieg einzuleiten. Die einzigen Fliegerabwehrwaffen, die eventuell noch eine Wende herbeiführen hätten können, nämlich die Fla-Raketen, befanden sich im Entwicklungsstadium und gelangten nicht mehr in die Massenfertigung, geschweige denn zum Masseneinsatz[287]. Das Vorantreiben der Fertigung bei den Fla-Kanonen und V-Waffen im Gegensatz zur Vernachlässigung der Fla-Raketen kann als eine der wesentlichen Fehlentscheidungen auf technisch-taktischer Ebene im Luftkrieg gelten.

Auch die Hoffnungen auf die baldige Einsatzreife des Strahlturbinenflugzeuges Me-262, das der Jagdwaffe einen entscheidenden Vorsprung verschaffen sollte, erfüllten sich nicht. Nicht nur Hitler, sondern auch führende Persönlichkeiten der Luftwaffe, sahen in dem neuen Typ den dringend benötigten Jagdbomber. Selbst wenn man den Fall voraussetzt, dass Hitler am 5. 12. 1943 nicht die Weisung erteilt hätte, die Me-262 vorrangig als „Schnellbomber“ zur Abwehr der Invasionstruppen zu produzieren, wäre nach menschlichem Ermessen keine Wende im Luftkrieg eingetreten. Nicht nur der Zeitdruck, der über der ganzen Entwicklung lastete, sondern vor allem Schwierigkeiten in der Produktion und Ausbildung sprachen gegen die Chance, mit Hilfe der Me-262 die Luftherrschaft über Deutschland zurückzugewinnen[288].

Luftmarschall Harris hatte inzwischen eine Serie von Bombenangriffen vorbereitet, die mit geballter Wucht Berlin treffen, vollends zerstören und dadurch – wie er behauptete – bis zum April 1944 die Kapitulationsbereitschaft des Gegners erzwingen sollten. Dem Bomberkommando würde die Schlacht 400 – 500 Maschinen kosten, Deutschland würde jedoch den Krieg verlieren[289]. Doch der Verlauf der Offensive bescherte Harris nach Anfangserfolgen eine herbe Enttäuschung. Zwischen dem 19. 11. 1943 und 24. 3. 1944 erfolgten 16 Großangriffe mit durchschnittlich je 570 Flugzeugen gegen das Verwaltungs- und Rüstungszentrum Berlin, das von 104 schweren Flakbatterien

284 Der Erfolg des britischen Angriffs nahm Generaloberst Hans Jeschonnek zum Anlass für seinen Selbstmord am 18. August. Er hatte nämlich seit geraumer Zeit vergeblich vor den Gefahren der alliierten Luftoffensive gewarnt, die er als ärger als die Niederlage von Stalingrad einschätzte.

285 Gemeint sind die Luftangriffe auf Schweinfurt und Regensburg am 15. 8. (20% Totalverlust), auf Stuttgart am 6. 9. (14% Totalverlust) und auf Schweinfurt am 14. 10 (26,5% Totalverlust); unter Totalverlusten sind die abgeschossenen, auf Grund der erlittenen Schäden abgestürzten, die in der Schweiz notgelandeten und die irreparabel beschädigten Flugzeuge zu verstehen.

286 Horst Boog, Die deutsche Luftwaffenführung 1939 - 1945, Stuttgart 1982, S. 140/141; Below, Adjutant bei Hitler, a.a.O., S. 379.

287 Gemeint sind die Waffenprojekte „Rheintochter“ und „Wasserfall“, die nicht mehr in den Luftkrieg eingreifen konnten; siehe: Karl-Heinz Ludwig, Die deutschen Flakraketen im Zweiten Weltkrieg, in: Militärgeschichtliche Mitteilungen 1/1969, S. 87 – 100. Der Riesenaufwand bei der Flak-Waffe wird durch die Zahl von über 1,1 Mill. Soldaten und Hilfspersonen im August 1944 verdeutlicht.

288 Zu den Schwierigkeiten zählten Rückschläge bei der Herstellung der Triebwerke, Materialknappheit, Mangel an Arbeitskräften und Treibstoff, ungenügende Ausbildung der Piloten, schließlich Störungen bei der Fertigung (Das Deutsche Reich und der Zweite Weltkrieg, Bd. 7, S. 303ff.; Ralf Schabel, Die Illusion der Wunderwaffen, München 1994, S. 291 – 294; Rüdiger Kosin, Die Entwicklung der deutschen Jagdflugzeuge, Koblenz 1983, S. 194).

289 Diese Formulierung findet sich in einem Brief von Harris an Churchill vom 3. 11. 1943.

und einer Jagddivision verteidigt wurde. Die 8. Luftflotte beteiligte sich erst im März 1944 an der Schlacht, da sie nun Begleitjäger mit entsprechender Reichweite einsetzen konnte. Die Briten verloren insgesamt 588 Bomber (6,5% Totalverlust), während 849 z.T. erheblich beschädigt wurden. Die Zerstörungen unter den Industriebetrieben waren beträchtlich bis schwer, konnten aber relativ rasch beseitigt werden, wogegen die Wohnviertel die größeren Schäden davontrugen. Am Ende der Angriffsserie gegen Städte in Mitteldeutschland stiegen die Verluste der Bomber dramatisch an, etwa bei der Bombardierung von Leipzig am 19./20. 2. 1944 (10,7% Totalverlust) oder noch mehr beim Angriff auf Nürnberg am 30./31 3. 1944, das vor allem als politisches Ziel galt, aber zur schwersten Niederlage für die Angreifer im Kriegsverlauf wurde[290].

Die Vernichtungsstrategie des britischen Bomberkommandos hatte sich somit als Fehlschlag erwiesen. Harris musste widerwillig zugeben, dass er mit seiner vollmundigen Ankündigung eine Blamage erlitten hatte, doch wurde dieser Rückschlag zum Großteil durch die steigenden Erfolge der 8. Luftflotte ab Februar 1944 aufgewogen. Harris verzichtete vorübergehend auf nächtliche Luftangriffe in der Tiefe des Reichsgebietes und begnügte sich mit weniger bedeutenden Zielen, da er obendrein gemäß der Weisung vom 17. 2. 1944 sein Hauptaugenmerk auf die Vorbereitung der Invasion zu legen hatte. Die beiden Luftflotten der Westalliierten hatten zwar im Laufe des zweiten Halbjahres 1943 und zeitweise auch im Winter 1943/44 schwere Schlappen hinnehmen müssen, doch konnte Harris mit baldiger Verstärkung rechnen. Auch der Bestand der 8. Luftflotte erhöhte sich sprunghaft infolge des zügigen Nachschubtransports nach England. Im Mai 1944 betrug der Ist-Stand der Luftflotte bereits 2.070 schwere Bomber (davon ca. 1.650 einsatzbereit) und rund 1.170 Jäger (davon ca. 880 einsatzbereit)[291]. Damit konnten beide Luftflotten über 3.000 schwere Bomber in die Schlacht werfen.

Am 12. Mai begann die amerikanische Tagesluftoffensive gegen die Treibstoffwerke in Mitteldeutschland, womit die Achillesferse der deutschen Kriegführung getroffen wurde. Dazu kamen massive Angriffe gegen das Verkehrsnetz, insbesondere in Nordfrankreich und Westdeutschland, eine Maßnahme, die unmittelbar der Invasionsvorbereitung diente. Hingegen war die deutsche Jagdwaffe außerstande, dieser Streitmacht ein ausreichendes Aufgebot entgegenzustellen, da die monatliche Mehrproduktion an Jagdflugzeugen hauptsächlich zur Deckung der Verluste und für die kräftezehrenden Fronten im Osten und in Italien herangezogen wurde. Außerdem erreichten die Verluste an Jägerpiloten erschreckende Ausmaße[292].

Die Luftkriegsstrategie der Alliierten setzte zwar weiterhin auf Zerstörung der deutschen Rüstungswirtschaft, doch ging es im Frühjahr 1944 vordringlich um die Vorbereitung der Invasion in Frankreich. Erst nach deren Gelingen wollte man den strategischen Luftkrieg massiver als zuvor wieder aufnehmen. Hieraus wird ersichtlich, dass der strategische Luftkrieg ab Frühjahr 1943 aus der Sicht der deutschen obersten Führung nur mehr sehr wenig Spielraum bot, um das Steuer herumzureißen, falls man nicht schnell Gegenmaßnahmen ergriff. Die oben dargestellten Fakten des Luftkrieges sollen verdeutlichen, wie sehr technisch-taktische Neuerungen im Kriegsverlauf erst nach und nach ihre Vorzüge entfalten, auch wenn der zukunftweisende Wert dieser Neuerungen anfangs keineswegs erkennbar gewesen war. Die Westalliierten hatten also in der Entwicklung ihrer Luftstreitkräfte bis 1943/44 einen Vorsprung gewonnen, den sie trotz aller Abwehrmaßnahmen der Deutschen in einen militärstrategischen Vorteil ersten Ranges verwandelten.

Auf der Ebene der „Grand Strategy“ hatten Roosevelt und Churchill vom 12. bis 25. Mai 1943 auf der Konferenz in Washington („Trident“) unter Beteiligung der Vereinigten Stabschefs den Beschluss gefasst, auf die Invasion in Westeuropa (Unternehmen „Overlord“) im Jahre 1943 endgültig zu verzichten und sie auf das Frühjahr 1944 zu verschieben, wobei der 1. Mai als Stichtag galt. Die gedanklichen Vorbereitungen liefen bereits seit April unter einem Planungsstab, der vom britischen General Frederic E. Morgan geleitet wurde. Außerdem bekräftigen die beiden Staatschefs die Absicht, im Juli in Sizilien zu landen (Unternehmen „Husky“). Der wiederholte Vorschlag Churchills, im Anschluss daran in Italien zu landen, den Zugang zur Adria zu öffnen und die Verbindung mit den Partisanen auf dem zentralen und südlichen Balkan herzustellen, stieß auf Ablehnung. General Eisenhower, der Befehlshaber in Nordafrika, erhielt lediglich den Auftrag, operative Konzepte für die Zeit nach der Eroberung Siziliens auszuarbeiten. Schwere vorbereitende Luftangriffe sollten gegen Korsika, Sardinien, Sizilien und Italien geflogen werden. Jedenfalls wollte man nicht allzu viele Heereskräfte in Südeuropa festlegen, die ihrerseits entsprechende Mengen an Schiffsraum zur Versorgung benötigten, da der Aufbau einer Streitkräftebasis in England Vorrang besaß. Im Mai 1943 standen nämlich erst 59.000 Heeressoldaten in Großbritannien[293].

290 Von 725 auf das Festland vorgedrungenen Bombern gingen mindestens 107 durch Beschuss oder spätere Bruchlandung verloren, 71 wurden beschädigt: Dies bedeutete einen Totalverlust von 15% (Martin Middlebrook, Die Nacht, in der die Bomber starben, Frankfurt – Berlin – Wien 1976, S. 203, 228). - Die deutschen Jäger verloren hingegen nur 10 Maschinen.

291 Das Deutsche Reich und der Zweite Weltkrieg, Band 7, S. 88.

292 Im Zeitraum Januar bis Mai 1944 gingen 2.262 Jagdflieger verloren, wobei die durchschnittliche Zahl an Jagdpiloten 2.283 betrug (ebenda, S. 301).

293 Falin, Zweite Front, a.a.O., S. 349.

Die Schlacht um Kursk: „Remis“ an der Ostfront?

Die „Achsenmächte“ hatten zwar in absehbarer Zeit mit einem Angriff gegen die nur schwach geschützte Südflanke Europas zu rechnen, doch stand im Frühjahr 1943 zunächst die Entscheidung über die Operationsführung an der deutsch-sowjetischen Front im Vordergrund. Hitler hatte auf Drängen des Generalstabes endlich zugestimmt, den weit vorspringenden „Sack von Demjansk“ sowie den Frontbogen von Rschev – Gschatsk zu räumen, deren Verteidigung bisher unverhältnismäßig viele Truppen gebunden hatte. Die erfolgreiche Räumung beider Abschnitte bis zum 21. März und der Rückzug auf stark verkürzte Stellungen machten insgesamt 30 Divisionen und wertvolles Gerät als Reserven der oberen und obersten Führung frei. Noch verlief die Ostfront tief auf sowjetischem Gebiet, und Hitler, aber auch der Generalstab des Heeres, wollte der Roten Armee im Rahmen der strategischen Defensive wenigstens eine höchst empfindliche Niederlage bereiten, um das Kräfteverhältnis zu verbessern. Nach einem spektakulären Sieg könnte man auch die Chance ausloten, zu einem Sonderfrieden mit der Sowjetunion zu kommen.

Diese Chance schien durchaus im Bereich des Möglichen zu liegen, nachdem die Entdeckung von Massengräbern in Katyn im April 1943 offen gelegt hatte, wie brutal Stalin mit polnischen Kriegsgefangenen, Offizieren, Soldaten, Polizisten und Beamten, die im Herbst 1939 in sowjetische Hand gefallen waren, verfahren war. Die schwere Beeinträchtigung des Verhältnisses der Sowjetunion zu den Westalliierten kam im Bruch mit der polnischen Exilregierung in London am 28. April sichtbar zum Ausdruck (Immerhin hatten Stalin und General Sikorski, der Chef der Exilregierung, noch am 4. 12. 1941 eine Einigung über gegenseitigen Beistand erzielt.) Dieser Umstand und das wachsende Misstrauen Stalins, insbesondere gegen Churchill, auch wegen der verschobenen Errichtung der Zweiten Front, boten eine realistische Voraussetzung für eine deutsch-sowjetische Annäherung[294].

Obendrein hatte die Sowjetunion weiter die Hauptlast des Krieges gegen Deutschland zu tragen, zumindest bis zur Invasion der Alliierten, die irgendwann im Frühjahr oder Sommer 1944 erfolgen sollte. Bis dahin würde die Masse des deutschen Heeres mit den besten Panzerdivisionen an der Ostfront kämpfen. Sollte die Rote Armee, die ohnehin schon riesige Blutopfer gebracht hatte, weiterhin die Hauptbürde tragen[295]? Sollte sie auf diese Weise den Westalliierten einen möglichst leichten Sieg bei der Invasion ermöglichen?

Auch das Ausbleiben der deutschen Frühjahrsoffensive, mit der man seit Anfang Mai gerechnet hatte, schien auf eine Verhandlungsbereitschaft Berlins hinzuweisen. Noch schien sich die Chance für eine Verständigung zwischen Deutschland und der Sowjetunion zu bieten. Die Aufrechterhaltung von Kontakten durch den deutschen Agenten Edgar Clauß mit sowjetischen Emissären in Stockholm hielt diese Chance monatelang am Leben, doch verliefen sie letztlich im Sande. Die sowjetische Außenpolitik hatte diese seit Herbst 1941 bestehenden Kontakte unter Einsatz ranghoher Beamter, darunter des Deutschland-Experten Vladimir Semjonov, benutzt, um der Gegenseite Vorschläge für eine Friedensregelung zu unterbreiten[296]. Während Ribbentrop und Canaris mit dieser Initiative ernsthafte Absichten verbanden, vertrat Hitler den Standpunkt, dass zunächst ein überragender Teilsieg an der Ostfront errungen werden müsse, um aus einer Position der Stärke heraus in Verhandlungen eintreten zu können.

Eine solche Möglichkeit sahen nicht nur Hitler, sondern auch maßgebliche Militärs in einer „Zangenoperation“ gegen die riesige Massierung sowjetischer Kräfte an der Grenze zwischen den Heeresgruppen Süd und Mitte im Großraum Kursk, wo im April 8 - 9 sowjetische Armeen und zahlreiche selbständige Korps einen weit vorgeschobenen Frontbogen hielten. Die operative Idee zum „Zangenangriff“ ging nicht von Hitler, sondern von Feldmarschall v. Manstein aus. Dieser hatte bereits im Anschluss an seine erfolgreiche Gegenoffensive bei Charkov im März ein solches Vorgehen angestrebt, musste hierauf aber infolge der Absage der HGr. Mitte, den nördlichen Zangenarm dieser Operation zu bilden, verzichten. Auch der Generalstabschef des Heeres und Feldmarschall v. Kluge, der die HGr. Mitte befehligte, setzten sich in der Folge für die Durchführung dieses Unternehmens ein.

Der Operationsbefehl vom 15. April legte als Ziel die Abschnürung des Kursker Bogens („Operation Zitadelle“) fest, die bei günstigem Verlauf die Vernichtung von rund 600.000 – 700.000 Mann mit riesigen Mengen an Panzern und Artillerie sowie eine Frontverkürzung um 200 km bewirken sollte. Es bestand Übereinstimmung darüber, dass diese Operation, wenn sie gelang, die beste Chance bot, der Roten Armee eine schwere Niederlage zuzufügen und damit die eigene militärische Lage wesentlich zu verbessern. Eine Stillegung oder „Neutralisierung“ der Ostfront hingegen, wie sie von italienischer Seite mehrmals etwa in Gestalt eines mächtigen „Ostwalls“[297] vorge-

---

294 Dazu: Andreas Hillgruber, Sowjetische Außenpolitik im Zweiten Weltkrieg, Königstein/Ts. – Düsseldorf 1979, S. 82/83; Charmley, Der Untergrang des Britischen Empires, S. 93.

295 Ebenda, S. 356ff. – Die Führungsspitze in Moskau empfand die Ergebnisse der Trident-Konferenz sogar als „Treuebruch“.

296 Die sowjetische Seite soll mehrmals die Grenzen vom September 1939 als Verhandlungsgrundlage angeboten haben (Martin, Verhandlungen über separate Friedensschlüsse, a.a.O., S. 101).

297 Josef Schröder, Bestrebungen zur Eliminierung der Ostfront 1941 –1943, Göttingen – Zürich 1985, S. 21.

schlagen wurde, hätte für sich allein keine wesentliche Änderung der Gesamtlage versprochen.

Die Heeresleitung hatte Kenntnisse über den Kräftezuwachs der Roten Armee gewonnen, die offenbar schneller als die Wehrmacht an Stärke gewann. Die Abteilung Fremde Heere Ost im Generalstab rechnete Ende März 1943 mit einer Gesamtstärke an der europäischen Front von 5,7 Mill. Mann mit 62 Armeen, 3 Panzerarmeen, 28 Panzer- und mechanisierten Korps, die insgesamt u.a. fast 400 Schützendivisionen, 194 Schützenbrigaden, 171 Panzerbrigaden sowie 48 mechanisierte Brigaden umfassten. Die monatliche Panzerproduktion sollte demnach 1.500 Panzer umfassen; die Lieferungen der Westalliierten fielen gesondert ins Kalkül[298]. An der gesamten deutsch-sowjetischen Front sollen zur Jahresmitte 1943 an die 6,61 Mill. Mann mit 10.200 Kampfpanzern und Geschützen auf Selbstfahrlafetten vorhanden gewesen sein, womit die Rote Armee insgesamt gesehen eine mehr als doppelte Überlegenheit gegenüber dem Ostheer besessen hätte. Die materielle Überlegenheit fiel noch stärker ins Gewicht.

Schon die wachsende Überlegenheit der Roten Armee legte den Gedanken nahe, dem Gegner im Angriff zuvorzukommen, ihm eine verlustreiche Niederlage zuzufügen und dabei einen Großteil seiner operativen Reserven aufzureiben. Die deutsche Führung hoffte, bei erfolgreicher Durchführung des „Unternehmens Zitadelle" mindestens 60 sowjetische Divisionen sowie 5 - 6 Panzerkorps zu vernichten. Dies hätte einen gewaltigen Aderlass für die Rote Armee bedeutet. Nach Beendigung der Operation würden zahlreiche Verbände, vor allem Panzerdivisionen, frei werden, die als Reserven der Wehrmachtführung zum Einsatz auf anderen Kriegsschauplätzen zur Verfügung stünden.

Der von Manstein erwogene Alternativvorschlag bestand darin, freiwillig das Industriegebiet des Donezbeckens aufzugeben, bis an den unteren Dnjepr zurückzuweichen, dem nachdrängenden Gegner aus dem Raum Charkov in beweglicher Kampfführung überraschend in seine rechte Flanke zu fallen und ihn in einer großen Umfassungsschlacht am Nordufer des Asovschen Meeres aufzureiben. Im Fall des Gelingens wäre damit ein etwa gleich großer Erfolg wie im Zuge des Unternehmens „Zitadelle" erkämpft worden. Diese Alternative, das „Schlagen aus der Nachhand", stellte von der Idee her die raffiniertere Lösung dar, war aber ebenfalls mit Risiken verbunden: Der Gegner musste sich über die geänderten Operationsabsichten täuschen lassen, den zurückweichenden Deutschen dichtauf folgen und er durfte keine Angriffe an Nebenabschnitten führen, die zum Abzug deutscher Kräfte aus der Hauptstoßrichtung führen würden. Außerdem hätte man den vorübergehenden (wenn nicht dauernden) Verlust des Donezbeckens in Kauf nehmen und eventuell den weit vorspringenden Frontbogen bei Orjol räumen müssen, um dem Gegner die Chancen für Ablenkungsangriffe zu nehmen[299].

Aus militärstrategischer Sicht hätten die Deutschen ihre Offensive an der Ostfront möglichst frühzeitig beginnen müssen, um zu einem befriedigenden Abschluss zu kommen, ehe der Kampf in Südeuropa voll entbrannte. Grundsätzlich erhebt sich die Frage, ob der Grundgedanke v. Mansteins, den Gegner durch eine bewegliche Kampfführung so weit zu schwächen, dass er ein „Remis“ akzeptiert hätte, der Realität entsprochen habe[300]. Es hätte sicherlich einer sehr geschickten Kampfführung bedurft, die dem Gegner möglichst hohe Verluste zufügte, dagegen aber die eigene Truppe schonte, um die Rote Armee für ein „Remis“ reif zu machen. Eine solches „ökonomisches“ Verfahren hätte jedes Festhalten an kräftezehrenden Positionen und jede schwere Niederlage vermeiden müssen, um dem Gegner letztlich die Aussichtslosigkeit seiner Anstrengungen zu demonstrieren. Außerdem konnten dadurch namhafte Reserven für den Entscheidungskampf, der im Westen bevorstand, gewonnen werden. Schließlich hätte man stärkere Kräfte zur Bekämpfung der Partisanen, die sich gerade bei der HGr. Mitte zu einem ernsten Problem entwickelten, freimachen können.

Immerhin bot die Lage an der Ostfront für die deutsche Seite auch andere Möglichkeiten für eine erfolgreiche Operationsführung. Dazu zählten die freiwillige Aufgabe exponierter Räume und Frontvorsprünge, etwa die Rücknahme der 18. Armee aus der kräftezehrenden Belagerungsfront vor Leningrad[301], die Aufgabe des gefährdeten „Orjol-Bogens“ und des Donezbeckens sowie der Rückzug der 17. Armee vom Kuban-Brückenkopf auf die Krim. Im Zuge von beweglich geführten Gegenangriffen gegen Flanke und Rücken des vorrückenden Gegners hätte man diesem schwere Verluste zufügen können. Als Alternative wäre ein allgemeiner Rückzug auf breiter Front auf die vorgesehene

298 Die tatsächliche Produktion soll 1943 nach sowjetischen Angaben ca. 24.000 Panzer und Geschütze auf Selbstfahrlafetten sowie 37.000 Flugzeuge betragen haben (Ernst Klink, Das Gesetz des Handelns. Die Operation „Zitadelle“ 1943, Stuttgart 1966, S. 52/53).

299 Zu den Vor- und Nachteilen der beiden operativen Konzepte siehe: Roman Töppel, Legendenbildung in der Geschichtsschreibung – Die Schlacht bei Kursk; in: Militärgeschichtliche Zeitschrift 2/2002, S. 369 – 401.

300 Eine skeptische Sichtweise besagt, dass die Hoffnung auf eine Remislösung eine „beträchtliche Überschätzung der dem Reich verbliebenen Möglichkeiten" darstellte (Das Deutsche Reich und der Zweite Weltkrieg, Bd. 6, S. 1.081/82).

301 Dem Gegner war es im Januar nach heftigen Kämpfen gelungen, südlich des Ladogasees auf einer Breite von 10 km eine Landverbindung zur belagerten Stadt herzustellen.

„Tiger-Stellung“[302] zwischen Smolensk und dem Asovschen Meer bei Melitopol denkbar gewesen; dadurch hätte man zahlreiche Kräfte freimachen können, ohne wirtschaftlich wichtige Zentren in der Ukraine aufgeben zu müssen. Ein Großteil dieser Kräfte wäre zur Abwehr der alliierten Invasion in Südeuropa zur Verfügung gestanden; diese Alternative lag im Sinne des Wehrmachtführungsstabes, der für einen Verzicht auf die geplante Operation eintrat, bis sich die Gesamtlage geklärt hätte[303].

Doch diese Alternativen standen niemals ernstlich zur Diskussion. Nicht nur Hitler und der Generalstabschef des Heeres, sondern auch die Oberbefehlshaber der HGr. Süd und Mitte, v. Manstein und v. Kluge, hielten die Offensivlösung gegen den Kursker Bogen für die eindeutig bessere Lösung. Allerdings traten im Laufe der Wochen Umstände ein, die gegen das Unternehmen „Zitadelle“ sprachen.

Die sowjetische Militärstrategie hatte einen großen Vorteil auf ihrer Seite: den Zeitfaktor. Die STAVKA konnte den Beginn der alliierten Invasion in Südeuropa abwarten, da dies zu einer Bindung deutscher Kräfte führen würde. Obwohl sich das Oberkommando durchaus stark genug fühlte, um die Offensive zu ergreifen, fiel am 12. April der Beschluss, zunächst in der Defensive zu bleiben, den Gegner zu zermürben und hierauf seine Angriffskräfte durch wuchtige Gegenschläge aufzureiben[304].

Die sowjetische Führung hatte nämlich frühzeitig die deutschen Angriffsvorbereitungen gegen den Kursker Bogen erkannt und begonnen, ein sehr tiefes, wohl durchdachtes Stellungssystem besonders an den Flanken des Frontbogens anzulegen, das durch zahlreiche Minenfelder, Stützpunkte und Panzersperren verstärkt wurde. An taktisch wichtigen Stellen wurden Artillerie- und Panzerabwehrfronten angelegt, die der Abwehr hohe Widerstandskraft verliehen. Die Armeeabschnitte wiesen mindestens 3, andere sogar 5 hintereinander verlaufende Stellungen auf. Des Weiteren errichteten die einzelnen Fronten mehrere Verteidigungsstreifen in der Tiefe. Obendrein verlegte man zahlreiche Panzer- und mechanisierte Korps für Gegenangriffe hinter die gefährdeten Räume. Zusätzlich wurde die Steppenfront mit zunächst 2 Armeen und 3 Panzerkorps als Reserve der obersten Führung im Raum zwischen dem oberen Oskol und dem Don südlich von Voronesch bereitgestellt, eine Kräftegruppierung, die bis zum 1. Juli immerhin auf 5 Armeen und 7 selbständige Korps anwuchs[305]. Außerdem stellte die STAVKA südwestlich von Moskau eine weitere Armee und 2 Panzerarmeen auf.

Bei der Zentralfront (Armeegeneral Rokossovskij) und der Voronesch-Front (Armeegeneral Vatutin), die im Mittelpunkt des operativen Geschehens stehen sollten, wurden besonders starke Kräfte konzentriert: 10 Armeen, 2

Panzerarmeen mit 73 Schützen- und 3 Luftlandedivisionen sowie 8 Panzer- und 1 mech. Korps[306], unterstützt durch selbständige Verbände, eine sehr starke Artillerie und 2 Luftarmeen (siehe Anhang 2). Die beiden Fronten sollen über 3.450 Panzer und Selbstfahrlafetten, 20.000 Artilleriegeschütze und Granatwerfer sowie 2.900 Flugzeuge verfügt haben, was etwa ein Drittel aller Kampfflugzeuge und 46% aller verfügbaren Panzer auf Ebene der Armeen ausmachte[307]. Es bot sich also das eher außergewöhnliche Bild, dass die überlegene Partei bewusst die Verteidigung wählte, um den Gegner, mit dessen Angriff man rechnete, verlustreich scheitern zu lassen und ihn dann um so leichter schlagen zu können.

Auf deutscher Seite war als frühester Angriffstermin der 3. Mai vorgesehen. Doch Generaloberst Model, der die 9. Armee am Nordabschnitt des Kursker Bogens führte, hatte Hitler die Schwächen seiner Angriffsfront dargelegt und um Verstärkung ersucht. Hitler trat am 4. Mai im Zuge einer Besprechung mit den Generalstabschefs von Heer und Luftwaffe, des Weiteren mit den Feldmarschällen v. Manstein, v. Kluge und Generaloberst Guderian, dem Inspekteur der Panzertruppen, dafür ein, den Angriffstermin zu verschieben. Zeitzler, v. Manstein und v. Kluge wandten sich gegen eine Verschiebung, ohne jedoch die Mängel in der bisherigen Vorbereitung – fehlende schwere Waffen, unbefriedigende Bevorratung, kurze Auffrischungsphase – zu bestreiten. Mitte Mai, als die Bodenverhältnisse nach dem Ende der Schlammperiode eine Offensive erlaubt hätten, trat zutage, dass sich der Aufmarsch im Bereich der 9. Armee, nicht zuletzt wegen reger Partisanentätigkeit, weiterhin verzögerte.

---

302 Diese projektierte Stellung hatte folgenden Verlauf: nordostwärts Vitebsk – knapp ostwärts Smolensk – Desna-Abschnitt – Novgorod-Severskij – Kremenčug – Dnjepr-Abschnitt – Melitopol.

303 Dieser Vorschlag wurde von Jodl am 18. 6. 1943 Hitler unterbreitet, jedoch von diesem abgelehnt (Warlimont, Im Hauptquartier der deutschen Wehrmacht, S. 347; ebenfalls Gotthard Heinrici/Friedrich W. Hauck, Zitadelle. Der Angriff auf den russischen Frontvorsprung bei Kursk, Teil I - III, hier Teil II; in: Wehrwissenschaftliche Rundschau 9/1966, S. 534).

304 Valentin A. Pronko, Die sowjetische Strategie im Jahre 1943, in: Stalingrad, ed. Jürgen Förster, 2. Auflage, München 1993, S. 313 – 326, hier: S. 317.

305 Die Steppenfront verfügte zu diesem Zeitpunkt über die 27., 47., 53. Armee, die 5. Garde-Armee und die 5. Garde-Panzerarmee mit insgesamt 24 Schützen-, 9 Kavallerie-, 2 Luftlandedivisionen sowie 3 Panzer- und 4 mech. Korps; sie wurde durch die 5. Luftarmee unterstützt (www.rkkaww2.armchairgeneral.com, 20. 4. 2005).

306 Ein Panzerkorps verfügte an Kampftruppen meist über 3 Panzerbrigaden und 1 mot. Schützenbrigade mit insgesamt 168 Panzern, wogegen das mech. Korps meist aus 3 mot. Schützenbrigaden, 1 Panzerbrigade und sonstigen Unterstützungsteilen bestand.

307 Pronko, Die sowjetische Strategie im Jahre 1943, a.a.O., S. 317.

Wenn man also an der Offensive festhalten wollte, blieb nur die Wahl, sie trotz der offenkundigen Schwächen noch im Mai zu wagen, oder aber abzuwarten und die Vorbereitungen abzuschließen. So erklärt sich die mehrmalige Verschiebung bis zum 5. Juli.

Für einen Verzicht auf das Unternehmen, das aus nachträglicher Sicht die angemessene Lösung gewesen wäre, plädierten mit Einschränkung nur Jodl und Guderian; dem Inspekteur der Panzertruppen ging es in erster Linie darum, die neuen Panzertypen „Panther" und „Tiger" nicht verfrüht einzusetzen. Es war aber nicht Hitler, der auf die Durchführung der Offensive, selbst zu einem späten Zeitpunkt, drängte, sondern Zeitzler, v. Kluge und v. Manstein. Bei Hitler spielte sicherlich eine Rolle, dass er zunächst abwarten wollte, ob Italien die Bündnistreue hielte und wie sich die Position Mussolinis gestaltete[308].

Die Heeresführung und die Oberbefehlshaber der beiden Heeresgruppen hatten offenbar nicht erkannt, dass der beiderseitige Zuwachs an Kampfkraft im Laufe der Wochen den sowjetischen Streitkräften wesentlich mehr zugute kam als den deutschen. Im Wettlauf zwischen den deutschen Angriffs- und den sowjetischen Abwehrvorbereitungen siegten die letzteren. Der Zulauf an neuartigen Panzern, Sturmgeschützen und Artilleriewaffen konnte den sowjetischen Vorsprung nicht aufholen, da sich der Verteidiger obendrein auf ein sehr tiefes Stellungssystem stützte. Die Abteilung „Fremde Heere Ost", die der obersten Führung beratend zur Seite stehen sollte, war sich zunächst über die Absichten des Gegners im Unklaren[309], legte aber am 21. Mai eine Beurteilung der Feindabsichten dar, die der Realität ziemlich nahe kam. Demnach würde die gegnerische Kräftegliederung dadurch bestimmt, dass man umfangreiche Vorbereitungen zur Abwehr der erwarteten deutschen Angriffe im Frühsommer träfe; darüber hinaus wäre unter Heranziehung der überaus zahlreichen Reserven ein Übergang zur Offensive mit weit gesteckten Zielen kurzfristig möglich. Mit einer großen Sommeroffensive sei auf jeden Fall zu rechnen, wobei eine Abstimmung mit den Angriffen der Westalliierten in Südeuropa nahe liege. Im Einzelnen wurden Teilangriffe an bestimmten Räumen erwartet – Donezbecken, Charkov, Orjol-Bogen – , die später auch tatsächlich erfolgten[310].

„Zitadelle" stellte eine Operation dar, auf die sich beide Parteien so gründlich wie noch nie im Verlauf des Krieges vorbereitet hatten. Doch die Deutschen unterschätzten nicht nur die Abwehrkraft der Roten Armee im Kursker Bogen, sie überschätzten auch die eigenen Kräfte, besonders die ihrer Panzertruppe. $16^{1/3}$ Panzer- und Panzergrenadierdivisionen standen als Stoßkraft zur Verfügung. Immerhin boten die Angriffsarmeen an die 1.500 Panzer auf, während die Gesamtzahl an Panzern, Sturmgeschützen und Jagdpanzern im

Kursker Bogen (unter Abzug der veralteten Typen, der Flamm- und Befehlspanzer) fast 2.600 betrug[311]. Zur Unterstützung standen mehr als 1.800 Frontflugzeuge bereit. Insgesamt war dies eine Streitmacht, deren Stärke durchaus erfolgversprechend erschien[312]. Doch die deutschen Führungsstäbe gingen, um möglichst viele Truppen an den Angriffsabschnitten zu konzentrieren, gefährliche Schwächen an Nebenfronten ein, etwa am mittleren Donez, an der Mius-Front, aber auch im Nordteil des Orjol-Bogens und im Frontbogen bei Kirov, wo mit sowjetischen Gegenangriffen gerechnet werden musste. Feldmarschall v. Kluge ließ daher vorsorglich noch vor Angriffsbeginn hinter den bereits festgelegten rückwärtigen Stellungen im Orjol-Bogen eine weitere Auffangstellung erkunden[313].

Alle genannten Details gehören zwar nicht der strategischen Ebene an und behandeln fast ausschließlich operative Probleme, sie sollen aber verdeutlichen, wie sehr vor allem die deutsche Seite ihre strategischen Erwartungen an der Ostfront auf künftige operative Erfolge gründete. Die verantwortlichen Stäbe unterlagen fast durchwegs einer verhängnisvollen Fehleinschätzung, indem sie auf die Kampferfahrung der Truppe, die bessere Führungstechnik und die modernen Panzertypen vertraute, die sich letztlich gegen die sowjetische Abwehr, auch wenn sie zäh und hartnäckig sein sollte, durchsetzen würden.

Der Hauptnachteil der deutschen Operationsführung lag weniger im Wegfall des Überraschungsfaktors[314], da man die sowjetische Verteidigung höchs-

---

308 Antonius John, Kursk 43. Szenen einer Entscheidungsschlacht, Bonn 1993, S. 24ff.; Töppel, Legendenbildung in der Geschichtsschreibung, a.a.O., S. 379.

309 Hans-Heinrich Wilhelm, Die Prognosen der Abteilung Fremde Heere Ost 1942 – 1945; in: Zwei Legenden aus dem Dritten Reich, Stuttgart 1974, S. 52/53.

310 Fremde Heere Ost (II a), Nr. 1226/43 gKdos: Zusammenfassende Beurteilung der Feindabsichten vor der deutschen Ostfront im Großen, Stand 20. 5. 43.

311 Berechnet nach Roman Töppel, Die Offensive gegen Kursk 1943. Legenden, Mythen, Propaganda (Magisterarbeit, Dresden 2001), S. 95 – 98; allerdings wurden die Artilleriegeschütze auf Selbstfahrlafetten ausgeklammert. Dazu kam noch eine Reserve (23. PzDiv, SS-Division Wiking) mit 122 Panzern und Sturmgeschützen, die aber nicht eingesetzt wurde.

312 Tatsächlich nahmen 2.440 Panzer und Sturmgeschütze am Angriff teil, während der Gegner bis 15. Juli 4.720 Panzer und Selbstfahrlafetten einsetzte bzw. zuführte. Das Verhältnis betrug also fast 1:2 zugunsten der Roten Armee (ebenda, S. 25).

313 Im rückwärtigen Bereich des „Orjol-Bogens“ verliefen die „Windhund“- und „Hagen“-Stellung. Der Ausbau der „Hagen"-Stellung begann Mitte Juli. Die dritte Sehnenstellung wurde entlang der Bolva bis Brjansk und entlang der Desna bis etwa Trubtschevsk vorgesehen.

314 Töppel, Legendenbildung in der Geschichtsschreibung, a.a.O., S. 378.

tens in der Wahl des Zeitpunktes überraschen konnte, sondern betraf etwas ganz Wesentliches: Die deutsche Operation traf den Gegner an seiner allerstärksten Stelle. Damit verletzte man jenen militärischen Grundsatz, wonach ein Angriff erfolgversprechend ist, wenn er gegen die *Schwäche* des Verteidigers gerichtet wird. Auch wenn der deutschen Aufklärung Teile des sowjetischen Stellungsbaus und das Ausmaß des Aufmarsches entgangen war, so lagen viele Indizien vor, die auf die Absicht des Gegners hinwiesen, den Deutschen bei Kursk eine schwere Niederlage durch Zermürbung und Gegenangriff zuzufügen.

Nachdem der deutsche Angriff endlich am 5. Juli begonnen hatte, traten sehr bald die Vorteile des Verteidigers zutage. Im Nordteil der Zangenbewegung kam der Angriff nach mühsam erkämpften Teilerfolgen schließlich an der 4. Stellungslinie des Gegners zum Stillstand; hingegen konnte im Südteil die 4. Panzerarmee bis zum 11. Juli immerhin 35 km vordringen und stand dicht vor dem operativen Durchbruch. Doch die STAVKA warf den deutschen Panzerverbänden aus ihrer strategischen Reserve die 5. Garde-Panzerarmee und die 5. Garde-Armee entgegen, die den Vorstoß der Deutschen unter enorm hohen eigenen Verlusten zum Stehen brachte, wobei etwa 500 sowjetische auf nur 200 deutsche Panzer und Sturmgeschütze stießen. Die „Panzerschlacht von Prochorovka“ (12., 13. Juli)[315] wurde zwar im Nachhinein von sowjetischer Seite verklärt und als großer Sieg gefeiert, doch die deutschen Panzerdivisionen erlitten keineswegs, wie behauptet wurde, unersetzliche Einbußen, sondern im Gegenteil: 3 sowjetische Panzerkorps wurden zum größten Teil aufgerieben[316].

Die sowjetischen Panzerverluste wogen so schwer, dass die 5. Garde-Panzerarmee zur Verteidigung überging und auf die geplanten Gegenangriffe verzichten musste. Die Schlacht von Prochorovka wurde also nicht zur „größten Panzerschlacht der Weltgeschichte“, sondern zu einer bitteren Niederlage der sowjetischen Panzertruppe. Unter Einbeziehung der Nebenabschnitte lautete das Verlustverhältnis rund 1:6 zugunsten der Deutschen[317]. Betrachtet man den Kampf im gesamten Kursker Bogen bis Mitte Juli, so erreichten die sowjetischen Panzerverluste das Siebenfache der Deutschen. Auch die Verluste an Kampfflugzeugen überstiegen die der Deutschen um ein Mehrfaches[318]. Die Schlacht endete taktisch-operativ gesehen mit einem Remis, da weder die 4. Panzerarmee noch der Gegner imstande war, den Angriff fortzusetzen.

Die Entscheidung fiel an anderer Stelle. Nachdem am 11. Juli heftige feindliche Angriffe gegen die 2. Panzerarmee, die den Norden und Osten des Orjol-Bogens verteidigte, begonnen hatten, musste die 9. Armee, die sich inzwischen im gegnerischen Stellungssystem festgerannt hatte, am nächsten Tag 4 wertvolle Divisionen herausziehen und zur Bereinigung der sowjetischen Einbrüche einsetzen, was erst nach schweren Kämpfen gelang. Damit war der weitere Angriff der 9. Armee gegen den Kursker Bogen von Norden her endgültig aussichtslos geworden.

Trotz des Einspruchs Mansteins[319] entschloss sich Hitler am 13. Juli auf Grund der Gesamtlage, das Unternehmen „Zitadelle“ abzubrechen. Dafür waren mehrere Gründe ausschlaggebend: Die Offensive von 5 Armeen der Brjansk- und Westfront gegen den Orjol-Bogen würde, wenn er durchdrang, der 9. Armee in den Rücken fallen; der erstrebte Durchbruch in Richtung Kursk drohte zu einer Abnutzungsschlacht zu werden; am mittleren Donez und an der Mius-Front standen sowjetische Angriffe unmittelbar bevor, die schließlich am 17. Juli begannen; schließlich waren am 10. Juli die Westalliierten mit 9 Divisionen auf Sizilien gelandet, und die italienischen Truppen leisteten nur sehr geringen Widerstand. Eine Verstärkung der Verteidiger in Sizilien erschien nahe liegend, aber zunächst erforderten die Krisenherde an der Ostfront eine Neuverteilung der Verbände, die zu Lasten der Angriffstruppen ging. Kurz gesagt, die deutschen Kräfte reichten nicht aus, um den Angriff

315 Mit sehr ausführlicher Darstellung: V. N Zamulin, Prochorovka – die unbekannte Schlacht des Großen Krieges (russ.), Moskau 2005.

316 Die Verluste der angreifenden 4 Panzerkorps bei Prochorovka betrugen am 12. und 13. Juli ca. 350 Panzer und Selbstfahrlafetten, die überwiegend auf die 3 Panzerkorps der ersten Staffel entfielen; unter Einschluss der Nebenabschnitte soll die 5. Panzerarmee rund 400 Panzer und Selbstfahrlafetten verloren haben, was fast 50% der Anfangsstärke betrug (Töppel, Legendenbildung, a.a.O., S. 384ff.).

317 Dieter Brand, Vor 60 Jahren: Prochorowka, Teil II; in: ÖMZ 6/2003, S. 733 – 746, hier: S. 742, unter Verwendung des Beitrags von Karl-Heinz Frieser, Die Schlacht um den Kursker Bogen; in: Das Deutsche Reich und der Zweite Weltkrieg, Bd. 8 (Entwurf), S. 58, S. 75. - Nach jüngsten Angaben betrugen die sowjetischen Verluste sogar 500 Panzer und Selbstfahrlafetten, wogegen das deutsche II. SS-Panzerkorps, das im Mittelpunkt der Schlacht stand, vom 5. 7 – 17. 7. nur 33 Panzer und Sturmgeschütze verlor.

318 In der Phase des deutschen Angriffs sollen allein rund 1.000 sowjetische Flugzeuge in Luftkämpfen abgeschossen worden sein; siehe: Boris Sokolov, The Battle for Kursk, Orel and Charkov: Strategic Intentions and Results; in: Gezeitenwechsel im Zweiten Weltkrieg (Vorträge zur Militärgeschichte, Bd. 15), ed. Roland Foerster, Hamburg – Berlin – Bonn 1996, S. 83.

319 Das Argument Mansteins, dass er noch das XXIV. Panzerkorps in die Schlacht hätte werfen können, besitzt wenig Überzeugungskraft: Dieses schwache Panzerkorps hatte wenig Aussicht, einen Sieg zu erzwingen, da der Gegner Mitte Juli die 4. Garde-Armee und die 53. Armee, außerdem 3 Panzer- bzw. mech. Korps von der Steppenfront an den kritischen Frontabschnitt heranführte.

zu nähren und gleichzeitig die bedrohten Nachbarfronten zu stützen[320]. Die Operation gegen den Kursker Bogen scheiterte also nicht am sowjetischen Widerstand, sondern wurde aus triftigen Gründen eingestellt.

Aus militärstrategischem Blickwinkel hatten zwar die Deutschen ihr großes Ziel verfehlt, aber auch die Absicht des Gegners, die deutschen Angriffskräfte bei Kursk zu zermürben und sie durch Gegenschläge aufzureiben, war gescheitert. Die sowjetischen Verluste hatten ein solches Ausmaß erreicht, dass sich die STAVKA außerstande sah, zur vorgesehenen Offensive mit weit gesteckten Zielen anzutreten[321]. Sie musste sich darauf beschränken, die deutschen Frontvorsprünge in mühsamem, verlustreichem Vorgehen einzudrücken. Solcherart stellte die Schlacht von Kursk für sich genommen ein „Remis" dar; doch auf militärstrategischer Ebene bedeutete sie eine Niederlage der Deutschen, da das Ausbleiben eines Sieges bei Kursk die deutsche Seite um einen unersetzlichen Vorteil gebracht hatte. Von nun an lag die Initiative auf Seiten der Roten Armee. Dass man sich selbst um einen möglichen Sieg gebracht habe, weil die deutsche Führung angeblich nicht das nötige Risiko eingegangen sei[322], gehört eher ins Reich der Spekulation: Ein möglicher Sieg wurde weder aus Nachlässigkeit noch aus fehlerhaftem Handeln vertan, sondern hing von vornherein von vielen Faktoren ab, deren Kontrolle keineswegs allein in deutscher Hand lag.

Es erscheint zutreffend, dass selbst eine erfolgreiche Durchführung des Unternehmens „Zitadelle" – mit entsprechend hohen Gefangenen- und Beutezahlen – die Rote Armee nicht ins Mark getroffen hätte; dennoch sind an der Aussage, wonach selbst ein deutscher Sieg an der „aussichtslosen strategischen Lage kaum etwas geändert" hätte[323], erhebliche Zweifel angebracht. Immerhin hatte die „Schlacht von Kursk" die sowjetische Militärstrategie durchkreuzt, und die Rote Armee hatte bei den Kämpfen um den Orjol-Bogen und um Charkov, das erst am 28. August erobert werden konnte, sehr schwere Verluste erlitten. Das Oberkommando sah sich sogar veranlasst, alle 5 Panzerarmeen, die seit dem 5. Juli im Einsatz standen, aus der Front zu ziehen und aufzufrischen. Damit verfügten die sowjetischen Armeen nicht mehr über die erforderlichen mechanisierten Kräfte, um rasch zum Dnjepr durchzubrechen und den Rückzug der Deutschen zu vereiteln. Andrerseits war es der HGr. Mitte bis zum 16. August gelungen, die beiden im Orjol-Bogen kämpfenden Armeen samt allem Gerät geordnet in die „Hagen-Stellung" zurückzunehmen und wieder Reserven zu gewinnen.

Die Gesamtlage an der Ostfront hatte aus nachträglicher Sicht deutscherseits keineswegs so prekäre Züge angenommen, dass man auf eine unabwendbare Niederlage zusteuerte. Vielmehr hatten es die oberste Führung und das OKH noch in der Hand, durch eine kluge ökonomische Kampfführung und durch geschickten Einsatz der Reserven dem Gegner weiterhin einen entscheidenden Erfolg zu verwehren. Vorraussetzung dazu war allerdings, dass man exponierte Räume, wie etwa das Donezgebiet und den Kuban-Brückenkopf, den so genannten „Gotenkopf“, räumte, am besten auf kürzere, rückwärtige Stellungen auswich und den Zusammenhang der Front wahrte. An der politischen Strategie wäre es gelegen, schleunigst eine Verständigung mit der Bevölkerung des noch besetzten Gebietes, den Aufbau einer Selbstverwaltung sowie eine Kooperation mit der Befreiungsbewegung des Generals Vlassov herbeizuführen[324].

Noch schien im Sommer 1943 die Chance auf eine Wende im Besatzungsgebiet und eine gründliche Änderung der deutschen Ostpolitik im Sinne eines Ausgleichs gegeben. Auch war im Frühherbst 1943 die Chance eines Separatfriedens mit Stalin nicht völlig gegenstandslos geworden, doch Hitler lehnte es nach wie vor ab, aus einer Position der Schwäche heraus zu verhandeln. Die politische und militärische Strategie hätte demnach darin bestehen sollen, dem Gegner zu verdeutlichen, dass es ihm nicht gelingen wird, der Wehrmacht eine entscheidende Niederlage zuzufügen, so dass schließlich ein Kräftegleichgewicht eintreten würde, das eine politische Lösung nahe legte. Eine solche Strategie hätte die Abwehrerfolge an der Ostfront benutzt, um namhafte Truppenverbände freizumachen, die als strategische Reserven die Invasion der Westalliierten in Italien extrem erschweren, ja sogar verhindern konnten.

Die Verteidigung der Peripherie und die Falle der Abnutzung

Hitler und die Wehrmachtführung beschritten einen anderen Weg. Man bestand darauf, gefährdete Positionen möglichst lange unter letztem Einsatz zu verteidigen, was zu hohen Verlusten, zu schneller Abnutzung der Panzerverbände, die als Eingreifreserven von Abschnitt zu Abschnitt geworfen wurden, und schließlich zu erzwungenen Rückzügen unter dramatischen Umständen führte. Außerdem wurde auf diese Weise verabsäumt, rechtzeitig auf günstige, von langer Hand vorgesehene Abwehrlinien auszuweichen, die der Gefahr überraschender Feinddurchbrüche entgegenwirkten und den

320 Zum Vergleich: Brand, Vor 60 Jahren: Prochorowka, a.a.O., S. 744.

321 Pronko, Die sowjetische Strategie im Jahre 1943, a.a.O., S. 322; allein die Verluste an Panzern und Selbstfahrlafetten im Zeitraum Juli-August betrugen mindestens 8.000 gegenüber rund 1.331 deutschen Kampffahrzeugen.

322 Erich v. Manstein, Verlorene Siege, Frankfurt/M. 1966, S. 505/506.

323 Töppel, Legendenbildung in der Geschichtsschreibung, a.a.O., S. 398.

324 Zusammenfassend: Theodor Oberländer, Bündnis oder Ausbeutung, Denkschrift vom 22. 6. 1943, Kopie im Besitz des Verfassers.

Zusammenhang der Front wahrten. Eine solche Option hätte im Ausweichen auf die „Tiger-Stellung" spätestens nach dem Verlust von Charkov am 23. August und nach den gegnerischen Einbrüchen im Donezgebiet bestanden. Doch Hitler bestand darauf, das Donezgebiet aus rüstungswirtschaftlichen Gründen zu verteidigen[325]. Tatsächlich traf auf diese Phase der Kriegführung der Ausspruch des Feldmarschalls v. Hindenburg zu: „Eine Strategie ohne Schwerpunkt ist wie ein Mann ohne Charakter"[326].

Zu diesem Zeitpunkt zeichnete sich ein breiter gegnerischer Durchbruch an der Grenze zwischen den HGr. Mitte und Süd in Richtung Kiev ab, der mangels an Kräften nicht mehr bereinigt werden konnte[327]. Doch Hitler beharrte noch am 27. August gegenüber Manstein, der einen weiträumigen Rückzug forderte, die derzeitige Front überall zu halten, bis man den Gegner von der Nutzlosigkeit seiner Angriffe überzeugt habe. Wohl hatte die HGr. Mitte ab 7. August eine heftige Offensive der sowjetischen West- und Kalininfront (Operation „Suvorov") im Großraum Smolensk abgewehrt, doch dafür fehlten in der Nordukraine Kräfte und ausgebaute Stellungen, um den drohenden Durchbruch zum Dnjepr und damit die Trennung beiden Heeresgruppen Mitte und Süd zu verhindern.

In diese Phase, nämlich am 3. September, fiel auch das letzte Friedensangebot der sowjetischen Regierung an Deutschland, das eine Rückkehr zu den Grenzen von 1914 und die Gewährung von Handlungsfreiheit an den türkischen Meerengen zum Inhalt hatte. Anstoß dazu dürfte die Verärgerung Stalins über die geheimen Kapitulationsverhandlungen mit Italien unter Ausschluss der UdSSR gewesen sein. Doch Hitler ging auch auf diesen sowjetischen Friedensfühler nicht ein. Er verzichtete damit auf eine alternative Strategie, die den Großteil des Ostheeres für die Abwehr der Invasion in Italien und Frankreich freigemacht hätte, eine Chance mit kaum abschätzbaren Folgen[328].

Erst am 15. September genehmigte Hitler den Heeresgruppen den Rückzug in die unausgebaute „Panther-Stellung"[329] entlang der Flüsse Dnjepr, Sosch und Pronja, des Weiteren bis in den Raum ostwärts Vitebsk. Doch dieser Entschluss kam viel zu spät, um die beiden Heeresgruppen, die inzwischen an mehreren Stellen durchbrochen worden waren, intakt zurückzuführen und hinter der Strombarriere endlich eine geschlossene Front aufzubauen. Obendrein hatte man auf den Einsatz von Sicherungsverbänden entlang des Stromes verzichtet. Somit gewann der Angreifer in überholender Verfolgung mehrere Brückenköpfe über den Dnjepr und auch Pripjat (21. 9.), wobei der operative Zusammenhang zwischen den HGr. Mitte und Süd erneut verloren ging. Der Kampf um die Dnjepr-Linie wurde zu einem für die deutsche Seite aussichtslosen Unterfangen, das immer mehr Kräfte zermürbte und in den nächsten Monaten zu einem Ausharren in exponierten Frontvorsprüngen zwang.

Es lässt sich somit erkennen, dass von einer Operationsführung, die von einer durchdachten Militärstrategie geleitet wurde, keine Rede sein konnte. Hitler und die Heeresführung begnügten sich mit der Reaktion auf gegnerische Aktionen, wobei das Gesetz des Handelns immer mehr auf die sowjetische Seite überging. Die durch örtliche Frontverkürzungen gewonnenen Verbände wurden rasch verbraucht, um gegnerische Ein- und Durchbrüche einzudämmen, ohne dass eine nachhaltige Entspannung der Lage eingetreten wäre. Ein grundlegender strategischer Entschluss, der durch Rückzug auf eine vorbereitete, radikal verkürzte Stellung die Lage der Verteidiger wesentlich verbessert hätte, wurde nicht gefasst. Gewiss, das deutsch-sowjetische Kräfteverhältnis hätte sich dadurch nicht geändert, aber das Festsetzen in einer starken und verkürzten Frontlinie hätte die Möglichkeit geboten, unter Ausscheiden namhafter Reserven und unter schonender Kampfführung die Substanz des Ostheeres zu erhalten.

Das Festhalten an der jeweils entstandenen Frontlinie legte obendrein die Masse der deutschen Heereskräfte für den Herbst und Winter 1943/44 im Osten fest. Zusätzlich wurden wertvolle Reserven der obersten Führung an der Ostfront eingesetzt, um die zahlreichen Krisenherde einzudämmen[330]. Damit fehlten auch jene Verbände und Ressourcen, die, beginnend mit September 1943, durchaus in der Lage gewesen wären, die Landungen der Westalliierten in Süd- und Mittelitalien zu verhindern bzw. die Abwehrvorbereitungen für die Invasion im Westen zu verstärken. Hierin lag deutscherseits für die Zeit ab

325 Minister Speer hatte die Aufgabe des Donezbeckens als Kohlenrevier für durchaus tragbar gehalten, doch Hitler lehnte bis Anfang September die Preisgabe dieses Gebiets ab.

326 Jehuda L. Wallach, Das Dogma der Vernichtungsschlacht, dtv-Buch 701, München 1970, S. 48.

327 Siehe KTB OKW, Bd. 4, Teilband 2, S. 996 ff., Eintragungen vom 24. – 28. 8. 1943.

328 Hillgruber, Sowjetische Außenpolitik, a.a.O., S. 84.

329 Auf Grund eines Vorschlags des Heeresgeneralstabes hatte Hitler zwar am 12. August den Ausbau der „Panther-Stellung“ befohlen, aber in der Praxis hatte bis zum Rückzug der HGr. Süd und Mitte in dieser Stellung kein Ausbau stattgefunden (KTB OKW, Bd. 4, Teilband 2, Eintragung vom 12. 8. 1943).

330 Zu diesen Krisenherden zählten im Abschnitt der HGr. Süd: Das Festhalten am exponierten Brückenkopf Nikopol wegen der dortigen Maganerzgruben; der Verzicht auf die Räumung der noch am Dnjepr stehenden Frontteile, denen die Einschließung drohte; die Verteidigung der von allen Landverbindungen abgeschnittenen Krim; bei der HGr. Mitte: Festhalten am weit vorragenden „Frontbalkon“ westlich von Smolensk; bei der HGr. Nord: der Verzicht auf eine Rücknahme der 18. Armee, die in äußerst ungünstiger Frontlinie noch immer vor Leningrad stand.

August 1943 der gröbste militärstrategische Fehler, der auch durch geschickte Truppenführung und hohe Kampfmoral nicht ausgeglichen werden konnte.

Während die Wehrmachtführung dem Kampf an der Ostfront vorrangige Bedeutung beimaß, traten die Westalliierten von Süden her zum Sturm auf die „Festung Europa" an. Da die italienischen Truppen in Italien und den besetzten Gebieten auf dem Balkan und in der Ägäis mit wenigen Ausnahmen keinen Kampfwillen mehr zeigten, ruhte die Last der Abwehr fast nur auf deutschen Schultern. Die bisherigen schweren Niederlagen in Nordafrika und in Sizilien hatten zur Folge, dass nur unzureichende Kräfte in Süditalien zur Abwehr verfügbar waren. Die Entmachtung Mussolinis am 25. Juli und der Absprung Italiens vom Bündnis am 9. September stürzte die deutsche Strategie in eine tiefe Krise, die bei geschicktem Vorgehen der Alliierten noch 1943 zu einem überragenden Erfolg auf dem Kriegsschauplatz Italien geführt hätte.

Wie sollten die Deutschen den befürchteten Ausfall von 34 italienischen Divisionen wettmachen, die sich außerhalb Italiens, vor allem in Griechenland und an der Küste Südfrankreichs befanden? Wie sollte Feldmarschall Kesselring die Invasion abwehren, wenn er in Süditalien nur 2 Panzerkorps und eine Fallschirmjägerdivision gegen die Invasionskräfte aufbieten konnte? Die massiven Luftangriffe auf italienische Großstädte und Rüstungszentren taten das Ihrige und machten deutlich, dass die deutsche Luftflotte 2 einem unentrinnbaren Dilemma unterlag: Trotz größter Anstrengungen konnte sie weder die Städte schützen noch die Landungsvorbereitungen der Alliierten stören. Der Niedergang der Luftflotte 2 fiel genau in jene Phase, als die Deutschen alle greifbaren Reserven an Jagdkräften zusammenfassten, um der Luftschlacht über dem Reichsgebiet eine Wende zu geben. Die Zerreißprobe an den Luftfronten zum Nachteil der Deutschen konnte kaum dramatischer ausfallen[331].

Doch General Eisenhower, der Befehlshaber der Alliierten, nützte seine große Chance schlecht. Er errang zwar mit der Landung der 5. Armee bei Salerno am 9. September, die nur mit Mühe und Not Fuß fassen konnte, einen Erfolg, doch von einem entscheidenden Stoß in den „weichen Unterleib Europas" konnte keine Rede sein. Da die Alliierten außerdem auf eine Luftlandung im Raum Rom verzichteten, gaben sie dem Gegner starke Trümpfe in die Hand, die nicht nur eine rasche Entwaffnung der Italiener, sondern auch den geordneten Rückzug auf die „Bernhard"- und dann in der „Gustav-Linie" erlaubten. Diese verlief an der schmalsten Stelle des „Stiefels" zwischen Gaeta und der Mündung des Sangro quer über den Appenin und bot hervorragende Möglichkeiten für eine nachhaltige Verteidigung. Die Alliierten nützten auch nicht die starken Spannungen zwischen der Wehrmacht und den italienischen Truppen in Griechenland aus, die sich geweigert hatten, die Waffen niederzulegen, vielmehr bewaffneten Widerstand leisteten. Das rücksichtslose Vorgehen der Deutschen[332] entsprang auch der Sorge, dass der Gegner auf der Balkanhalbinsel und in der Ägäis Fuß fassen könnte, eine Sorge, die angesichts der relativ geringen Kräfte im Südostraum durchaus verständlich erschien.

Die Westalliierten verzichteten jedoch auf diese Chance, die u.a. die Option geboten hätte, die zahlreichen Partisanengruppen unter einheitliche Führung zu stellen, sie eventuell aus der Abhängigkeit von Moskau zu lösen und eine neue, für Deutschland höchst bedrohliche Front in Südosteuropa zu errichten. Dies hätte genau den strategischen Vorstellungen Churchills entsprochen, wurde aber von amerikanischer und von sowjetischer Seite abgelehnt. Der Vormarsch der Briten und Amerikaner kam im Dezember vor der „Gustav-Linie“ mit der Schlüsselstellung Monte Cassino für längere Zeit zum Stillstand, ohne dass Aussicht auf einen Durchbruch nach Rom und eine rasche Entscheidung auf dem italienischen Kriegsschauplatz bestand. Weitreichende operative Ziele, wie z.B. eine Landung in Südfrankreich, wurden gar nicht in Betracht gezogen.

Auch die Bildung eines Brückenkopfes im Rücken der deutschen Front bei Anzio und Nettuno am 22. 1. 1944 erwies sich als operativer Fehlschlag, da den Alliierten der Ausbruch in den Rücken der „Gustav-Linie“ nicht gelang. Die stupiden, einfallslosen Angriffe des amerikanischen II. Korps im Abschnitt Monte Cassino verschafften den Deutschen einen höchst beachtlichen Erfolg, auch in moralischer Hinsicht[333]; sie bewiesen die eindeutige Überlegenheit der Verteidiger, wenn sich diese auf starke, beherrschende Stellungen und genügend Truppen stützen konnten. Auch die Angriffe des französischen und neuseeländischen Korps endeten mit Niederlagen. Die Schlachten bei Monte Cassino im Februar und März 1944 zeigten die Grenzen eines Angriffsdenkens auf, das nur auf einer erdrückenden materiellen Übermacht beruhte. Als Teilerfolg der Angreifer konnte bestenfalls die Bindung wertvoller deutscher Verbände gelten.

---

331 Gundelach, Die deutsche Luftwaffe im Mittelmeer, Band 2, a.a.O., S. 597, 605.

332 Verbände des XXII. Gebirgsarmeekorps gingen im Rahmen des Unternehmens „Achse“ daran, Teile der 10. italienischen Armee auf den westgriechischen Inseln gewaltsam zu entwaffnen, da sich diese geweigert hatten, in deutsche Gefangenschaft zu gehen. Nach harten Gefechten, besonders auf Kefalonia, wurde der Widerstand gebrochen und an zahlreichen Gefangenen ein blutiges, völkerrechtswidriges Exempel statuiert; dazu: Gert Fricke, Das Unternehmen des XXII. Gebirgsarmeekorps gegen die Inseln Kefalonia und Korfu im Rahmen des Falles „Achse“ (September 1943), in: Militärgeschichtliche Mitteilungen 1/1967, S. 31 – 59.

333 Zu den Operationen in Süditalien und zum Kampf um die „Gustav-Stellung“: Katriel Ben Arie, Die Schlacht bei Monte Cassino 1944, Freiburg i.Br. 1985, besonders S. 388ff. - Die Stellung bei Cassino wurde bis zum 17. Mai gehalten.

Viele deutsche Militärs, darunter auch Rommel, zogen aus den Kämpfen in Süditalien folgenden Schluss: Die anlandenden gegnerischen Truppen mussten bereits unmittelbar an der Küste, also im Zustand ihrer größten Schwäche, vernichtend getroffen werden, um jedes Festsetzen zu verhindern. Gelang es dem Gegner, einen Brückenkopf zu bilden, so hätten auch gut vorbereitete Gegenangriffe so gut wie keine Chance mehr, den gelandeten Gegner zu schlagen und zur Aufgabe seines Landekopfes zu zwingen. Für diese Einschätzung war vor allem die vernichtende Wirkung von Luftangriffen und der Schiffsartillerie des Angreifers bestimmend. Indem die deutsche oberste Führung diese Lehren nur bedingt beherzigte, beging sie einen grundsätzlichen Fehler, der zum Sieg der Alliierten in der Normandie wesentlich beitrug.

Inzwischen hatte die Rote Armee eine Reihe von wichtigen Siegen erfochten, die den Rang einer Vorentscheidung auf dem östlichen Kriegsschauplatz beanspruchen durften. Schon Anfang August 1943 hatte das Oberste Kommando eine bedeutsame strategische Entscheidung getroffen: Es beschloss, eine Generaloffensive zu beginnen, wobei man auf breitester Front zum Dnjepr zwischen Orscha und dem Schwarzen Meer vordringen und unverzüglich Brückenköpfe bilden wollte[334]. Insgesamt wurden dafür 8 sowjetische Fronten zwischen Velikije-Luki im Norden und Taganrog im Süden aufgeboten. Aber der zähe Widerstand der Deutschen und die bisher erlittenen hohen Verluste – die 5. Garde-Panzerarmee z.B. zählte Anfang September nur mehr 50 Panzer! – verhinderten ein zügiges Vorankommen, so dass die Dnjepr-Linie nördlich und südlich von Kiev erst zwischen dem 19. und 23. September gewonnen werden konnte. Im Raum Gomel gewannen die Angreifer den Dnjepr- und Sosch-Abschnitt erst am 3. Oktober.

In der Folge wurde ein breiter Keil entlang des Pripjat zwischen die inneren Flügel der HGr. Mitte und Süd getrieben; dieser Keil nahm im Zuge des weiteren sowjetischen Vordringens immer bedrohlichere Ausmaße an. Die Bildung von 40 Brückenköpfen entwertete den Dnjepr als Barriere gründlich. Kiev wurde am 6. November erobert, und die deutsche Verteidigung entlang des Stromes brach innerhalb weniger Wochen zusammen. Nach Auffrischung und Neugruppierung setzten 4 sowjetische Fronten ihre Offensive am 24. Dezember fort, wobei sie ihre inzwischen gewonnenen taktischen Erfahrungen in die Praxis übertrugen.

Den Angreifern kam der Umstand zugute, dass die Deutschen – trotz der gegenteiligen Absichten Mansteins - eine äußerst ungünstige Frontlinie verteidigen mussten, die auf ihrem Schwerpunkt westlich von Kiev nur unzureichend besetzt war, da die Masse der Kräfte noch immer in einem weiten Vorsprung im Dnjepr-Bogen bei Saporoschje stand, um das Eisenerzgebiet von Krivoj Rog und den Brückenkopf von Nikopol zu decken. Hitler wollte aber diese Positionen aus wirtschaftlichen Gründen keinesfalls preisgeben[335]. 3 Panzerarmeen und 7 Armeen griffen allein aus dem Raum westlich von Kiev an und erzielten einen vollen Erfolg. Die maßlose Überdehnung der Front, die weit nach Westen zurückgeworfen wurde, lieferte der Roten Armee mehrere Ansatzpunkte für weiträumige Durchbrüche, Abschnürungen und Einschließungen; dies geschah z.B. bei der Kesselbildung bei Korsun – Tscherkassy Mitte Februar 1944, wo zwei deutsche Korps zum Großteil aufgerieben wurden, und bei der Einschließung der 1. Panzerarmee im Raum Kamenez-Podolsk Ende März 1944, die sich nach Westen durchkämpfen konnte.

Die sowjetische Führung verfolgte mit dieser Großoffensive auch eine politische Strategie, die auf den Abfall der Balkanstaaten Rumänien und Bulgarien vom Bündnis mit Deutschland hinauslief. Sie hatte damit Erfolg, denn am 17. März trafen Vertreter der rumänischen Opposition in Kairo auf Repräsentanten der drei Alliierten zu Verhandlungen über einen Waffenstillstand. Hitler vertraute jedoch weiterhin voll Marschall Antonescu, der die Festigkeit seiner Position überschätzte, ein Umstand, der schließlich im August erheblich zu seinem Sturz beitragen sollte.

Die inzwischen auf über 1.000 km angewachsene deutsche Front südlich der Pripjatsümpfe wurde von 17 sowjetischen Armeen und 5 Panzerarmeen, darunter die neugebildete 6. Panzerarmee, immer wieder durchbrochen, bis sie endlich entlang der Linie Kowel – Brody – Buczacz – westlich Kolomea, also schon im Karpatenvorland und auf ehemals polnischem Staatsgebiet Anfang April zum Stehen kam. Auf dem äußersten rechten Flügel stand die Rote Armee bereits auf rumänischem Boden. Zum Entsatz des eingeschlossenen Kovel wurde sogar das II. SS-Panzerkorps aus Frankreich herangeführt, was angesichts der bevorstehenden Invasion ein sehr hohes Risiko darstellte. Hitler weigerte sich auch monatelang, die Krim zu räumen, da sie für ihn große Bedeutung für die neutrale Haltung der Türkei besaß; aber auch die Seekriegsleitung unterstützte diese Einstellung, ebenso das lange Festhalten am Hafen Odessa, der zur Versorgung der 17. Armee auf der Krim diente[336]. Auf diese Weise wurde die rechtzeitige Räumung der Halbinsel versäumt, was zu schwersten Verlusten der 17. Ar-

334 Glantz/House, When Titans clashed, a.a.O., S. 170.

335 Hitler und Zeitzler wendeten viel Energie darauf an, alle greifbaren Verbände aus verschiedenen Frontteilen herauszulösen und sie an die gefährdeten Abschnitte zu dirigieren. Die Verteidigung des riesigen „Frontbalkons" von Krivoj Rog fesselte monatelang 6 deutsche Korps mit bis zu 31 Divisionen; dieser Frontbalkon wurde erst Ende Februar 1944 geräumt.

336 Zur Haltung der Marineführung hinsichtlich der Krim-Problematik: Lagevorträge des Oberbefehlshabers der Kriegsmarine vor Hitler 1939 - 1945, ed. Gerhard Wagner, München 1972, S. 578.

mee führte, als der Gegner den Rest der Krim eroberte. Nur mehr schwache Teile von 5 Divisionen konnten bis zum 12. Mai, als die letzten Verteidiger auf der Landzunge Chersones kapitulierten, abtransportiert werden.

Dieses Ereignis rundete den sowjetischen Sieg im Südabschnitt der Ostfront ab. Da inzwischen auch die HGr. Nord ab 14. Januar von einer sowjetischen Offensive schwer getroffen worden war und sich mühsam auf die „Panther-Stellung“ zwischen Narva und Polock zurückgekämpft hatte, konnte das sowjetische Oberkommando im Frühjahr 1944 eine hoch befriedigende Bilanz ziehen. Auf politischer Ebene hatte die Sowjetunion den Vorteil erzielt, dass sie nun erhöhten Druck auf Rumänien und Bulgarien ausüben konnte.

Im Sinn einer Gesamtstrategie der Alliierten durfte die Sowjetunion eine große militärstrategische Leistung für sich verbuchen. Sie zog nämlich durch ihre heftigen, fortgesetzten Angriffe während des Winters 1943/44 die meisten neu aufgestellten Verbände der Deutschen auf sich und verhinderte solcherart, dass der Gegner seine Truppen auf anderen Kriegsschauplätzen wesentlich verstärkte. Von den 39 Panzer- und Panzergrenadierdivisionen waren in dieser Phase $25^{1/3}$, also zwei Drittel an der Ostfront eingesetzt, und der größte Teil der monatlichen Panzerproduktion wurde an der Ostfront zur Deckung der Verluste verbraucht. Von der Aufstellung einer zentralen OKW-Reserve, die diese Bezeichnung verdient hätte, konnte keine Rede sein. Die 23 Divisionen der 21. bis 24. Aufstellungswelle des Heeres wurden 1943/44 in der Mehrzahl im Osten und auf dem Balkan eingesetzt und auch dort belassen.

Seit Anfang Oktober 1943 folgte das OKW dem Verhaltensmuster, unter Inkaufnahme von Risiken auf anderen Kriegsschauplätzen laufend Divisionen an die Ostfront zu verlegen und im Gegenzug erschöpfte „Ostdivisionen“ zur Auffrischung nach Westen oder in relativ ruhige Räume zu verlegen. Um die dramatische Lage an der Ostfront zu veranschaulichen, sei erwähnt, dass man zunehmend Verbände, die mehr oder minder aufgerieben worden waren, als „Kampfgruppen“ oder „Korpsabteilungen“ bezeichnete; eine derartige „Divisionskampfgruppe“ besaß meist Regimentsstärke, während in einer „Korpsabteilung“ mehrere aufgeriebene Großverbände zusammengefasst wurden, die gemeinsam meist nur Divisionsstärke aufwiesen. Dazu kam die fragwürdige Praxis, laufend neue Formationen aufzustellen, hingegen den dezimierten bestehenden Verbänden den benötigten Ersatz zu vermindern oder ganz vorzuenthalten.

Anfang Oktober 1943 verfügte die Wehrmacht über rund 234 Kampfdivisionen (ohne Berücksichtigung der Sicherungs-, Ersatz-, Reserve-, Feldausbildungs- und Luftwaffenfelddivisionen sowie ohne die fremdländischen Verbände), von denen 164 an der Ostfront standen, was 70% der Gesamtstärke betrug[337]. Doch das Missverhältnis zwischen kämpfender Truppe und der hinter der Front tätigen Soldaten konnte trotz eines scharfen Befehls Hitlers vom 27. 11. 1943, der zum Ziel erklärt hatte, 1 Mill. Mann aus dem eigenem Bestand der kämpfenden Truppe zuzuführen, nur geringfügig verbessert werden[338]. Aus dem genannten Missverhältnis erklärt sich auch die paradox erscheinende Tatsache, dass die Wehrmacht im Herbst zwar einen neuen Höchststand von über 9,8 Mill. Mann, davon 4,65 Mill. Mann beim Feldheer, erreichte, dieser Zuwachs aber nur geringfügig den Frontverbänden zugute kam.

Die Heereskräfte verteilten sich mit 31. 12. 1943 wie folgt[339]:

Heeresgruppen	Kampfdivisionen*	Sicherungs-, Feldausbildungs- und Reservedivisionen
A	9	1
Süd	63 7/3	4
Mitte	45 8/3	8
Nord	41 5/3	3
20. Geb.-Armee	8 2/3	
AOK Norwegen	12 1/3	
Oberbefehlshaber West	31	14
Oberbefehlshaber Südwest	15	1
Oberbefehlshaber Südost	14 12/3	2
Wehrmachtbefehlshaber Dänemark	1 1/3	1
Befehlshaber des Ersatzheeres		2
Summe:	239 36/3	36

(Dies entsprach einem Äquivalent von rund 251 Kampfdivisionen.)

* Infanterie-, bodenständige Infanterie-, Jäger-, Gebirgsjäger-, Luftwaffen-Felddivisionen.

---

337 KTB OKW, Band 3, Teilband 2, S. 1161; unter Berücksichtigung der Luftwaffenfelddivisionen und der fremdländischen Verbände betrug dieses Verhältnis noch immer 69%.

338 Der Befehl betraf u.a. folgende Maßnahmen: Auskämmung aller Dienststellen und rückwärtigen Einrichtungen, um kampffähige Männer freizumachen; Überprüfung des Personalstandes aller Kommandobehörden, um Soldaten und Beamte einzusparen; Verbesserung der Relation zwischen Kampf- und Versorgungstruppen; Beschränkung der Infanteriedivision auf 11.000 Mann.

339 Ohne Berücksichtigung der in Aufstellung befindlichen Verbände; diese beliefen sich auf 24 Divisionen und 3 Brigaden (KTB OKW, Bd. 3, Teilband 2, S. 1397ff.).

Im Vergleich zur Dislozierung von Anfang Oktober 1943 hatte nur eine leichte Veränderung zugunsten der Kräfte im Westen, Südosten und Norwegen stattgefunden. Die 4 an der Ostfront eingesetzten Heeresgruppen mit rund 165 Divisionen stellten noch immer 66% des Gesamtpotentials dar. Doch diese Quote sagte nichts über den tatsächlichen Kampfkraftverlust des abgelaufenen Jahres aus. Denn trotz laufender Ersatzgestellung und Zuführung zahlreicher Neuformationen war der Iststand des Ostheeres zwischen 1. 11. 1942 und 1. 11. 1943 um 250.000 Mann gesunken. Noch dramatischer erweist sich die Bilanz, wenn man die Iststärke der im Osten eingesetzten 4 Heeresgruppen samt den Feldausbildungsdivisionen und „Ostlegionen" heranzieht, die zu Jahresende 1943 nur mehr knapp 2,1 Mill. Mann betrug[340], wogegen man 1941 immerhin mit 3,1 Mill. Mann Heeresstärke in den Krieg gegen die Sowjetunion gezogen war.

Insgesamt gesehen verschlang der östliche Kriegsschauplatz viel mehr Kräfte, als sie zur Abwehr in stark verkürzten Stellungen unter rechtzeitiger Preisgabe kaum haltbarer Positionen erforderlich gewesen wären. Allein die Räumung der Krim hätte eine komplette Armee freigemacht. Doch Hitler sah in einer solchen Handlungsweise eine politische Niederlage, da er ein Abgleiten der Türkei ins Lager der Alliierten befürchtete, was ohnehin kaum mehr verhindert werden konnte[341]. Eine solch widersprüchliche Strategie hielt am unausgesprochenen Vorrang der Ostfront auch in den nächsten Monaten fest, obwohl das „Gesetz der Schwerpunktbildung" dringend eine radikale Verstärkung des westlichen Kriegsschauplatzes verlangt hätte: Dort wurde nämlich der Großangriff der Alliierten erwartet.

Das genannte Gesetz besagt, dass der Verteidiger alle verfügbaren Kräfte dort konzentrieren müsse, wo der Angreifer sein Schwergewicht bildet. Hitler und die Wehrmachtführung, aber auch jene, die genügend Einblick in die Kriegführung hatten, waren sich durchaus bewusst, dass die Entscheidungsschlacht des Jahres 1944 an der Kanalküste stattfinden würde. Wenn noch irgendeine Chance bestand, angesichts der bedrohlichen Gesamtlage eine Wende herbeizuführen, dann lag sie nur in einer siegreichen Abwehr der Invasion im Westen. Würde diese Chance verspielt, musste der Krieg für Deutschland endgültig als verloren gelten[342].

Auch Hitler stimmte diesem grundsätzlichen Gedanken zu, als er in der Weisung Nr. 51 vom 3. 11. 1943 eindeutig den Vorrang des westlichen Kriegsschauplatzes festlegte, der in jeder Hinsicht – personell, materiell und fortifikatorisch – verstärkt werden sollte[343]. Er verbot sogar in der ergänzenden Weisung vom 28. Dezember, dem Westheer ohne seine Genehmigung auf heimliche Weise Kräfte zu entziehen. Die Zielsetzung war unverkennbar, doch Hitler und das OKW setzten diese strategische Entscheidung wider bessere

Einsicht nicht durch. Anstatt jeden greifbaren Infanteristen, jeden greifbaren Panzer und jedes greifbare Artilleriegeschütz hinter dem Atlantikwall zu konzentrieren, ließ man sich an der Ostfront 1943/44 auf einen mörderischen Abnutzungskrieg ein, der angesichts der Kräfteverhältnisse nur mit einem sowjetischen Sieg enden konnte. So wurde die Rote Armee, auch wenn sie dies nicht im Sinn hatte, zum Steigbügelhalter für den Sieg der Alliierten in Westeuropa. Deshalb trifft die These, dass Hitler 1944 aus ideologischer Verbohrtheit an der Schwerpunktbildung im Westen festgehalten habe, kaum zu; zumindest gilt sie nicht bis zum 6. Juni dieses Jahres[344].

Die Strategie der Hauptakteure und die Invasion im Westen

Der Grundgedanke einer Strategie der „inneren Linie“ liegt darin, bestimmte Kräfte auf einzelnen Kriegsschauplätzen oder Abschnitten, die man vorübergehend verstärkt hat, bei Bedarf herauszulösen, um sie rechtzeitig an diejenige Front zu verlegen, an der man die Entscheidungsschlacht erwartet. Auch die Schaffung einer „zentralen Reserve“, die ein wichtiges Mittel der strategischen Defensive im Mehrfrontenkrieg ist, folgt diesem Gedanken. Die Strategie der „inneren Linie“ verspricht aber nur dann Erfolg, wenn sich die Verschiebung der Kräfte schneller auswirkt als die Reaktion der Gegner. In diesem Sinne hätte das Westheer keinesfalls zugunsten der Ostfront geschwächt werden dürfen[345]. Auch in Italien hätte man nur die unbedingt erforderlichen Kräfte belassen dürfen, wollte man das Gesetz des Schwergewichts befolgen.

An der Ostfront hingegen wäre alles zu unterlassen, was zu einer sinnlosen Abnutzung oder gar zu Niederlagen mit unwiederbringlichen Verlusten führen würde. Hier hätte die Erhaltung der Kampfkraft oberstes Ziel sein müssen. Erst nach einem Abwehrsieg im Westen hätte man ein entscheidendes Schwerge-

340 In dieser Zahl sind die Luftwaffen-Felddivisionen nicht enthalten. Berücksichtigt man auch diese, sowie die in Finnland stehende 20. Gebirgsarmee und sämtliche Kräfte, die sich im besetzten Hinterland befanden, so erhält man zum Zeitpunkt 1. 11. 1943 einen Umfang des Ostheeres von 2,85 Mill. Mann (KTB OKW, Bd. 3, Teilband 2, S. 1482, 1484).

341 Die türkische Regierung beendete am 21. 4. infolge des Drucks der Alliierten die Chromerzlieferungen an Deutschland und betrachtete sich nicht mehr als neutraler Staat.

342 Hitler räumte erstmals am 20. 12. 1943 ein, dass Sieg oder Niederlage an der Invasionsfront den Krieg entscheiden werde.

343 Hubatsch, Hitlers Weisungen für die Kriegführung, a.a.O., S. 233ff .

344 Andreas Hillgruber, Zweierlei Untergang, Berlin 1986, S. 32.

345 Dazu: Das Deutsche Reich und der Zweite Weltkrieg, Band 7, S. 532; Warlimont, Im Hauptquartier der deutschen Wehrmacht, S. 431, 436. Dessen ungeachtet griff das OKH noch im April 1944 auf das II. SS-Panzerkorps im Westen zurück, als die HGr. Süd zu schwach erschien, um eine schwere Krise in Galizien zu meistern.

wicht an der Ostfront bilden dürfen, um Stalin den Durchbruch nach Mitteleuropa mit aller Kraft zu verwehren. Auch für die Luftrüstung hätten sich aus dem Abwehrsieg im Westen Vorteile ergeben, da dann die Reichsverteidigung an oberste Stelle gerückt wäre. Insgesamt galt der von Clausewitz formulierte Grundsatz, dass man im Schwerpunkt nie stark genug sein könne[346].

Auf der Ebene der „Grand Strategy" fielen gegen Jahresende 1943 wichtige Entscheidungen. Der Konferenz von Teheran (28. 11. bis 1. 12.), der ersten Gipfelkonferenz der Anti-Hitler-Koalition, war eine Neuformulierung der sowjetischen Strategie vorangegangen, die auf den bisherigen großen militärischen Erfolgen, aber auch dem Mißtrauen gegenüber den westlichen Verbündeten beruhte. Stalin und Molotov gingen mit weit gesteckten Plänen in die Konferenz, wobei die Gewinnung eines möglichst großen Vorfeldes in Ostmittel- und Südosteuropas bis Kriegsende das Fernziel bildete. Um westalliierte „Alleingänge" zu verhindern, hatte Stalin schon Anfang September 1943 die Bildung einer gemeinsamen „militärisch-politischen Kommission" vorgeschlagen; in diesem Forum sollten Verhandlungen mit denjenigen Staaten vorbereitet werden, die vom Bündnis mit Deutschland abfallen würden[347].

Stalin versuchte in Teheran hartnäckig, die Westmächte auf einen möglichst frühen Termin für die Invasion in Westeuropa festzulegen. Churchill und sein Generalstabschef Sir Allan Brook wiesen auf das erhebliche Risiko dieser Operation und die Versorgungsprobleme hin, wobei sie dem 1. Juni als Angriffstermin zuneigten. Immerhin hatten die Amerikaner erst 9 Divisionen in England stationiert. Stalins Argwohn stieg, als Churchill den Vorschlag einer Landung alliierter Truppen auf der Balkanhalbinsel mit Stoßrichtung Ungarn unterbreitete. Schließlich lenkte Stalin ein und gab sich mit einem voraussichtlichen Invasionsbeginn zwischen 15. und 20. Mai 1944 zufrieden. Er sicherte den Beginn eines Großangriffes gegen die deutsche Ostfront zum Zeitpunkt der Invasion zu. (Diese Zusage wurde aber nicht eingehalten.) Strikt lehnte er es hingegen ab, dass die Briten die Kontrolle über die Partisanenverbände Titos erhielten, die bisher ausschließlich unter sowjetischem Einfluss standen[348].

Während Roosevelt einzulenken versuchte, begann Stalin, das Vorfeld der Sowjetunion abzustecken. Er beanspruchte Polen als geopolitisches Glacis unter sowjetischem Einfluss und stellte sich gegen die polnische Exilregierung in London, die er seit der Auffindung der Massengräber von Katyn ablehnte, während Churchill als Protektor Polens auftrat. Bereits zu diesem Zeitpunkt wurde die Kluft zwischen den britischen und sowjetischen Interessen sichtbar, wobei Stalin die im September 1939 annektierten Teile Ostpolens als Bestandteil der Sowjetunion bis zur so genannten „Curzon-Linie" von 1919 beanspruchte;

Polen sollte hingegen durch deutsche Gebiete ostwärts von Oder und Neiße entschädigt werden. Roosevelt folgte einer Empfehlung seines Generalstabes, der von einem militärischen Übergewicht der Sowjetunion in Europa nach Kriegsende ausging und daher eine konziliante Haltung gegenüber Stalin nahe legte, um das beiderseitige Einvernehmen auf lange Sicht zu sichern.

Bei der künftigen Behandlung Deutschlands gingen die Ansichten noch stark auseinander, doch Stalin machte bereits zu diesem Zeitpunkt seinen Anspruch auf den Nordteil Ostpreußens zur Gewinnung eines eisfreien Ostseehafens geltend[349]. Er lehnte auch eine Volksabstimmung in Estland, Lettland und Litauen über deren künftiges Schicksal ab. Was den Fernen Osten betraf, bot Stalin an, sich nach Erringung des Sieges über Deutschland am Krieg gegen Japan zu beteiligen[350]. Militärstrategisch gesehen lag es in der Absicht Stalins, die Westmächte von allen ihm nebensächlich erscheinenden Zielsetzungen, etwa von einer Intervention zugunsten der Türkei oder von einer Landung auf dem Balkan, abzubringen; sie sollten vielmehr alle ihre Kräfte auf die Vorbereitung der Invasion in Westeuropa konzentrieren. Die Schlacht um Frankreich 1944 bedeutete auch für ihn die Kriegsentscheidung schlechthin.

Es hing also viel davon ab, ob die Invasion in Westeuropa glückte oder nicht, da dieser Umstand auch große Auswirkungen auf den Widerstand der Deutschen an der Ostfront und damit auf die Kriegsziele Stalins haben würde. Scheiterte die Invasion, so mussten die Westalliierten ihre politischen Ziele auf lange Sicht zurückstellen; in diesem Fall lag es an der sowjetischen Seite, ob sie die Niederringung Deutschlands und seiner Verbündeten aus eigener Kraft

---

346 Clausewitz, Vom Kriege, a.a.O., S. 272.

347 Anfang Oktober hatte ein Revirement in den sowjetischen Botschaften von London und Washington stattgefunden, wo die Karrierediplomaten F. T. Gusev bzw. Andrej Gromyko ihren Dienst antraten (Hillgruber, Sowjetische Außenpolitik im Zweiten Weltkrieg, a.a.O., S. 90).

348 Der damalige Dolmetscher V. Bereschkov berichtete von einem kaum verhüllten Affront durch Churchill, worauf Stalin die Sitzung verlassen wollte. – Stalin kritisierte auch das langsame Vorrücken der alliierten Armeen in Italien, die anderswo besser zur Kriegsentscheidung beitragen würden; siehe: Alexander Fischer (Hrsg.), Teheran – Jalta – Potsdam. Die sowjetischen Protokolle von den Kriegskonferenzen der „Großen Drei“, 2. Auflage, Köln 1973, besonders S. 49 ff., 60 ff.

349 Alle drei Politiker waren sich über die Verkleinerung Deutschlands einig, wobei Roosevelt sogar die Aufteilung in fünf Kleinstaaten vorschlug. Während Churchill sein Projekt einer „Donauföderation“ zwischen Österreich und Ungarn vorstellte, befürchtete Stalin eine Erholung Deutschlands innerhalb von 10 – 15 Jahren, falls man keine strenge Kontrolle ausübte.

350 Stalin hatte schon am 30. 10. 1943 eine Teilnahme der Sowjetunion am Krieg gegen Japan nach dem Sieg über Deutschland in Aussicht gestellt.

erzwingen wollte und konnte. Würde Stalin einen Pyrrhussieg in Kauf nehmen? Seine Aufgabe würde umso schwieriger sein, je schneller die Deutschen nach dem Abwehrsieg im Westen die Ostfront verstärkten. Auch wenn britische und sowjetische Diplomaten bereits im Januar 1944 weitgehende Annäherung bezüglich der Besatzungszonen erzielt hatten, würden militärstrategische Ergebnisse über die Kriegsziele entscheiden.

Trotz großer Anstrengungen Rommels, der die betroffene HGr. B in Holland, Belgien und Nordwestfrankreich befehligte, wies die deutsche Abwehr zu Lande und in der Luft beträchtliche Mängel auf. Die verfügbaren Kräfte am 6. Juni im Westen – $58^{1/3}$ Divisionen[351] – erwiesen sich als zu gering, um alle gefährdeten Landeabschnitte ausreichend zu verteidigen und außerdem genügend Eingreifreserven zu bilden. Nur 6 der 10 gepanzerten Divisionen konnten als voll einsatzbereit gelten. Insgesamt standen am Vorabend der Invasion nur rund 1.270 Panzer im gesamten Westraum zur Verfügung[352]. Die Masse der Infanteriedivisionen war „bodenständig“, d.h. sie konnten nur zum Kampf aus Stellungen verwendet werden. Die besonders für den Kampf um die Küste wichtige Artillerie litt an der getrennten Unterstellung unter Heer oder Marine. Die Marineführung betonte ausdrücklich, dass das entscheidende Gefecht am Strand und nicht an Land geführt werden müsste.

Der Atlantikwall war zwar ab 1942/43 beschleunigt und mit großem Aufwand an Arbeitskräften und Material ausgebaut worden[353], er besaß aber nur in seinem Nordabschnitt am Pas de Calais die erwünschte Stärke.

Die „Panzerkontroverse“[354] trug das Ihrige zur Schwächung der Westfront bei, so dass am 6. Juni nicht alle verfügbaren Reserven von Anfang an in den Abwehrkampf eingreifen konnten. Schließlich tappten die deutschen Führungsstellen, nicht zuletzt Rommel, in der Frage des wahrscheinlichen Hauptabschnitts der Landung im Dunkeln, auch wenn Hitler und Jodl die Normandie, insbesondere die Halbinsel Cotentin, als wahrscheinliches Landeziel des Gegners bezeichneten. Doch diese Einsicht fand beim Oberbefehlshaber West, v. Rundstedt, wenig Resonanz, so dass der betroffene Abschnitt trotz Intervention Jodls nur mäßig verstärkt wurde[355]. Die Unsicherheit in der Beurteilung der alliierten Absicht wurde durch ein gelungenes Funktäuschungsmanöver des alliierten Nachrichtendienstes genährt, wonach eine fiktive Armee in Schottland und eine amerikanische Armeegruppe (FUSAG) in der Stärke von 11 Divisionen in Südostengland bereitstünden; man erweckte hierbei den Eindruck, dass die amerikanische Armeegruppe für eine Landung jenseits der schmalsten Stelle des Kanals bestimmt wäre. Die Irreführung der deutschen Führungsstäbe, darunter sogar des Stabes Rommels, erwies sich als so wirksam, dass diese bis in den Juli hinein mit einer zweiten Landeoperation an der Kanalenge rechneten[356]. Dieser Täuschung war es nicht zuletzt zuzuschreiben, dass sich die Deutschen in der Normandie vor dem 6. Juni nicht besser auf Verteidigung einrichteten.

Die genannte Täuschung hatte auch eine arge Überschätzung der alliierten Armeen zur Folge, die mit Ende Mai mit 70 – 80 Divisionen angenommen wurden[357]; tatsächlich standen 37 Divisionen zur Verfügung. Die Alliierten hatten in gründlicher Vorbereitung eine riesige Militärmacht für die größte bisher bekannte amphibische Operation, das Unternehmen „Overlord“, bereitgestellt. Vor allem kam ihre Luftherrschaft entscheidend zum Tragen. Bis zum 6. Juni wurden über 5.600 Flugzeuge eingesetzt, die das Eisenbahnnetz in West- und Nordfrankreich schwer schädigten und die deutsche Luftabwehr dezimierten[358]. Demgegenüber sollte die schwache deutsche Luftflotte 3 erst bei Angriffsbeginn durch erhebliche Zuführungen verstärkt werden.

Dass sich das alliierte Oberkommando des Erfolges bei der geplanten Invasion keineswegs sicher war, wird durch die Unterstellung sämtlicher strategischen Bomberkräfte unter den Befehl Eisenhowers am 14. April verdeutlicht.

---

351 Ohne Berücksichtigung der arg geschwächten 19. Panzerdivision.

352 Dieter Ose, Entscheidung im Westen 1944. Der Oberbefehlshaber West und die Abwehr der alliierten Invasion 1944, Stuttgart 1982, S. 72/73. - Diese Zahl entsprach 77% der Sollausstattung.

353 Zum Zeitpunkt der größten Bautätigkeit einschließlich der Sonderprojekte standen im April/Mai 1943 ca. 260.000 Mann der verschiedenen Organisationen im Einsatz; ein weiterer Höhepunkt fiel in den März und April 1944 (R. Heinz Zimmermann, Der Atlantikwall von Dünkirchen bis Cherbourg, München 1982, S. 20ff.).

354 Es handelte sich um eine grundsätzliche operativ-taktische Kontroverse, ob man nämlich, wie Rommel es wollte, die Panzer- und Panzergrenadierdivisionen küstennah aufstellte, um den landenden Gegner noch im Zustand der Schwäche ins Meer zu werfen, oder ob man, wie manche Panzerführer vertraten, die Masse der Panzerkräfte als Reserve zurückhalten sollte, um den vordringenden Gegner in einer großen Umfassungsschlacht zu vernichten.

355 KTB OKW, Band 4, Teilband 1, S. 303. Dass Cherbourg, das den Alliierten als Hafen dienen sollte, kaum bombardiert wurde, hätte als Indiz für das Landungsziel Normandie dienen können. Außerdem täuschten sich die Deutschen, da sie kaum mit Landungen auf offenen Stränden und bei Niedrigwasser rechneten. Die Vorstrandhindernisse wurden für eine Landung bei Flut angelegt.

356 Ronald Lewin, Funkaufklärung und Funktäuschung bei der alliierten Invasion in der Normandie 1944; in J. Rohwer/E. Jäckel (Hrsg.), Die Funkaufklärung und ihre Rolle im Zweiten Weltkrieg, Stuttgart 1979, S. 202 – 221.

357 Ose, Entscheidung im Westen, a.a.O., S. 81.

358 Infolge der schweren Beschädigung der Luftwaffen-Infrastruktur erzielte die Verlegung von Jagd- und Jagdbomberverbänden nach Westfrankreich nach dem 6. Juni nur geringe Wirkung.

Man verzichtete sogar darauf, die Luftverteidigung über dem Reichsgebiet endgültig niederzukämpfen, da die Vorbereitung der Invasion unbedingten Vorrang hatte[359]. Die Luftangriffe der Alliierten, die zeitweise mehr als 1.000 Bomber einsetzten, unterbrachen alle Verkehrsverbindungen über die Seine und Loire, womit sie Querverschiebungen hinter der künftigen Landefront äußerst erschwerten. Ab 5. April begann obendrein eine Luftoffensive gegen Ploeşti und andere Erdölraffinerien, und ab 12. Mai wurden die Hydrierwerke in Mitteldeutschland massiv bombardiert, was den Nerv der operativen Beweglichkeit zu Lande und in der Luft traf.

Für die Invasion waren schließlich 3 Armeen bereitgestellt, von denen 5 Divisionen die erste Welle bilden sollten, die von 5.100 Bombern und 5.400 Jagdflugzeugen unterstützt wurden. Man wollte am ersten Tag 5 Landeköpfe gewinnen, die hierauf zu einem großen Basisraum vereinigt werden sollten. Für den zusätzlichen Einsatz von 3 Luftlandedivisionen, die zur Sicherung der Flanken bestimmt waren, standen 2.300 Transportflugzeuge bereit. 40 Divisionen warteten noch in den USA auf die Verlegung nach Europa. Dem Oberbefehlshaber der Alliierten, General Eisenhower, stand für den Angriff eine übermächtige Flotte zu Gebot[360].

Schon die ersten 48 Stunden nach Beginn der Invasion am 6. Juni entschieden über den Sieg der Alliierten. Auch wenn auf deutscher Seite die rechtzeitige Alarmierung der von der Landung betroffenen Verbände unterlassen wurde[361], spricht viel dafür, dass auch andernfalls die Bildung gegnerischer Landeköpfe unter den herrschenden Verhältnissen nicht zu verhindern gewesen wäre. Auch die Zuführung von Fliegerverbänden aus dem Reichsgebiet litt unter der späten Alarmierung und anderen Behinderungen, so dass die Luftwaffe nicht nachhaltig in die Bodenkämpfe eingreifen konnte. Da es den Deutschen nicht gelang, die beiden Panzerdivisionen, die dem Landeraum am nächsten standen, frühzeitig zum Gegenangriff zusammenzuziehen, konnte die Invasion am Abend des 7. Juni als gelungen gelten, auch wenn sich diese Tatsache erst im Verlauf der nächsten Wochen verdeutlichte. Ein am 10. Juni erneut unternommener Versuch von 3 Panzerdivisionen, zunächst den britischen Landekopf zu beseitigen, scheiterte.

Obwohl der Heeresgruppe Montgomery nur eine schrittweise Erweiterung des Landekopfes unter schweren beiderseitigen Verlusten gelang, war die Errichtung der „zweiten Front“[362] in Europa unwiderruflich. Der Durchbruch des VIII. US-Korps bei Avranches am 31. 7. besiegelte die Niederlage der Deutschen, und der verzweifelte Gegenangriff von $3^{1/2}$ Panzerdivisionen bei Mortain[363] in der Nacht zum 8. August verschärfte die Lage eher, als sie zu verbessern. Zwei deutsche Armeen wurden bei Falaise - Argentan eingeschlossen;

nur geringen Teilen gelang der Ausbruch. Schließlich mussten auch die beiden deutschen Armeen in Südfrankreich nach der Landung der amerikanischen 7. Armee zwischen Hyères und Cannes (15. August) den verlustreichen Rückzug nach Norden antreten, um der Vernichtung zu entgehen. Feldmarschall v. Kluge, der neue Oberbefehlshaber West, der sich mit schweren Vorwürfen wegen seiner Befehlsführung konfrontiert sah und den sein Kontakt zu den Verschwörern des 20. Juli belastete, wusste keinen Ausweg mehr und beging Selbstmord[364].

Militärstrategisch gesehen war damit die deutsche Strategie in doppelter Hinsicht gescheitert: Erstens hatte der Sieg der Alliierten in Frankreich eine dritte, kräftezehrende Front in Europa geschaffen, wobei die Verluste bis Ende September auf 407.000 Mann stiegen[365]; zweitens konnte die Ostfront mit keiner Verstärkung durch frei werdende Kräfte aus dem Westen rechnen. Das OKW verfügte auch über keine strategische Reserve, die in dieser Lage besonders wichtig gewesen wäre. Bereits Mitte Juni hatte sich die Lage so entwickelt, dass die Deutschen im Westen alles daran setzten, den Landekopf der Alliierten einzudrücken, während sie im Süden nach dem gegnerischen Durchbruch durch die „Gustav-Linie“ Mittelitalien räumten, aber gleichzeitig an der Ostfront die sowjetische Sommeroffensive erwarteten. Gerade in dieser höchst angespannten Lage hätte es im Osten darauf ankommen müssen, mit eigenen Kräften

---

359 Neillands, Krieg der Bomber, a.a.O., S. 344.

360 Die Marinestreitkräfte umfassten 285 Kriegsschiffe, darunter 7 Schlachtschiffe, 23 Kreuzer und 105 Zerstörer; mehr als 4.100 Landungsboote transportierten die Invasionstruppen.

361 Die unterlassene Alarmierung der betroffenen 7. Armee wurde zum Gegenstand von Kontroversen; demnach habe der Frontaufklärungsdienst der 15. Armee am Abend des 5. Juni eine Information entschlüsselt, die die unmittelbar bevorstehende Invasion ankündigte. Als der OB West diese Nachricht erhielt, leitete er sie routinemäßig an die unterstellten Stäbe weiter, ohne diese zu alarmieren (Peter Rückbrodt, Die Invasion in der Normandie – Überraschung und Täuschung der deutschen militärischen Führung?; in: Wehrwissenschaftliche Rundschau 6/1978, S. 190 – 192; Das Deutsche Reich und der Zweite Weltkrieg, Bd.7, S. 537).

362 Diese Bezeichnung trifft genau genommen nicht zu, da durch die Landung der Westalliierten in Sizilien und hierauf in Süditalien bereits eine zweite Front in Europa entstanden ist.

363 Romedio Thun-Hohenstein, Mortain 1944 – Zur Effektivität von Lufteinsätzen, in: ÖMZ 5/2002, S. 587 – 592.

364 Dazu: Abschiedsbrief Kluges an Hitler vom 18. 8. 1944, worin er seine Treue zu Hitler beteuert, jede Schuld an der katastrophalen Lage im Westen von sich weist und zur raschen Kriegsbeendigung rät, um weitere Opfer abzuwenden (Ose, Entscheidung im Westen, a.a.O., S. 339).

365 Berechnet gemäß KTB OKW 1944/1945, Teilband 1, S. 376.

jeden Durchbruch des Gegners zu verhindern, ohne sich dabei einer Niederlage auszusetzen. Noch befanden sich Mitte Mai 54% aller Heereskräfte an der Ostfront.

Der strategische Triumph der Sowjetunion im Sommer 1944

An der deutsch-sowjetischen Front lag der Vorteil voll auf Seiten der Roten Armee, ein Umstand, der durch deutsche Führungsfehler noch verstärkt wurde. Das OKH, insbesondere die Abteilung Fremde Heere Ost, erwartete den Hauptangriff des Gegners im Gebiet zwischen den Pripjatsümpfen und dem Schwarzen Meer, vor allem gegen die HGr. Nordukraine in Galizien. Man nahm an, dass die Rote Armee nach gelungenem Durchbruch entweder nach Südosten eindrehen würde, um gegen den Balkan vorzugehen, oder aber in einer großräumigen Schwenkung nach Norden in den Rücken der HGr. Mitte vorstoßen würde. Deshalb hatte der Generalstab südlich des Pripjat die Masse der Panzer- und Panzergrenadierdivisionen konzentriert, nämlich $17^{2/3}$, um endlich – wie erhofft – Schwergewicht gegen Schwergewicht setzen zu können. Allein die genannte HGr. Nordukraine verfügte Mitte Mai über $8^{2/3}$ gepanzerte Großverbände[366], mit denen man sogar einen begrenzten Angriff führen wollte, um der sowjetischen Offensive zuvorzukommen.

Hingegen musste sich die nördlich anschließende HGr. Mitte, die einen weit nach Osten vorspringenden Frontbogen mit über 1.000 km Länge verteidigte, mit $47^{3/3}$ Divisionen auskommen, worunter sich nur 3 Panzerdivisionen befanden. Da diese Heeresgruppe Anfang Juni auf Grund von Abgaben nur mehr über $41^{2/3}$ Divisionen verfügte, entfiel auf jede Frontdivision ein Abschnitt von rund 25 km[367], wobei die einzige nennenswerte Reserve aus einer Panzerdivision bestand. Mit einer Ausnahme waren keine rückwärtigen Stellungen vorbereitet; ein weiträumiger Rückzug auf die Düna-Beresina-Stellung zwischen Polozk und Bobruisk, der ca. 160 km Frontlänge eingespart hätte, wie es Feldmarschall Busch, der Oberbefehlshaber der Heeresgruppe, vorgeschlagen hatte, wurde von Hitler untersagt. Die Truppe konnte sich daher nur auf den sorgfältigen Ausbau der vorderen Linie stützen.

Auf sowjetischer Seite waren außergewöhnlich intensive Anstrengungen zur Vorbereitung der Offensive unternommen worden, wobei 18 Armeen, darunter eine Panzerarmee, gegliedert in 166 Divisionen und 9 Brigaden, an 6 Abschnitten den Durchbruch erzwingen und hierauf in raumgreifenden Vorstößen die deutschen Kräfte einkesseln und aufreiben sollten; zahlreiche Partisanenverbände standen zur Unterstützung bereit. Insgesamt setzte die Rote Armee 5.200 Panzer und Selbstfahrlafetten, 31.000 Geschütze und Granatwerfer sowie an die 6.000 Frontflugzeuge ein[368]. Militärstrategisch konnte Stalin den großen Trumpf ausspielen, dass die Deutschen ihr Hauptaugenmerk auf die Abwehr der Invasion gerichtet hatten, dort alle greifbaren Reserven einsetzten und daher die Ostfront nicht verstärken konnten. Er wartete deshalb so lange, bis sich der Kampf um den Landekopf zu einem aufreibenden Ringen ausweitete, das eine beiderseitige Abnutzung erwarten ließ. Sein Kalkül sollte voll aufgehen.

Die Gesamtoperation „Bagration“, beginnend mit 22. Juni, erzielte auf Anhieb erstaunliche Erfolge und brachte auf Grund deutscher Führungsfehler, vor allem durch den zu spät genehmigten Rückzug, der Roten Armee einen überwältigenden Sieg. Die deutschen Führungsstellen unterlagen obendrein der Täuschung, dass sie die sowjetische Offensive nur als Fesselungsaktion betrachteten und den Hauptangriff noch immer in der Westukraine erwarteten. Zwei deutsche Armeen wurden fast zur Gänze eingeschlossen und vernichtet, eine dritte erlitt schwerste Verluste. Bis zum 8. Juli verlor die Heeresgruppe 28 Divisionen mit mindestens 300.000 Mann, unter ihnen 17 Generäle[369]. In der Front klaffte eine Lücke von 350 km Breite, und der HGr. Nord drohte die Umfassung von Süden her, bald darauf die Abtrennung von ihrem Nachbarn. Im Laufe der nächsten 6 Wochen gingen noch einmal rund 100.000 Mann bei den Kämpfen in Weißrussland und Polen verloren. Diese Niederlage übertraf in ihren Ausmaßen sogar die Katastrophe bei Stalingrad und stürzte das OKH in ein bisher nicht gekanntes Dilemma.

Feldmarschall Model, der die verbliebenen Teile der HGr. Mitte seit 29. Juni führte, konnte den sowjetischen Vormarsch mit geretteten Verbänden und improvisierten Verstärkungen durch hinhaltenden Kampf schließlich Anfang August vor der Grenze Ostpreußens, entlang der Weichsel und im Vorfeld von

---

366 Darunter fielen auch die beiden Divisionen des II. SS-Panzerkorps, die somit bei der Abwehr der Invasion fehlten. Siehe Schematische Kriegsgliederung vom 15. 5. 1944, Bundesarchiv-Militärarchiv RH 2/v.353.

367 Ein solcher Abschnitt war zu breit, um auch bei tiefem Stellungssystem lange Widerstand leisten zu können. Die Faustregel für eine erfolgreiche Verteidigung lautete: eine Breite von höchstens 15 km.

368 Gustav Adolf Gaspar, Der Zusammenbruch der Heeresgruppe Mitte im Sommer 1944, in: Truppenpraxis 7/1984, S. 471 – 476; hier: S. 472. Ein wohl durchdachtes Verfahren sollte die deutsche Front aufspalten: doppelte Feuerwalze, sehr hohe Truppendichte an den Schwerpunkten, Einsatz jener Panzerkorps, die für operative Zwecke bestimmt waren, erst nach gelungenem taktischen Durchbruch; schließlich Einkesselung des Gegners und Stoß in die Tiefe.

369 Die Verlustberechnungen schwanken zwischen 300.000 und 350.000 Mann; von der 9. Armee konnte nur eine Kampfgruppe mit 15.000 Mann die Umklammerung durchbrechen; der 3. Panzerarmee gelang nur die Rückführung eines Armeekorps (Gerd Niepold, Führung der Heeresgruppe Mitte von Juni bis August 1944; in: Mars 1996, S. 456 - 469).

Warschau zum Stehen bringen. Das Dilemma nahm noch ärgere Ausmaße an, als am 13. Juli der lang erwartete sowjetische Angriff mit 10 Armeen gegen die HGr. Nordukraine losbrach, die zwischen dem Pripjat und dem Fuß der Karpaten bei Kolomea schwer getroffen wurde. Bei den Abwehrkämpfen der HGr. Nordukraine wurde erstmals im Abschnitt der 1. Panzerarmee das Verfahren der „Großkampfzone“ mit örtlichem Erfolg angewendet[370]. Nach allgemeinem Rückzug auf den Karpatenkamm und die obere Weichsel gelang den Angreifern die Bildung mehrerer Brückenköpfe über den Fluss, die zur Ausgangsbasis für den sowjetischen Generalangriff vom 12. Januar 1945 werden sollten.

Die dritte Großoffensive traf am 20. August die bis zum Dnjestr vorgestaffelte HGr. Südukraine in Rumänien, der man im Laufe der letzten Wochen fast alle Reserven zugunsten der übrigen Ostfront entzogen hatte. Auch diesmal hatte Hitler die beantragte Rücknahme in eine verkürzte Auffangstellung untersagt. Das Staatsgebiet Rumäniens, dessen Regierung seit Anfang Juni Geheimverhandlungen mit Moskau führt, sollte unbedingt behauptet werden. Der Gegner warf 10 Armeen in den Kampf und schloss die Deutschen in einer Umfassungsschlacht zwischen Dnjestr und Prut in wenigen Tagen ein. Sie verloren die Masse der 6. Armee und Teile der 8. Armee mit insgesamt 16 Divisionen, d.h. rund 180.000 Mann. Dies bedeutete die zweite militärische Katastrophe des Sommers 1944. Nach dem Sturz Antonescus durch die Opposition und dem Machtwechsel in Rumänien am 23. August[371] konnten sich nur noch geringe Teile der Heeresgruppe über die Karpaten nach Ungarn absetzen, wo sie aber nicht viel Zeit zur Auffrischung fanden. Der Südflügel der Ostfront ist zusammengebrochen, und Deutschland hat auch sein wichtigstes Erdölgebiet verloren.

Dieser Zusammenbruch hatte auch den späten Entschluss zum Rückzug der deutschen Kräfte aus Griechenland und aus dem südlichen Balkan zur Folge, da die in Richtung Belgrad vordringenden Teile der Roten Armee eine schwere Rückenbedrohung dieser Kräfte bildeten. Die mit 2. September begonnene Räumung der meisten ägäischen Inseln, gefolgt von der Räumung Griechenlands und Albaniens stellte zwar eine große operative Leistung dar, doch ließen sich die Deutschen im Winter 1944/45 in langwierige Kämpfe mit bulgarischen Truppen und Partisanengruppen verwickeln, bis sie endlich in Bosnien eintrafen[372]. Diese Truppen fehlten jedoch für die Verstärkung der Front in Kroatien und auch in Ungarn, und zwar zu einem Zeitpunkt, als der Südflügel der Ostfront um Budapest kämpfte.

Auf dem äußersten Nordflügel hatte die Rote Armee inzwischen die finnische Armee an der Karelischen Landenge am 9. Juni angegriffen und durchbrochen. Da die finnische Regierung seit Februar Verhandlungen über einen

Waffenstillstand geführt hatte, setzte diese Offensive Finnland so unter Druck, dass man immer mehr einem Sonderfrieden mit der UdSSR zuneigte[373]. Wenn auch Feldmarschall Keitel Mitte August in Helsinki nochmals versuchte, ein Ausscheiden Finnlands zu verhindern, so ließen die Niederlagen des Ostheeres erkennen, dass Finnland mit keiner deutschen Hilfe mehr rechnen durfte und somit am 4. September Waffenstillstand schloss. In der Folge musste sich die bewährte 20. Gebirgsarmee mühsam nach Nordnorwegen zurückziehen und fiel als Verstärkung für andere Kriegsschauplätze aus.

Das Ostheer hatte innerhalb von zwei Monaten derart gewaltige Niederlagen und Verluste erlitten[374], dass die militärische Entscheidung im Osten endgültig gefallen war. Die nochmalige Stabilisierung der Ostfront Ende September 1944 konnte nicht darüber hinweg täuschen, dass die Hoffnung auf ein militärisches Remis, wie es Manstein noch im Juli 1943 für möglich gehalten hat, völlig obsolet geworden war. Angesichts der vernichtenden Niederlage des Westheeres und der Zertrümmerung großer Teile der Ostfront sowie der unumschränkten Luftherrschaft der Alliierten musste der Krieg strategisch und politisch im Sommer 1944 für Deutschland ohne Zweifel als verloren gelten.

370 Die Großkampfzone war so weit von der Hauptkampflinie abgesetzt, dass nach deren rechtzeitiger Räumung das Vorbereitungsfeuer des Angreifers ins Leere ging. Diese Maßnahme, koordiniertes Gegenfeuer und taktische Reserven verhinderten tagelang den gegnerischen Durchbruch.

371 Peter Gosztony, Rumänien im August 1944, ÖMZ 1980, S. 48 – 54.

372 Dazu: Klaus Schmider, Partisanenkrieg in Jugoslawien 1941 – 1944, Hamburg 2002; immerhin verfügte die HGr. E über rund 350.000 Mann, die weiter nördlich dringend benötigt wurden.

373 Noch am 26. Juni hatte der finnische Staatspräsident Ryti zugesagt, jeden Sonderfrieden mit Moskau abzulehnen.

374 Allein im Juli und August verlor das Ostheer insgesamt über 781.000 Mann (Fritz Hahn, Waffen und Geheimwaffen des deutschen Heeres, Band 2, München 1987, S. 262/63).

VII. Die Strategie in der Schlussphase des Krieges

Deutsche „Wunderwaffen" zwischen Illusion und Realität

Wenn auch Strategie und Kriegsziele der Alliierten angesichts der Forderung nach bedingungsloser Kapitulation grundsätzlich festgelegt waren, so kann man doch Veränderungen in Einzelfragen feststellen. Obwohl auch die Westalliierten den Krieg möglichst schnell siegreich beenden wollten, konnten sie sich nicht zu einer klaren Schwergewichtsbildung zur Eroberung Deutschlands durchringen, wozu die Rivalität zwischen Montgomery und Eisenhower wesentlich beitrug. Bei Stalin und Molotov drängte sich angesichts der großen Siege der Roten Armee im Sommer 1944 der Gedanke auf, den Erfolg auf dem Schlachtfeld bis zum äußersten zu nutzen und noch in diesem Jahr die politischen Früchte zu ernten. Sie entschieden jedoch, zunächst die strategisch wichtigen Flankengebiete, nämlich das Baltikum mit den Ostseehäfen, das Pannonische Becken und große Teile des Balkans in Besitz zu nehmen, ehe sie den Hauptstoß im Zentrum gegen Berlin führten. Auf dem Balkan galt überdies seit 18. Mai 1944 ein auf 3 Monate befristetes sowjetisch-britisches Übereinkommen, wonach Rumänien und Bulgarien sowjetisches, hingegen Griechenland und Jugoslawien britisches Operationsgebiet sein sollten. Dies bedeutete, dass Stalin bereits eine Einschränkung seiner Einflusszone hinnehmen musste, da er sein Land als Schutzmacht für das künftig von Tito beherrschte Gebiet betrachtete.

Außerdem ist ins Kalkül zu ziehen, dass auch die überlegene Rote Armee im Sommer 1944 hohe Verluste erlitten hatte, die es nicht erlaubten, strategisch „vollendete Tatsachen" in Form einer schnellen Eroberung Mitteldeutschlands zu schaffen. So deckten die Rückschläge in Kurland und im westlichen Litauen im August 1944 die Schwächen der Roten Armee in dieser späten Phase auf, als es den Deutschen gelang, die Verbindung zwischen den Heeresgruppen Nord und Mitte angriffsweise nochmals herzustellen[375].

Auf der anderen Seite stellte sich die Frage nach der deutschen Strategie. Hierbei traten politische und militärische Hoffnungen in Erscheinung, deren Realitätsgehalt im Einzelnen nur geringe Substanz aufwies und die sich z.T. an Visionen klammerten. Es handelt sich um folgende problematische Perspektiven:

- Fortgesetzter und gesteigerter Einsatz von Fernwaffen (V-1 und V-2), um Großbritannien noch mehr unter Druck zu setzen, das offenbar schon an der Grenze seiner Belastbarkeit angelangt zu sein schien;
- Zerfall der Kriegskoalition, indem man auf Kontroversen zwischen der Sowjetunion, Großbritannien und der USA bezüglich der Kriegsziele hoffte;
- Rechtzeitige Einsatzbereitschaft bzw. Massenproduktion anderer technisch überlegener Waffensysteme, etwa des Düsenflugzeuges Me-262, des Strahlbombers Ar 234, des Senkrechtstarters Me-163, der Fla-Raketen „Rheintochter", „Enzian" und „Wasserfall" sowie der U-Boote vom Typ XXI und XXIII.

Bei den V-Waffen, deren erster Einsatz am 12/13. Juni vor der Kanalküste und später von Bombern aus gegen London begann[376], ging es um Angriffe gegen Flächenziele, aber nicht gegen militärische Ziele. Deshalb konnten die V-Waffen auch nicht als „Artillerie mit verlängerter Reichweite" oder als Ersatz für Luftbombardements gegen militärische Ziele gelten; sie dienten als Terrorwaffe. Die ersten Einsätze mittels Flugbomben Fi-103 wurden vom Flak-Regiment 155 (W) durchgeführt, wofür eigens 96 Feldstellungen errichtet worden waren. Bis Anfang September feuerte es 8.617 Geschosse gegen London. Nachdem auch die Heeresrakete A-4 (V-2) am 8. September den Beschuss von London und Paris, später auch von Antwerpen, aufgenommen hatte, erhoffte man sich eine erhöhte Wirkung auf die Moral des Gegners. Doch zahlreiche Mängel – frühzeitige Abstürze, Zündversagen, Produktionsfehler – führten vor Augen, dass diese Waffen noch keineswegs voll ausgereift waren.

Trotz der bis Ende März 1945 verschossenen ca. 22.380 Flugbomben und ca. 3.170 V-2-Raketen[377] beschränkte sich die indirekte militärische Wirkung darauf, dass zahlreiche Flak-Einheiten und Jägerstaffeln zur Abwehr dieser Angriffe gebunden wurden. Beiden Waffensystemen fehlte noch eine einwandfrei funktionierende Steuerungselektronik, um eingrenzbare militärische Ziele zu treffen und gewissermaßen als „Fernartillerie" zu dienen[378]. Deshalb konnte auch keine erfolgreiche Bekämpfung des alliierten Landekopfes in der Normandie oder von Schiffsansammlungen in Südengland bzw. im Kanal erwartet werden, ein scheinbares Versäumnis, das manche Kritiker im Nachhinein anprangerten. Es befanden sich aber bis Kriegsende Fernraketen und auch Steuerungsmechanismen in Erprobung, die eine völlig neue Dimension der Kriegführung in Aussicht stellten. Dazu gehörte die Interkontinentalrakete A-9/A-10, die sogar Ziele an der Ostküste der USA hätte treffen können[379].

Die 1944 vorhandenen V-Waffen dienten unter den gegebenen Verhältnissen vorerst nur dem Vergeltungswillen, der jedoch nur dann von Logik gestützt gewesen wäre, wenn diese Waffen in Großbritannien mindestens gleich viel Schaden wie die alliierten Bombenangriffe in Deutschland angerichtet hätten. Da diese Waffen trotz der verursachten Belastung keine Änderung der britischen Kriegspolitik bewirkten, was immerhin ein wichtiges strategisches Ziel dargestellt hätte, blieb nur der psychologische Effekt gegenüber der eigenen Bevölkerung, um die Hoffnung auf den „Endsieg" zu nähren. Von einer verpassten „strategischen Chance" konnte keine Rede sein.

Eine andere Hoffnung war der Zerfall der Kriegskoalition, indem Hitler, Goebbels u.a. auf die Wirkung unterschiedlicher Kriegsziele zwischen der Sowjetunion und den Westmächten setzten. Die Begleitumstände der sowjetischen Besetzung Rumäniens Ende August und die sowjetische Kriegserklärung an Bulgarien am 5. September[380] stimmten mit dem Geist der Koope-

375 Gerd Niepold, Panzeroperationen. Doppelkopf und Cäsar. Kurland – Sommer 44, Herford – Bonn 1987. - Viele Verbände der Roten Armee erwiesen sich noch immer im Bewegungsgefecht als unterlegen.

376 Daneben wurde noch ein Ferngeschütz („Hochdruckpumpe") entwickelt, das mit zwei Exemplaren ab 27. 12. 1944 bei der Ardennen-Schlacht gegen das Ziel Luxemburg zum Einsatz kam. Von der vierten Fernwaffe, der vierstufigen Pulverrakete „Rheinbote", wurden zwischen Ende 1944 und Mitte Januar 1945 ca. 44 Geschosse auf Antwerpen verschossen. (Dieter Hölsken, Die V-Waffen. Entwicklung und Einsatzgrundsätze; in: Militärgeschichtliche Mitteilungen 2/1985, S. 95 – 122).

377 Ebenda, S. 116; in Großbritannien starben 8.938 Menschen, in Belgien 6.448 Menschen durch den Beschuss von V-Waffen.

378 Beim Versuch, die am 7. März 1945 von amerikanischen Truppen eroberte Rheinbrücke bei Remagen als „Punktziel" mittels V-2-Raketen zu zerstören, wurden mehrere Nahtreffer erzielt, die schließlich die Brücke zum Einsturz brachten.

379 Friedrich Georg/Thomas Mehner, Atomziel New York, Rottenburg 2004, S. 292ff. Ein Versuch mit einer Fernrakete soll am 16. 3. 1945 in Thüringen stattgefunden haben.

380 Bulgarien hatte schon am 26. 8. 1944 den Status der Neutralität angenommen, der aber von britischer und sowjetischer Seite als völlig ungenügend bezeichnet wurde. Nach dem überraschenden, improvisierten Angriff von 3 sowjetischen Armeen kam es in der Nacht zum 9. 9. zum Putsch kommunistischer und prosowjetischer Gruppen und zur Bildung einer sowjetfreundlichen Regierung (Vojtech Mastny, Moskaus Weg zum Kalten Krieg, München – Wien 1980, S. 245).

ration, wie er in Teheran verkündet worden war, kaum überein. Der britischen und amerikanischen Militärdelegation war eine Frist von 24 Stunden eingeräumt worden, Bulgarien zu verlassen.

Des Weiteren demonstrierte Stalin mit der Einsetzung eines provisorischen Gremiums, des späteren Lubliner Komitees[381], am 21. Juli im eroberten Ostteil Polens, dass er jede Verständigung mit der Londoner Exilregierung von sich wies. Auch die Inaktivität der Roten Armee vor den Toren Warschaus, wo die Polnische Befreiungsarmee am 1. August einen Aufstand gegen die deutsche Besatzung entfacht hatte und wochenlang vergeblich auf sowjetische Hilfe wartete, trug nicht zur Entschärfung des Problems Polen bei. Die Proteste westlicher Politiker, u.a. Anthony Edens und General de Gaulles, änderten nichts an seiner Haltung, die er bereits während der Konferenz von Teheran hervorgekehrt hatte. Stalin verfolgte hartnäckig eine politische Strategie, die vereinfacht ausgedrückt den Grundsatz verfocht, in jedem Land, in das die Rote Armee vordrang, das sowjetische politische System einzuführen. Auch Churchill bekam diesen Grundsatz zu spüren, als er im Oktober in Moskau mit Stalin verhandelte und beide die jeweiligen Einflussgebiete in Ostmittel- und Südosteuropa in Prozentquoten auszudrücken versuchten, jedoch keine Einigung erzielten[382].

Doch dürfen die Differenzen zwischen den Westalliierten und Stalin nicht darüber hinwegtäuschen, dass an der grundsätzlichen Einigkeit, Deutschland und seine Verbündeten unbedingt zu besiegen, kein Zweifel bestand. Das Verhalten Stalins im Herbst 1944 ließ vielmehr erkennen, dass er seine Ziele bereits zeitlich über das Kriegsende hinaus zur Abrundung seiner Machtsphäre gesteckt hatte. Hierbei spielten die künftigen Erfolge der Roten Armee keine direkte Rolle bei der Abgrenzung der Besatzungszonen in Deutschland, da diese im Wesentlichen schon im Herbst 1944 von der Europäischen Beratenden Kommission in London abgesteckt worden waren. Demgegenüber lief die politische Strategie Stalins sehr wohl auf die Besetzung möglichst großer Territorien in Nordost- und Mitteleuropa sowie auf dem Balkan hinaus, um noch vor Kriegsende ein fait accompli zu seinen Gunsten zu schaffen.

Weitere Hoffnungsträger waren einige moderne Waffensysteme, von denen z.B. die Me-262 weder in ihrer Ausführung als Jagd- oder Schnellbomber rechtzeitig einsatzreif wurde, um die Invasionstruppen zu bekämpfen, noch als Jäger in ausreichender Stückzahl gefertigt wurde, um die alliierte Luftherrschaft zu brechen. Selbst als das Flugzeug nach vielen Kontroversen am 22. Juni 1944 einen Sonderstatus innerhalb der gesamten Rüstungsproduktion erhalten hatte, konnte das erste einsatzfähige Jagdgeschwader mit 30 Serienmaschinen Me-262 A-1A erst im Oktober in die Luftkämpfe eingreifen, da

Mängel in der Turbinenfertigung die Produktion verzögert hatten. Das Flugzeug erwies zwar seine Überlegenheit gegenüber den schnellsten Jägern der Alliierten, doch kam bis Kriegsende nur mehr eine geringe Zahl von Me-262 zum Einsatz, was keinerlei Einfluss auf den Verlauf des Luftkriegs hatte[383]. Die Flak-Raketen „Rheintochter", „Enzian" und „Wasserfall" litten vor allem an Schwierigkeiten mit den Abschussrampen und der Funksteuerung. Da die Kanonen-Flak an der Grenze ihrer Steigerungsfähigkeit angelangt war, meinte auch der Generalluftzeugmeister, die Raketenwaffen kräftig fördern zu müssen, selbst dann, wenn nur eine von zehn Flak-Raketen träfe, sei der Aufwand viel geringer als bei der konventionellen Rohr-Flak[384]. Doch alle diese Entwicklungen kamen vor Kriegsende nicht zum Abschluss.

In diesem Zusammenhang sei auf ein Projekt eingegangen, das bei rechtzeitiger Einsatztauglichkeit den Kriegsverlauf möglicherweise hätte verändern können: die Atomwaffe. Es spricht viel dafür, dass während des Krieges zwei Entwicklungen zur Gewinnung von Atomenergie parallel verlaufen sind. Es handelt sich einerseits um die Versuche der Professoren Werner Heisenberg, Carl Friedrich v. Weizsäcker und Döpel, andererseits um die Experimente von Dr. Kurt Diebner und Dr. Erich Bagge, die unter strenger Geheimhaltung zunächst unter der Kompetenz des Heereswaffenamtes und ab Ende Februar 1942 unter der Aufsicht des Reichsforschungsrates vorgenommen worden sind[385]. Den Vorsitz dieses Gremiums nahm ab Juni 1942 Göring ein, während im Präsidialrat u.a. Heinrich Himmler vertreten war, womit das Projekt über ausreichende Geldmittel und zahlreiche Arbeitskräfte, nämlich KZ-Häftlinge, verfügte. Das Vorhaben erschien so brisant, dass man es nicht nur der Obhut des Heereswaffenamtes überlassen wollte. Nachdem im Februar 1942 eine wissenschaftliche Tagung der „Arbeitsgemeinschaft Kernphysik" die Durchführbarkeit der Gewinnung von Kernenergie aus der Uranspaltung festgestellt

---

381 Dieses Komitee wurde am 1. 1. 1945 zur „Provisorischen Regierung der Republik Polen" umgestaltet.

382 Vojtech Mastny, Moskaus Weg zum Kalten Krieg, S. 253ff.

383 Um die Jahreswende 1944/45 wurde noch das Jagdgeschwader 7 mit dem neuen Strahljäger ausgerüstet. Von den insgesamt 1433 produzierten Flugzeugen vom Typ Me-262 gelangte nur ein Viertel zum Fronteinsatz.

384 Das Deutsche Reich und der Zweite Weltkrieg, Bd. 7, a.a.O., S. 285.

385 Dazu ausführlich: Edgar Mayer/Thomas Mehner, Das Geheimnis der deutschen Atombombe, Rottenburg 2001; Thomas Mehner, Das Geheimnis der deutschen Atombombe, in: Deutsche Militärzeitschrift 4/2001, S. 42 – 44; Rainer Karlsch, Hitlers Bombe, München 2005; Walter Post, Kurt Diebner – Vater der deutschen Atombombe?, in: Deutsche Geschichte 5/2004, S. 33 – 40; derselbe, Die deutschen Atomwaffenversuche in Thüringen 1945, in: Deutsche Geschichte 4/2005, S. 39 – 49.

hatte, erfuhr Goebbels am 21. 3. 1942 vom Stand der Entwicklung. Er setzte in der Folge große Hoffnungen auf diese Waffe[386].

Kurt Diebner gelang im Sommer 1943 offenbar ein wissenschaftlicher Durchbruch beim Bau eines Versuchsreaktors, den man nur noch vergrößern und ihm ein passendes Kühlsystem beifügen musste, um eine „Uranmaschine" zu erhalten, die Kernsprengstoff erzeugte. Diebner und Bagge hatten sich nicht für die Isotopentrennung, sondern für natürliches Uran und die Verwendung von schwerem Wasser entschieden[387]. Während die Versuche im Geheimen weiterliefen, erwähnte Hitler bei seiner letzten Besprechung mit Marschall Antonescu am 5. August 1944 eine neue Vergeltungswaffe, die so genannte V-3, die eine so gewaltige Wirkung erzielte, dass alle Lebewesen im Umkreis von 3 – 4 km getötet würden[388].

Währenddessen hatte die SS-Führung schon im Januar 1942 mit dem Bau eines Bunkers, der ein Laboratorium aufnehmen sollte, im Raum Arnstadt begonnen; andere unterirdische Anlagen entstanden unter hohem Zeitdruck im Raum Ohrdruf – Jonastal. Dort haben Diebner und Bagge 1944 offenbar eine „Uranmaschine" gebaut, die viel größere Ausmaße als der Versuchsreaktor hatte. Bei der Entnahme des erbrüteten Plutoniums dürften auf Grund der unzureichenden Schutzmaßnahmen viele Häftlinge ums Leben gekommen sein. Am 4. März 1945 soll der Test der ersten deutschen Atomwaffe, die in vieler Hinsicht den taktischen Kernwaffen entsprach, wie sie erst 1958/59 existierten, auf dem Truppenübungsplatz Ohrdruf stattgefunden haben. Bei diesem Test mit einer Waffe, deren Kernspaltungsprozess durch eine Fusionsreaktion und Komprimierung des spaltbaren Materials verbessert wurde, waren mehrere hundert Häftlinge und auch einige SS-Männer gestorben. Am 12. März soll ein zweiter Atomwaffenversuch stattgefunden haben, wobei die Kernladung wahrscheinlich zwischen 100 – 180 Gramm Plutonium betragen hat[389]. Über den Test bei Ohrdruf dürften bald Informationen an sowjetische Dienststellen gelangt sein, denn der Chef des militärischen Nachrichtendienstes sandte am 23. 3. 1945 u.a. an Professor Igor Kurtschatov, den Leiter des sowjetischen Atomwaffenprojekts, darüber einen genauen Bericht, den Kurtschatov für glaubwürdig hielt[390].

Unabhängig davon, welche neuen Erkenntnisse über den Bau einer deutschen Atomwaffe noch gewonnen werden, deutet vieles darauf hin, dass Hitler auf diese „Wunderwaffe" und deren rechtzeitige Einsatzbereitschaft leidenschaftlich hoffte. Auch bei Goebbels dürfte dies der Fall gewesen sein.

Doch alle die genannten Hoffnungsträger hätten dem nach menschlichem Ermessen verlorenen Krieg nur dann eine Wende geben können, wenn es der Wehrmacht gelungen wäre, die starre Defensive zu überwinden. Eine strategische Defensive, die nicht mehr die Kraft zum Gegenangriff aufbringt, muss scheitern. Denn der Sinn einer solchen Defensive liegt in der Abnutzung und Ermüdung des Gegners bis zu dem Zeitpunkt, da die eigenen Kräfte stark genug für einen erfolgreichen Gegenangriff sind[391]. Doch zu einem solchen Gegenangriff fehlte den Deutschen nach den bisherigen riesigen Verlusten an Menschen und Waffen die Substanz.

Im Herbst 1944 brach noch eine andere, wenn auch sehr geringe Hoffnung zusammen, nämlich auf eine Wende auf dem pazifischen Kriegsschauplatz. Die japanischen Streitkräfte hatten ab Sommer 1943 Insel auf Insel im Westpazifik, darunter die für den Luftkrieg wichtigen Marianen, räumen müssen und waren nun auf die Verteidigung ihres erweiterten Vorfeldes zurückgeworfen. Der amerikanischen Marine unter Admiral Nimitz war es inzwischen gelungen, die japanische Handelsflotte, die das Mutterland mit den benötigten Rohstoffen und Lebensmitteln versorgte, entscheidend zu schädigen[392]. Ende Oktober 1944 unternahm die japanische Flotte noch einen Versuch, mit allen verfügbaren Kräften die Landung der Amerikaner im Golf von Leyte auf den Philippinen zu verhindern. Doch in der größten Seeschlacht des Zweiten Weltkrieges, an der insgesamt 282 Schiffe teilnahmen, erlitten die japanischen Flottenverbände so hohe Verluste, darunter 4 Flugzeugträger, 3 Schlachtschiffe und 9 Kreuzer, dass die Seeherrschaft im Westpazifik von nun an völlig auf amerikanischer Seite lag. Mit der Schlacht um Leyte war das Schicksal der Philippinen mehr oder minder besiegelt, was zur Folge hatte, dass die Kontrolle über die kriegswichtigen Öltransporte aus Borneo und Sumatra verloren gehen würde[393].

Die japanische Militärführung, die im Vergleich zu Deutschland viel größeren Einfluss auf strategische Entscheidungen besaß, setzte ihre Hoffnungen auf eine verbissene Verteidigung ihres noch verbliebenen Vorfeldes. Den An-

386 Joseph Goebbels, Tagebücher aus den Jahren 1942 – 1943, Zürich 1948, S. 136.

387 Hierbei wurden 240 Uranwürfel in einem kugelförmigen Reaktor entsprechend angeordnet, um genügend Neutronen zu erzeugen, damit die „Uranmaschine" überkritisch wurde und zu arbeiten anfing. Offenbar verfügte man noch 1944 über genügend schweres Wasser, das als Bremssubstanz diente; die Tests wurden in der Heeresversuchsstelle Kunersdorf durchgeführt.

388 Klaus Hoffmann, Otto Hahn, Berlin 1979, S. 248; Post, Kurt Diebner, a.a.O., S. 39.

389 Post, Kurt Diebner, a.a.O., S. 40. Diese Bombe hatte von der Funktion her eine Ähnlichkeit mit „Fat Man", der am 16. Juli 1945 in Alamogordo erprobt wurde.

390 Karlsch, Hitlers Bombe, a.a.O, S. 220 ff. – Kurtschatov leitete im Auftrag von NKVD-Chef Berija seit Ende 1942 das sowjetische Uran-Projekt.

391 Carl v. Clausewitz, Vom Kriege, a.a.O., S. 531.

392 Der Tonnageraum der Handelsflotte sank von Kriegsbeginn bis Ende 1944 von rund 6 Mill. auf 2,5 Mill., woran die Versenkungen durch U-Boote den Hauptanteil hatten.

393 Dazu ausführlich: Das Deutsche Reich und der Zweite Weltkrieg, Bd. 7, a.a.O., S. 718ff.

greifern sollten unter Einsatz aller Mittel, darunter zahlreicher Kamikaze-Flieger („göttlicher Wind"), so hohe Verluste zugefügt werden, dass sie vor dem Angriff auf das Mutterland zurückschreckten. Hiermit blieb jedoch die japanische Kriegführung so wie die deutsche auf die strategische Defensive beschränkt, ohne dass Aussicht auf einen Gegenschlag bestand.

Doch die Kämpfe um die philippinische Hauptinsel Luzon, die am 9. 1. 1945 begannen, und um die Felseninsel Corregidor, ließen erkennen, dass auch der Einsatz von zahlreichen Kamikaze-Fliegern und Selbstmord-Sprengbooten die Angreifer nicht zurückwerfen konnten, auch wenn man ihnen schwere Verluste zufügte[394]. Noch während der grausamen Endkämpfe um Manila begannen die Amerikaner am 19. 2. 1945 den Angriff auf die Inselfestung Iwojima und am 1. April gegen die Insel Okinawa, um eine Vorentscheidung herbeizuführen. Iwojima, das von 22.000 Mann verteidigt wurde, hatte ebenso wie Okinawa großen Wert als Stützpunkt für Luftangriffe gegen die japanischen Hauptinseln. Im Zuge der Vorbereitung kam die überwältigende materielle Überlegenheit der Angreifer voll zur Geltung[395], während die Landungstruppen fast ein Drittel ihres Bestandes verloren, bis die Insel endlich am 27. März gänzlich erobert war. Der Kampf um die befestigte Insel Okinawa, die von rund 100.000 Mann verteidigt wurde, gestaltete sich zur „letzten Schlacht", wobei die 5. US-Flotte über 1.200 Schiffe aufbot, die größte amphibische Formation, die jemals im Zweiten Weltkrieg operierte. Wenn auch die japanische Luftwaffe alle ihre Kamikaze-Piloten und auch ihr letztes Super-Schlachtschiff („Yamato") in die Schlacht warfen, ging die Insel nach wochenlangem verzweifeltem Widerstand verloren[396].

Auf diese Weise hatten die amerikanischen Bombergeschwader zwei vorgeschobene Stützpunkte gewonnen, die dem strategischen Luftkrieg dienten. Schon im Februar hatten die B-29 „Superfortress"-Geschwader ihre Angriffe gegen das japanische Mutterland verschärft und alle größeren Städte mit Brandbomben belegt. Der bisher größte Luftangriff auf Tokio mit rund 6 Mill. Einwohnern in der Nacht zum 10. März durch 334 Fernbomber verursachte mehr Verwüstungen als der Abwurf der ersten Atombombe auf Hiroshima[397]. Weitere Großangriffe gegen Tokio, Osaka, Nagoja und Kobe zermürbten die Widerstandskraft Japans. Unter diesen Vorzeichen erhielten diejenigen Akteure, die auf einen Waffenstillstand hinarbeiteten, Auftrieb. Doch die tief verwurzelten Differenzen zwischen der Heeres- und Marineführung bildeten ein starkes Hindernis. Auch nach der Regierungsübernahme durch den ehemaligen Admiral Kantaro Suzuki am 5. April 1945, der die Sowjetunion als Vermittler gewinnen wollte, änderte sich an der bisherigen Strategie nur wenig. Doch zu diesem Zeitpunkt stand der Krieg in Europa schon unmittelbar vor seinem Ende.

Strategisches Vabanque: Die Ardennenoffensive

Zunächst deutete im Herbst 1944 wenig darauf hin, dass Hitler und Jodl entgegen den realen Kräfteverhältnissen noch einmal einen Versuch machen wollten, dem Kriegsverlauf eine Wende zu geben und eine große, und wie sie meinten, entscheidende Offensive gegen die Westalliierten vorbereiteten. Doch ab Mitte September reifte bei Hitler der Entschluss heran, alle noch vorhandenen und in Aufstellung befindlichen Reserven zu einer Angriffsschlacht im Westen zusammenzufassen. Das zögernde, schwunglose Vorgehen der Alliierten nach ihrem Sieg in Frankreich und taktische Erfolge der Verteidiger erweckten den Eindruck, dass der Westgegner für einen Gegenschlag anfällig wäre. In der Endplanung sollten 3 wohlaufgefüllte Armeen mit rund 30 Divisionen die schwach besetzte Front der 1. US-Armee zwischen Monschau und Echternach durchbrechen, rasch über die Maas vorstoßen und schließlich Antwerpen gewinnen. Alle noch verfügbaren Jäger und Jagdbomber sollten ebenfalls in die Schlacht geworfen werden. Der Schlag würde an einem Abschnitt erfolgen, wo ihn der Gegner am wenigsten erwartete. Im Endeffekt wollte man alle alliierten Armeen nördlich der Linie Monschau – Lüttich – Antwerpen abschneiden und vernichten, wozu eine Schlechtwetterperiode ausgenutzt werden sollte, um die Luftherrschaft der Alliierten zu „unterlaufen"[398].

Die oberste Führung ging aber das große Risiko ein, dass die Ostfront mangels Reserven im Winter 1944/45 zusammenbrach und auch die Front im Appenin dem Druck der Alliierten nicht standhielt. Doch Hitler, Jodl und

---

394 Besonders beim Kampf um die Felseninsel Corregidor, die den Zugang in die Bucht von Manila sperrte, erlitten die Amerikaner hohe Verluste, als sich die Verteidiger nach 10 Tagen erbitterter Gefechte selbst in die Luft sprengten. Der Nordteil Luzons wurde von Resten der 14. japanischen Armee bis Ende Juni gehalten, was aber keine Auswirkung auf den Kriegsverlauf hatte.

395 Seit 7. 12. 1944 hatte die 7. US-Luftflotte fast tägliche schwere Angriffe gegen Iwojima geflogen, und die letzten drei Tage vor der Landung nahm ein Geschwader aus Schlachtschiffen und Kreuzern die Insel unter Beschuss, ohne jedoch wesentliche Vorteile zu erzielen.

396 Die amerikanische Flotte verlor vor Okinawa 36 Schiffe, während fast 300 Einheiten, darunter sogar das Flaggschiff „Bunker Hill", beschädigt wurden. Fast die gesamte Inselbesatzung fand den Tod, aber auch die Angreifer verloren 75.000 Mann, darunter 12.000 Gefallene (Das Deutsche Reich und der Zweite Weltkrieg, Bd. 7, S. 739).

397 Bei diesem Angriff starben fast 84.000 Menschen; ein Viertel aller Häuser wurde zerstört. Insgesamt fielen seit Kriegsbeginn 260.000 Japaner – ohne Berücksichtigung der beiden Atombombenangriffe – den Bombardements zum Opfer.

398 Im Endeffekt betraf diese Zielsetzung 4 alliierte Armeen nördlich der Linie Monschau – Lüttich – Antwerpen. Dazu: Das Deutsche Reich und der Zweite Weltkrieg, Bd. 7, a.a.O., S. 620ff.

Goebbels klammerten sich an die Hoffnung, dem Gegner im Westen schwerste Verluste zuzufügen, die Front weiträumig zu verkürzen und sogar die Feindkoalition zu sprengen: „In einer verzweifelten Lage kann nur ein verzweifelter Entschluss vielleicht noch helfen.“[399]

Es lag somit einer der wenigen Fälle vor, dass sich militärische und politische Strategie miteinander verbanden. Doch die gesamte Last des Unternehmens „Wacht am Rhein“ ruhte auf dem erstrebten taktischen Erfolg an einem relativ schmalen Abschnitt, der aber so kräftig ausfallen musste, dass man ihn schnell zu einem operativen Durchbruch ausweiten konnte, der seinerseits wuchtig genug sein musste, um ihn in einen militärstrategischen Sieg zu verwandeln: Dies hieß mit anderen Worten, dass man deutscherseits alles auf die Kampftüchtigkeit der Truppe, zweitens auf den Überraschungsfaktor und drittens auf das Wetterglück setzte. Außerdem konnte die HGr. B Zuversicht aus ihrem Sieg in der Schlacht von Arnheim-Nimwegen (17. – 27. 9.) schöpfen, als sie noch einmal die Flexibilität der Führung und die Schlagkraft der Panzertruppen demonstriert hatte[400]. Auch die Misserfolge der 9. US-Armee bei ihren mehrfachen Versuchen, über die Rur-Linie in Richtung Rhein durchzubrechen[401], bestärkten die Deutschen in ihrer Einschätzung, dass der Gegner in seiner Kampfmoral unterlegen wäre. In der strategischen Zielsetzung besaßen die Beweggründe für den Angriff in den Ardennen große Ähnlichkeiten mit dem „Unternehmen Zitadelle“ im Juli 1943, auch wenn dieses unter anderen Bedingungen stattgefunden hatte: Man erstrebte einen Umschwung der Lage, eine radikale Änderung des Kräfteverhältnisses und eine sichtbare Demonstration des Siegeswillens.

Doch die Vorbereitungen litten unter großen Schwierigkeiten und Engpässen[402], so dass nicht alle vorgesehenen Verbände rechtzeitig bereitgestellt werden konnten und man den Angriffstermin schließlich auf den 16. Dezember verschob, was im Hinblick auf die erwartete Großoffensive der Roten Armee ein Vabanquespiel sondergleichen bedeutete. Auch wurden die neuesten Kampf- und Jagdpanzer im Westen konzentriert, die bei einem Fehlschlag der Offensive an der Ostfront bitter fehlen sollten. Die Heranziehung starker Jagdfliegerverbände zugunsten der Angriffstruppen würde die restlos überforderte Reichsluftverteidigung weiter schwächen, die dem massiven strategischen Bombardement der Alliierten nur mehr geringen Widerstand leistete. Die von einigen Luftwaffengenerälen gehegte Absicht, die gegnerischen Bomberströme unter Einsatz aller verfügbaren Jagdflugzeuge schlagartig anzugreifen, wurde hinfällig.

Seitens der Westalliierten hatten die Befehlshaber der drei gegen Deutschland eingesetzten Luftflotten (6., 15. Air Force, britisches Bomberkommando) nach dem Sieg in Frankreich alle Kräfte frei, um Luftangriffe von bisher nicht gekannter Wucht durchzuführen[403]. Hierbei wird nochmals die Absicht der alliierten Luftkriegsstrategen erkennbar, eine Kriegsentscheidung allein durch ein gnadenloses Bombardement, das auch vor der Entfachung riesiger Flächenbrände nicht zurückschreckte, zu erzwingen. Die von England und von Süditalien aus fast täglich bei Tag und Nacht durchgeführten Luftschläge legten seit Anfang September 1944 immer mehr Städte in Schutt und Asche und brachten der Bevölkerung entsetzliche Verluste bei. Die flächendeckende Verwüstung, die die Bomberflotten ab diesem Zeitpunkt dem Gegner zufügten, übertrafen alle bisher angerichteten Schäden um ein Vielfaches. Allein das britische Bomberkommando flog zwischen Oktober und Dezember 29 Großangriffe gegen 16 Städte des Ruhrgebietes unter Abwurf von mehr als 60.000 Tonnen Bomben[404].

Diese Angriffe, an denen nicht selten 700 – 1000 Bomber teilnahmen und sich im Februar 1945 noch steigerten, vernichteten nicht nur ganze Stadtteile, sondern fügten auch den Rüstungsbetrieben und dem Verkehrsnetz größte Schäden zu. Zeitweise übertrafen die Angriffe gegen die Anlagen der Treibstoffproduktion alle anderen Luftaktivitäten, wodurch eine übergreifende Schädigung der Wehrmacht eintrat. Es war vor allem der Improvisationskunst der Rüstungslenkung sowie den eingelagerten Reservebeständen zuzuschreiben, dass die Versorgung der Truppe mit Waffen und Gerät nicht bereits vor Jahresende 1944 zusammenbrach.

In der Vorbereitung der Ardennenoffensive kam es zur Kontroverse um das relativ weit gesteckte operative Ziel Antwerpen, da nach Ansicht Feldmarschalls Model[405] die schlechten Wetter- und Straßenverhältnisse einen zügigen Vorstoß

---

399 Ausspruch von Generaloberst Jodl vom März 1946, zitiert nach Hermann Jung, Die Ardennenoffensive 1944/45, Frankfurt/M. 1971, S. 221.

400 A. D. Harvey, Arnhem, London 2001, S. 188ff.

401 Es handelt sich um die Kämpfe im Hürtgenwald im Oktober-November 1944, wo zwei US-Divisionen vernichtende Verluste erlitten und abgelöst werden mussten; erst Anfang Dezember erzielten die Amerikaner bescheidene Erfolge, ohne die Rur zu überschreiten; siehe Klaus Hammel, Die Schlacht im Hürtgenwald, Teil II und III, in: Truppenpraxis 11/1984 und 1/1985.

402 Anfang November verfügte man an der Westfront erst über 532 Kampfpanzer und 490 befanden sich in Zufuhr. Dazu kamen Verkehrsbehinderungen infolge Luftangriffen und Treibstoffmangel.

403 Neillands, Der Krieg der Bomber, a.a.O., S. 359.

404 Olaf Groehler, Bombenkrieg gegen Deutschland, Berlin 1990, S. 370. - Zu den am meisten geschädigten Städten zählten bis dahin Hamburg, Köln, Berlin, Essen, Duisburg, Darmstadt, Heilbronn, Kassel und Stralsund.

405 Model befehligte die HGr. B, die mit der 5. Panzerarmee, 6. SS-Panzerarmee und der 7. Armee den Angriff durchführen sollte.

in den Ardennen nicht zuließen; die verfügbaren Kräfte hätten außerdem nur für die Einschließung des Gegners im Raum Aachen – Maastricht, die so genannte „kleine Lösung", gereicht. Die schließlich aufgebotene Streitkraft[406] hätte hingegen bei Abwägung aller Umstände nur bei ausgeglichener Luftlage und guten Wetterbedingungen Siegeschancen gehabt. Wäre man von realistischen Erfahrungswerten ausgegangen und hätte man die gewaltige Luftüberlegenheit des Gegners berücksichtigt, wäre ein Verzicht auf das Unternehmen das Gebotene gewesen. Bestenfalls hätte sich die „kleine Lösung" gemäß dem Vorschlag Models unter dem gegebenen Zeitdruck verwirklichen lassen[407].

Der mit großem Schwung vorgetragene Angriff erzielte zwar taktische Anfangserfolge und löste einen Schock unter den Alliierten aus, doch kamen die Panzerspitzen kurz vor Erreichen der Maas am 24. Dezember zum Stehen: Der Gegner griff die Flanken des Einbruchskeils an und beherrschte so sehr den Luftraum, dass er die Versorgung der Deutschen fast zum Erliegen brachte[408]. In dieser Phase, als der Oberbefehlshaber West den Abbruch der Offensive und den Rückzug hinter den Westwall vorschlug, trat das Problem der Ostfront immer dringender in den Vordergund der Gesamtlage. Generaloberst Guderian, seit 21. Juli 1944 Generalstabschef des Heeres, forderte am 24. Dezember und dann noch zweimal bei Hitler und Jodl die Einstellung des Angriffs und das Freimachen von Verbänden für die Ostfront, wo sich am 24. 12. die Einschließung Budapests mit einer Besatzung von 4 Divisionen abgezeichnet hatte. Nach seinem Urteil sollten alle verfügbaren Kräfte, auch aus Norwegen, Italien und aus dem Kurland-Brückenkopf, hinter der Ostfront zwischen Ostsee und Karpaten zusammengezogen werden, um der bevorstehenden Offensive der Roten Armee zu begegnen. Die militärstrategische Abhängigkeit der Ostfront von der Kriegführung im Westen war unübersehbar.

In diesen Tagen sind die ersten Eingeständnisse Hitlers über den verlorenen Krieg vor wenigen Vertrauten zu registrieren, wobei er die Übermacht der Gegner als zu groß bezeichnete, ohne dass er daraus Schlussfolgerungen für eine Kriegsbeendigung zog[409]. Der Diktator reagierte zunächst unschlüssig und entschied dann für die Fortsetzung der Offensive im Westen in Richtung des nördlichen Elsass, wo in der Nacht zum 1. Januar 1945 sechs Divisionen zum Angriff antraten, um starke amerikanische Kräfte einzuschließen. Offenbar unterschätzte er die drohende Offensive im Osten und wollte die einmal errungene Initiative an der Westfront nicht aus der Hand geben. Doch auch dieser Vorstoß brach nach wenigen Tagen zusammen. Da obendrein der Großangriff der Luftwaffe, der die gegnerischen Fliegerkräfte in Belgien und Holland überraschend treffen wollte, am 1. Januar fehlschlug, war auch von dieser Seite keine Verbesserung der Lage zu erwarten.

Das Festhalten am Offensivgedanken im Westen bewirkte jedoch eine Veränderung der Gewichte auf der strategischen Ebene: Indem Hitler die Westalliierten zunächst in Bedrängnis und ihren Vormarsch für längere Zeit zum Stehen brachte, spielte er, ohne es zu wollen, der Sowjetunion einen Trumpf in die Hand. Da Churchill an Stalin am 6. Januar die Bitte um baldige Eröffnung der Generaloffensive richtete, konnte die sowjetische Führung die Erfüllung dieser Bitte auch als Hilfeleistung für ihre Verbündeten hervorkehren. Er ließ daher nach offizieller Lesart den Angriffsbeginn vom 20. auf den 12. Januar vorverlegen[410]. Dieser Umstand wertete die Position Stalins auf und sollte sich einige Wochen später in Jalta auswirken.

Dennoch legt der Offensivbeginn zwischen dem 12. und 14. Januar den Schluss nahe, dass Stalin eine gegenseitige Abnutzung der deutschen und alliierten Truppen an der Westfront abwarten wollte, ein Faktor, der seine militärischen und politischen Ziele förderte: Je länger die Deutschen an der Westfront gebunden wurden, desto weniger konnten sie ihm im Osten Widerstand leisten; andrerseits: Umso später die britisch-amerikanischen Armeen ihren Vormarsch wieder aufnahmen, umso eher würde er, Stalin, vor ihnen Berlin erobern können. Immerhin befand er sich in dieser Zeitphase in einer ähnlichen Position, die er schon von Anbeginn des Krieges an herbeigewünscht hatte: Deutschland und die Westmächte sollten sich gegenseitig möglichst zermürben. Dieser Gedanke kam nicht von ungefähr: So tauchte im Generalstab des Heeres bereits vor dem Jahresende 1944 die Überlegung auf, ob nicht die Verzögerung des Angriffsbeginns an der Ostfront seine Ursache in einem „politischen Kuhhandel" mit den Westalliierten hätte[411].

---

406 Es handelte sich um 20 Divisionen, darunter 7 kampfkräftige Panzerdivisionen; 10 Divisionen und 2 Brigaden bildeten die Reserve. An Kampfpanzern, Jagdpanzern und Sturmgeschützen wurden knapp 1.700 eingesetzt, während die Luftwaffe an die 1.800 Frontflugzeuge bereitstellte.

407 Zum Vergleich: Das Deutsche Reich und der Zweite Weltkrieg, Bd. 7, S. 634.

408 Bereits am 23. Dezember setzten die Westalliierten bei Beginn einer Schönwetterperiode über 3.000 Bomber, Jagdbomber und Jäger ein, denen die deutsche Luftwaffe nur 800 Flugzeuge entgegenwerfen konnte. Zusammenfassend: Samuel Newland, Die militärische Führung der USA in der Ardennenoffensive. Eine Bewertung aus heutiger Sicht, in: ÖMZ 1/1999, S. 45 – 52.

409 Below, Als Hitlers Adjutant, a.a.O., S. 398. - Hitler sprach schon damals von Selbstmord.

410 Vojtech Mastny, Moskaus Weg zum Kalten Krieg, München – Wien 1980, S. 289.

411 So dachte Generalmajor Gehlen, der Leiter der Abteilung Fremde Heere Ost; siehe: OKH/GenStdH/Abt. Fremde Heere Ost (I), Nr. 4640/44 g.Kdos: Stellungnahme zur Frage einer etwaigen Abänderung der sowjetrussischen Operationsabsichten im Großen, Stand 22. 12. 1944, in: Bundesarchiv/Militärarchiv III H 402/11.

Die Zertrümmerung der Ostfront und die politischen Ziele Stalins

Während die alliierten Armeen an der Westfront die Deutschen schrittweise auf den Westwall zurückdrängten und noch keinerlei Handlungsfreiheit besaßen, begann die sowjetische Generaloffensive am 12. Januar mit einer bis dahin nicht da gewesenen Überlegenheit, die an den Angriffsabschnitten zwischen 1 : 7 und 1 : 10 bei den Mannschaften und Hauptwaffensystemen betrug[412]. Auf Grund des schlechten Flugwetters hatte man für den 12. Januar keine Offensive erwartet. Die Deutschen konnten an der gesamten Ostfront nur rund 1,82 Mill. Mann mit 145 Divisionen und Brigaden aufbieten, wogegen die Rote Armee über 6,7 Mill. Mann mit über 12.000 Panzern und Sturmgeschützen, 107.000 Artilleriewaffen sowie 14.700 Kampfflugzeugen verfügte[413]. Wenn auch der deutsche Nachrichtendienst die gegnerische Gliederung relativ zutreffend erfasst hatte, war ihm seine Stärke teilweise verborgen geblieben. Dieser erdrückenden Übermacht standen zwischen der Ostsee und den Beskiden nur $10^{1/3}$ gepanzerte Divisionen gegenüber, nachdem Hitler ein wertvolles SS-Panzerkorps nach Westungarn verlegt hatte, das am 1. Januar zum Entsatzangriff auf Budapest antrat.

Die deutsche Front zwischen der Ostsee und den Karpaten bricht innerhalb weniger Tage zusammen. Der Großteil von zwei Armeen wird vernichtet, die noch intakten Verbände schlagen sich unter großen Entbehrungen nach Westen durch und bilden schließlich an der Oder eine lückenhafte Abwehrfront. Manche Städte, wie Thorn und Posen, werden zu Festungen erklärt und leisten hartnäckigen Widerstand, der die Angriffswucht teilweise bricht. Die sowjetischen Angriffsspitzen überwinden rasch die ehemalige Ostbefestigung im Oder-Warthe-Bogen[414] und gewinnen Ende Januar die Oder bei Küstrin.

Gleichzeitig durchbrechen starke Panzerkräfte die Front der 2. deutschen Armee am Narew, werfen diese weit nach Nordwesten zurück und stehen bereits Ende Januar am Frischen Haff nördlich von Elbing. Damit ist Ostpreußen von seinen Landverbindungen abgeschnitten. Hitler verbietet den Ausbruch, wie ihn General Hoßbach, der Befehlshaber der 4. Armee durchführen will, und befiehlt die Verteidigung des restlichen Ostpreußen. Dies kommt den Hunderttausenden von Flüchtlingen und Verwundeten zugute, die sich vor den Schreckenstaten der Rotarmisten in Sicherheit bringen wollen. Wenn auch die Verteidiger immer mehr an die Küste gedrängt werden, setzen sie den Widerstand fort und erkämpfen wertvollen Zeitgewinn. Die meisten Flüchtlinge und Verwundeten – insgesamt 2,2 Millionen – können unter großen Mühen über See nach Westen abtransportiert werden, und die letzten Stützpunkte an der Ostsee halten bis Kriegsende stand.

Ähnlich hartnäckig wie in Ostpreußen kämpften auch die Verteidiger in Schlesien und in Pommern oft in aussichtsloser Position weiter, da die Kräfte angesichts der bisherigen Verluste nicht mehr ausreichten, eine starke Front zu bilden[415]. Das Ausmaß der militärischen Niederlage nahm derart dramatische Züge an, dass die letzten, wenn auch geringen Hoffnungen auf eine Festigung der Lage endgültig zerstoben. In dieser Phase des Krieges ging es nicht mehr um eine Kampfführung nach operativen Regeln, sondern vor allem darum, möglichst viele Frauen, Kinder und alte Männer vor den Exzessen der Roten Armee zu retten[416].

Militärstrategisch gesehen gab es an der Ostfront nichts mehr zu gewinnen, und es konnte auch nicht mehr um eine offensive Vereinigung der isolierten Armeegruppen, etwa in Ostpreußen, Westpreußen und Hinterpommern, gehen. Führung und Truppe waren dazu übergegangen, selbst in schwierigsten Lagen weiterzukämpfen, um möglichst viele Flüchtlinge, Verwundete und Versprengte vor einem furchtbaren Schicksal in sowjetischer Hand zu bewahren, wie es z.B. von Ilja Ehrenburg propagiert wurde. Dieser verwendete des Öfteren die Parole: „Wir bringen nicht die Rache, wir bringen das Gericht!"[417] Das Wissen um die verübten Gräueltaten spornten die Verteidiger zu verbissenem Widerstand selbst dann an, wenn eine Waffenstreckung geboten erschien. Örtliche Erfolge der Deutschen verschafften immerhin Zeitgewinn. Auch das verzweifelte Ausharren mancher „festen Plätze", ohne Aussicht auf Entsatz, diente der Aufsplitterung der gegnerischen Angriffswucht[418].

Die oberste Führung versuchte noch einmal, das Ärgste zu verhindern und führte der Ostfront bis zum 12. Februar 33 Divisionen aus dem Westen, aus Italien, Norwegen und Kurland zu. Wenn auch dieses Aufgebot zu spät kam,

412 So konnte die HGr. A, die den gefährdetsten Abschnitt an den Weichselbrückenköpfen zu verteidigen hatte, nur 934 Panzer und Sturmgeschütze aufbieten, wogegen auf der Gegenseite 6.460 derartige Kampfwagen standen. Die HGr. A hatte Divisionsbreiten von durchschnittlich 24,5 km, so dass bei einer Frontlänge von 760 km nur 133 Infanteristen auf einen Kilometer entfielen (Bundesarchiv-Militärarchiv, H 3/196, Anlage 5).

413 Geschichte des Zweiten Weltkrieges 1939 – 1945 in zwölf Bänden, Bd. 10, Berlin (Ost) 1982, S. 36.

414 Diese Befestigungen waren bereits vor Kriegsbeginn 1939 angelegt worden, konnten aber auf Grund ihrer kaum kampffähigen Besatzungen nur geringfügigen Widerstand leisten.

415 Dazu ausführlich: Hans-Jürgen Pantenius, Letzte Schlacht an der Ostfront, Hamburg – Berlin – Bonn 2002, besonders S. 208ff.

416 Es handelte sich hierbei nicht um Ausschreitungen einer disziplinlosen Soldateska, sondern vielmehr um die Folgen einer jahrelangen Hass- und Rachepropaganda, wobei die Soldaten noch unmittelbar vor Angriffsbeginn durch Aufrufe der Befehlshaber aufgeputscht wurden (Manfred Zeidler, Kriegsende im Osten, München 1996, S. 125ff.; Christopher Duffy, Der Sturm auf das Reich, München 1994, S. 299).

417 Zeidler, Kriegsende im Osten, S. 120.

418 Duffy, Der Sturm auf das Reich, a.a.O., S. 225 – 292.

um den Gegner endlich zum Stehen zu bringen, so wird doch ersichtlich, zu welcher Kraftanstrengung die Wehrmacht noch fähig war und welche Wirkung es gehabt hätte, wenn diese Verstärkungen – unter Verzicht auf die Ardennenoffensive – vor Beginn der sowjetischen Offensive verfügbar gewesen wären. Auch das sowjetische Oberkommando war vom verbissenen Widerstand der Deutschen überrascht; Marschall Schukov musste seinen geplanten „Blitzangriff", mit dem er am 15./16. Februar Berlin erobern wollte, verschieben, wozu auch politische Gründe beigetragen haben dürften[419]. Auf der Gegenseite verzettelte Hitler die letzten operativen Reserven, als er Ende Januar entgegen den Absichten Guderians die Verlegung der 6. (SS-) Panzerarmee nach Westungarn anordnete, um einen Entsatzangriff auf Budapest zu führen. Da die Festung Budapest jedoch am 12. Februar kapitulierte, war es für den Entsatzangriff zu spät, andrerseits fehlte die Armee bei der Abwehr im Zentrum des Kampfgeschehens[420].

In dieser Endphase des Krieges konnte auf deutscher Seite von keiner erkennbaren Strategie mehr gesprochen werden; es ging fast ausschließlich um die hartnäckige Verteidigung der wenigen noch verbliebenen Gebiete und um den Schutz der Bevölkerung, wobei viele Befehlshaber entgegen taktischen Notwendigkeiten ihrem Gewissen den Vorrang gaben. Die verfügbaren Kräfte reichten nur zu örtlichen Gegenangriffen, etwa um Eingeschlossene freizukämpfen oder Frontverbesserungen zu erzielen. Hitler selbst richtete seine Hoffnungen auf die besagten neuen Waffen, wie er am 24. Februar bei der Tagung vor den Reichs- und Gauleitern ausführte[421].

Auf der Seite der Alliierten richtete man sich bereits auf die Gestaltung der Nachkriegsverhältnisse ein, womit die politische Strategie in den Vordergrund rückte. Auf der Konferenz von Jalta (4. – 11. 2.) erzielte die sowjetische Strategie große Erfolge, da sich Roosevelt entgegen härterer Tendenzen seiner Administration kompromissbereit zeigte und Churchill meist allein stand, wenn es darum ging, sowjetischen Ansprüchen entgegenzutreten. Es gelang Stalin, mehr oder minder freie Hand in der Absteckung seines mittel- und südosteuropäischen Vorfeldes zu erhalten. Die Alliierten stimmten gegen den Willen der polnischen Exilregierung der Curzon-Linie (mit wenigen Abweichungen) als Ostgrenze des neuen Polen zu, und Stalin erhielt einen Blankoscheck für die künftige Westgrenze des Landes, die er bereits intern entlang der Oder und westlichen Neiße festgelegt hatte. Die „Regierung der nationalen Einheit" in Polen wurde von den Westmächten zwar noch nicht anerkannt[422], dennoch griff sie bereits im Sinne Stalins in den eroberten Gebieten durch. Der Vorbehalt einer endgültigen Grenzregelung, die Sache einer Friedenskonferenz sein sollte, wog wenig angesichts der vollendeten Tatsachen, wie sie Stalin bereits geschaffen hatte.

Sein Besitzstand und seine bevorstehenden Raumgewinne würden ihm eine derart vorteilhafte Position verschaffen, dass er immer weniger Rücksichten auf seine Bündnispartner nehmen musste. Während sich in Mitteleuropa der letzte Akt des Krieges mit brutaler Härte vollzog, setzte Stalin seine Machtansprüche in Südosteuropa, vor allem in Rumänien und Bulgarien, aber auch in Polen unnachsichtig durch[423]. Außerdem sicherte er sich maßgeblichen Einfluss in der neuen Tschechoslowakei (ohne die Karpato-Ukraine), indem er auf der Bildung einer Regierung bestand, in der die Schlüsselressorts durch Kommunisten besetzt wurden. In vielen dieser Aktionen verletzte Stalin die in Jalta veröffentlichte „Erklärung über das befreite Europa", da von der angestrebten Schaffung demokratischer Einrichtungen für die betroffenen Völker keine Rede sein konnte. Er band auch Tito durch den Freundschaftsvertrag vom 11. April an sich, indem er die jugoslawischen Gebietsansprüche an Österreich und Italien unterstützte.

Stalin befand sich also in der weitaus besseren Position als seine Verbündeten, wenn er auch heimlich befürchten mochte, von den Westalliierten am Ende doch übertölpelt zu werden. Deshalb versuchte er auch, die politische Bedeutung Berlins herunterzuspielen, indem er am 31. März auf einen Brief Eisenhowers, der hierin seine militärischen Ziele unterbreitete, irreführend antwortete, dass die sowjetische Offensive frühestens in der zweiten Maihälfte beginnen werde. Tatsächlich versammelte er schon am 1. April seine führenden Militärs und verlangte ausdrücklich, den westlichen Verbündeten bei der Eroberung Berlins zuvorzukommen. In der verzweifelten Abwehrschlacht an der Oder, die am 16. April begann, wurden die deutschen Verteidiger maßgeblich von der Hoffnung angespornt, so lange durchzuhalten, bis die amerikanischen oder britischen Panzerspitzen Berlin erreicht hätten[424].

---

419 Mastny, Moskaus Weg zum Kalten Krieg, a.a.O., S. 290.

420 Die 6. (SS-) Panzerarmee trat am 6. März zu einer letzten Offensive zur Rückgewinnung der Donaulinie und von Budapest an, obwohl zu diesem Zeitpunkt alle Reserven zur Verteidigung des restlichen Schlesien und der Front an Oder und Neiße benötigt wurden. Offenbar wollte Hitler zumindest in Ungarn das Gesetz des Handelns wieder erringen und dem letzten noch verbliebenen Verbündeten zur Seite stehen.

421 Below, Als Hitlers Adjutant, S. 402; allerdings verfehlten diese Hinweise ihre Wirkung.

422 Hillgruber, Sowjetische Außenpolitik, a.a.O., S. 126.

423 Die kommunistische Regierung Polens lockte Ende März 16 Persönlichkeiten der Untergrundbewegung, die mit der Exilregierung kooperierten, in eine Falle, ließ sie festnehmen und an Moskau ausliefern, wo man sie am 21. Juni zu hohen Freiheitsstrafen verurteilte (Mastny, Moskaus Weg zum Kalten Krieg, a.a.O., S. 344).

424 Theodor Busse, Die letzte Schlacht der 9. Armee, in: Wehrwissenschaftliche Rundschau 4/1955, S. 146 – 168, 157.

Doch die weit überlegenen Angreifer behielten im rücksichtslosen Massensturm die Oberhand und schlossen Berlin ein; Hitler und seine engste Umgebung gaben verzweifelt Befehle an alle noch greifbaren Truppenteile zum Entsatzangriff, der aber nach wenigen Tagen scheiterte. Amerikanische und britische Truppen griffen in die Schlacht nicht ein und zeigten sich nur bereit, Zehntausende von Soldaten und Zivilisten, die der Einschließung im Raum Berlin entkommen waren, in ihre Obhut zu nehmen. Die bedingungslose Kapitulation der Wehrmacht am 7. bzw. 8. Mai bedeutete für Deutschland den endgültigen Zusammenbruch. Der Gedanke Churchills, möglichst weit nach Osten in Richtung Prag vorzudringen, um nicht freiwillig Positionen preiszugeben, blieb ohne Resonanz. Ab nun stießen die strategischen Interessen der Westalliierten und der Sowjetunion merklich aufeinander. Diese Differenzen, etwa um die Zerstückelung Deutschlands oder die künftige Regierung Polens, konnten auch im Zuge der Potsdamer Konferenz nicht beseitigt werden und kennzeichneten den heraufziehenden Kalten Krieg.

Das Ende der Durchhaltestrategie Japans

In Fernost rückte der Zeitpunkt des Zusammenbruchs Japans mit Riesenschritten näher, da die Ölversorgung des Landes im April lahm gelegt worden war. Die Einfuhr von Eisenerz und Kohle aus China und der Mandschurei fiel im Juli aus. Es war also nur eine Frage der Zeit, wann die Rüstungsindustrie aus Mangel an Rohstoffen zum Erliegen kam. Ende Juli vernichteten amerikanische Trägerflugzeuge die Reste der gegnerischen Flotte in der japanischen Inlandssee. Außenminister Shigenori Togo versuchte im Auftrag des Kaisers, die sowjetische Regierung für Vermittlerdienste zu gewinnen, um die Bedingungen für einen Waffenstillstand zu mildern. Obwohl man Stalin Gebietsabtretungen angeboten hatte, verfolgte dieser eine andere Strategie: Erstens kam ihm eine Fortsetzung des Krieges zwischen Japan und den Westmächten gelegen, und zweitens bereitete er selbst eine Offensive gegen das Inselreich vor, um sich einen Anteil am Sieg über Japan zu sichern und seinen politischen Einfluss in Ostasien zu verstärken. Stalin und Molotov betrieben eine Politik mit doppeltem Gesicht, indem sie einerseits zusagten, den Nichtangriffspakt mit Tokio vom April 1941 bis zum seinem Auslaufen 1946 einzuhalten, gleichzeitig aber einen Angriff vorbereiteten. Immerhin hatte Stalin schon am 11. Februar in Jalta zugesichert, dass die Sowjetunion nach der Kapitulation Deutschlands die Offensive in Ostasien eröffnen werde; dafür hatten ihm Roosevelt und Churchill beträchtliche territoriale Gewinne zugesagt[425].

Doch die Regierung in Washington verfolgte die Absicht, den Krieg ohne Einmischung der UdSSR zu gewinnen, und einige Akteure warnten vor einem Kriegseintritt der Sowjetunion. Die Forderung nach bedingungsloser Kapitulation blieb zwar formell aufrecht, sie wurde aber selbst von Präsident Truman abgeschwächt, um dem Gegner das Einlenken zu erleichtern. In dieser Lage kam die Atomwaffe ins Spiel. Nach mehreren Beratungen stimmten auch die führenden Kernphysiker zu[426]. General Spaatz, der die strategischen Luftangriffe gegen Japan leitete, erhielt den Auftrag, sich darauf einzustellen, ab dem 3. August je nach Wetterlage einen Angriff mit der ersten Atombombe auf eine Großstadt durchzuführen. Auf diese Weise sollte das Land zur Kapitulation gezwungen werden. Doch der Angriff galt weniger der Niederwerfung Japans, sondern vielmehr der Sowjetunion als Warnung. Am 26. Juli erging die Potsdamer Erklärung, die für Japan harte Bedingungen enthielt, aber nichts über den Fortbestand der Monarchie sagte. Dadurch schwächte man die Position der japanischen Friedenspartei, die auf eine rasche Kriegsbeendigung hinarbeitete.

Die Regierung in Tokio vermied eine klare Antwort und wartete voll Hoffnung auf die Vermittlung durch die Sowjetunion, doch Molotov hüllte sich in Schweigen. Stalin hatte nämlich in Potsdam über das japanische Ansuchen um Vermittlung berichtet und dieses mit Zustimmung Trumans verworfen. Solcherart verlor die japanische Regierung kostbare Zeit. Präsident Truman gab am 2. August den Einsatzbefehl für den Abwurf der Atombombe. Inzwischen hatten verheerende Luftangriffe stattgefunden, und das Land litt unter einer totalen Blockade. Japan stand somit unmittelbar vor dem Zusammenbruch. Dennoch wurde am 6. August die Bombe „Little Boy" über Hiroshima abgeworfen, wobei über 92.000 Menschen starben, und drei Tage später traf „Fat Man" die Stadt Nagasaki, wo 40.000 Menschen den Tod fanden[427].

In dieser Situation trat die Rote Armee mit 80 Divisionen gegen die Mandschurei zum Angriff an, nachdem die Sowjetunion noch am 8. August dem kapitulationsreifen Japan den Krieg erklärt hatte. Innerhalb von zwei Wochen waren die Mandschurei und der Nordteil Koreas erobert. Nach hektischen Beratungen setzten sich schließlich in Tokio diejenigen Akteure durch, die dafür eintraten, die Bedingungen des Waffenstillstands anzunehmen.

---

425 Teheran-Jalta-Potsdam, ed. Alexander Fischer, a.a.O., S. 196.

426 Robert J. Oppenheimer und Enrico Fermi hatten zunächst Bedenken gegen den Abwurf der Bombe auf japanische Städte, wurden aber von Außenminister Byrnes umgestimmt.

427 Insgesamt starben mindestens 200.000 Menschen an den Folgen des Atomwaffeneinsatzes.

Schließlich verkündete der Kaiser nach einem gescheiterten Offiziersputsch am 14. August die Kapitulation. Die Waffenstillstandsurkunde wurde am 2. September an Bord des Schlachtschiffes „Missouri“ in Gegenwart von MacArthur und Nimitz unterzeichnet. Am 9. September fand schließlich in Nanking der Akt über die Kapitulation der japanischen China-Armee mit rund 1 Mill. Mann statt[428].

428 5,4 Mill. Heeres- und 1,8 Mill. Marinesoldaten gerieten in Gefangenschaft. Die letzten japanischen Truppen auf den Pazifikinseln wurden am 24. 10. 1945 entwaffnet.

Ergebnisse und Folgewirkungen

Die Strategien der großen Mächte während des Zweiten Weltkrieges sind von mehrfachen bemerkenswerten Änderungen und dramatischen Belastungsproben gekennzeichnet. Die bei Kriegsbeginn vorhandene Konfrontation zwischen den Westmächten im Bunde mit Polen einerseits und Deutschland andererseits hatte auch die beiden nicht direkt betroffenen Akteure zu berücksichtigen, nämlich die Flügelmächte Sowjetunion und die USA. Beide griffen nicht unmittelbar in die Auseinandersetzung ein, sondern verfolgten handfeste eigene Interessen: Die Sowjetunion unter Stalin war Mitbeteiligter an der Kriegsentfesselung, Nutznießer und gewissermaßen „stummer Teilhaber". Mit der Teilung Polens und ihrem Eingreifen im Baltikum gewann sie ein großes geopolitisches Vorfeld an ihrer Westgrenze; mit der wirtschaftlichen Unterstützung Deutschlands durfte sie auf Abnutzungskrieg im Westen hoffen, der für Stalin umso größeren Vorteil brachte, je länger er dauerte.

Die andere Flügelmacht, die USA, verfolgte eine Strategie, die einerseits eine Stärkung von Großbritannien und Frankreich anstrebte, andrerseits eine längere Kriegsdauer für günstig erachtete. Ein Abnutzen der Kräfte zwischen Deutschland und den Westmächten würde das ohnehin nicht sehr vitale Frankreich aus dem Kreis der Großmächte entfernen, und Großbritannien würde sich mit Fortdauer des Krieges mit einer bescheidenen Rolle eines „Juniorpartners" begnügen müssen, wenn es weiterbestehen wollte. Beide Flankenmächte konnten daher ihre Strategie gleichermaßen auf Abwarten einstellen, was ihre Position von selbst stärken würde. Es lag also eine Ähnlichkeit in der strategischen Zielsetzung zwischen der UdSSR und den USA vor, jedoch mit dem Unterschied, dass die letzteren weitab vom Kriegsgeschehen in ihrer Lage jenseits des Atlantiks keiner militärischen Bedrohung ausgesetzt waren, wogegen die Sowjetunion nicht ausschließen konnte, in den Konflikt involviert zu werden.

Es kann aber keine Rede davon sein, dass die deutsche Führung mit dem Angriff auf Polen ein „Stufenprogramm" in Gang gesetzt habe, das letztlich auf die Erringung der „Weltherrschaft" ausgerichtet gewesen sei[429]. War es voraussehbar, dass die Deutschen ihre Gegner in Westeuropa schlagen, Frankreich in wenigen Wochen zur Kapitulation und die britische Armee zur Flucht auf die Insel zwingen würden? War es voraussehbar, wie Großbritannien in dieser Lage reagieren würde? Selbst im Falle eines politischen Arrangements mit London wäre Deutschlands Vormacht auf West- und Mitteleuropa, eventuell Südosteuropa, beschränkt geblieben. An einer Niederwerfung der Seemacht England, die ohnehin kaum möglich gewesen wäre, lag Hitler ohnehin nichts. Wenn man ein derartiges Szenario voraussetzt, hätte eine spätere Konfrontation mit Sowjetrussland, somit ein Fortgang des Krieges in Europa, überhaupt nicht stattfinden müssen. Warum das Riesenreich im Osten angreifen, wenn man von diesem auf andere Weise Zugeständnisse erreichen konnte? Hätte nicht Stalin gute Beziehungen mit Berlin einem Krieg mit einer Wehrmacht vorgezogen, die keinen Feind mehr vor sich hatte, indem er z.B. auf seine Positionen im Baltikum verzichtete? Was hätte Stalin in dieser Lage bewegen können, einen Krieg auf Leben und Tod zu entfesseln? Wäre andrerseits Deutschland in der Lage gewesen, nach der „Weltherrschaft" zu greifen?

In der Tat ergab sich mit dem überraschend schnellen Sieg der Wehrmacht über Frankreich und dem fluchtartigen Rückzug der britischen Streitkräfte vom Kontinent eine Neukonstellation der Mächte, die mehrere strategische Alternativen bot. Das siegreiche Deutschland stand vor der Aufgabe, mit Großbritannien zu einer Lösung zu kommen, sei sie nun friedlich in Form eines politischen Ausgleichs oder durch Schaffung einer militärischen Lage, die London zum Frieden zwang. In dieser Lage, die sich vordergründig auf einen Zweikampf zuzuspitzen schien, nahmen die USA die Fäden fester in die Hand, während sich die Sowjetunion immer mehr auf eine Konfrontation mit dem Dritten Reich einstellte. Großbritannien unter der Führung Churchills entschloss sich zum kompromisslosen Widerstand, wenn auch nach diplomatischen Regeln ein politischer Ausgleich mit dem siegreichen Gegner nahe liegend gewesen wäre, da immerhin das britische Weltreich auf dem Spiel stand.

Die Strategie Großbritanniens beruhte aber auf der Aussicht, dass man seitens der USA massive Unterstützung für die Abwehr sowohl eines direkten als auch indirekten Angriffes gegen die britischen Inseln erhalten würde. Diese Aussicht wurde sehr bald zur Gewissheit, als Präsident Roosevelt in den nächsten Monaten entscheidende Schritte zur Stärkung des britischen Widerstandes unternahm. „Germany first" wurde, allerdings sehr auf Kosten Großbritanniens, zum Grundtenor der Strategie der Vereinigten Staaten. Diese Strategie wäre allerdings gescheitert, wenn sich London mit Berlin über einen Ausgleich geeinigt hätte oder wenn den Deutschen ein Sieg über England gelungen wäre. Eine Fortsetzung des Krieges von Kanada aus hätte für Großbritannien bereits die entscheidende Niederlage bedeutet, wobei unter diesen Vorzeichen ein Kriegseintritt der USA sehr unrealistisch erschien. Erst eine solche Konstellation hätte die Position der „Achsenmächte" zu einer echten Dominanz in Europa und im Mittelmeer umgestaltet, genauso wie die Position Japans eine erhebliche Aufwertung erfahren hätte.

Indem die Deutschen im August 1940 die heikle direkte Strategie gegen Großbritannien wählten, versäumten sie die mittelfristig sicherlich wirksamere indirekte Strategie gegen die britischen Positionen im Mittelmeerraum, die in Kooperation mit Italien große Erfolgschancen gehabt hätte. Das durchwegs schädliche Vorgehen Italiens gegen Griechenland im Oktober/November weitete den Kriegsschauplatz zu Ungunsten der „Achsenmächte" aus und führte Deutschland in eine strategische „Sackgasse", die letztlich nur den britischen Interessen diente. Doch auch die andere europäische Flankenmacht, die UdSSR, nutzte die Gunst der Stunde nach dem Ende des Westfeldzuges, und erweiterte ihre Machtsphäre im Baltikum und durch die Besetzung großer Teile Rumäniens.

Damit sah sich die Großmacht Deutschland, die den Fehlschlag in der Luftschlacht um England und die Niederlagen Italiens zu verkraften hatte, vor ein strategisches Dilemma gestellt: im Westen das feindselige Großbritannien mit der Schutzmacht USA im Rücken, im Osten die „Sphinx" Sowjetrussland, deren Position immer stärker wurde, je länger der Krieg im Westen dauerte. Die Strategie der Westmächte war langfristig auf die Niederwerfung Deutschlands gerichtet, auch wenn die USA noch nicht direkt in den Krieg eingriffen und dem Partner Großbritannien seine bisherige Machtstellung rauben wollten. Die Strategie der Sowjetunion setzte zwar auf Abwarten, sah aber in Deutschland und seinen Verbündeten den „natürlichen" Gegner und bereitete sich durch konkrete Planungen und eine riesenhafte Aufrüstung auf den Waffengang vor.

Hitler und das OKW empfanden um die Jahreswende 1940/41 die geopolitische Lage so, dass man den Krieg gegen Großbritannien auf Dauer nicht erfolgreich weiterführen konnte, ohne vorher die latente Rückenbedrohung durch Sowjetrussland ausgeschaltet zu haben, gleichgültig, ob es zu einem britisch-sowjetischen Bündnis käme oder nicht. Da obendrein der Kriegseintritt der USA unausweichlich erschien, konnte es nur die Wahl zwischen einer

429 Hillgruber, Der Zweite Weltkrieg, a.a.O., S. 172.

strategischen Defensiv- oder Offensivlösung im Osten geben. Die Abhängigkeit Deutschlands von der Haltung Stalins würde jedenfalls bei Fortdauer des Krieges zunehmen. Beide Lösungen wiesen große Nachteile auf, auch wenn man bei der Beurteilung der jeweiligen Option die Unterschätzung der sowjetischen Militärmacht berücksichtigt. Deutschland stand bereits damals, selbst wenn es keinen Angriff auf die UdSSR begonnen hätte, vor einem drohenden Zweifrontenkrieg. Hitler entschloss sich nach langem Schwanken und ohne Generalmobilmachung der Wirtschaft für die Offensivlösung im Osten, wobei auch ideologische Motive eine Rolle spielten. Letztlich sollte auf diese Weise England friedensbereit gemacht werden.

Bevor noch der Versuch einer Niederwerfung Sowjetrusslands im Spätherbst 1941 vor Moskau und Leningrad scheiterte, einigten sich die USA und Großbritannien auf eine gemeinsame Strategie, die aus eigener Kraft auf die Niederringung Deutschlands abzielte; die stark unterschätzte Sowjetunion betrachteten beide Mächte zunächst nicht als ernsthaften Bündnispartner. Die Strategie der UdSSR wäre im Sommer und Herbst unter der Wucht des deutschen Angriffs fast gescheitert, da es nur mit äußerster Mühe gelang, die auf Offensive eingestellte Rote Armee trotz immenser Verluste kampffähig zu erhalten und zur Verteidigung der vitalen Zentren einzusetzen.

In diese Zeitspanne fällt ein strategischer Fehler, den nur Bündnispartner begehen können. Die japanische Führung hatte sich total auf die Konfrontation mit den USA eingestellt und betrachtete den Krieg gegen die Sowjetunion als entbehrliche „Nebenaufgabe". Deshalb blieben auch Anregungen deutscherseits, die Sowjetunion in Fernost anzugreifen und damit den Zweifrontenkrieg gegen Moskau zu eröffnen, ohne Gehör. Außerdem hielt Hitler ein Eingreifen Japans gegen die UdSSR nicht für vordringlich.

Das Scheitern des Unternehmens „Barbarossa", der Rückschlag Rommels in Nordafrika und vor allem der Kriegseintritt der USA am 8. 12. 1941 beenden diejenige Phase des Zweiten Weltkrieges, in der die Festigung der deutschen Position in Europa – sei es durch einen Ausgleich mit Großbritannien, sei es durch einen entscheidenden Sieg über die Sowjetunion – durchaus in Reichweite lag. Von nun an standen die „Achsenmächte" in einem Zweifrontenkrieg, auch wenn das Potential der USA vorerst nur zur See und zur Luft in die Waagschale fiel.

Die deutsche Führung nahm im Frühjahr einen Wechsel von der bisherigen Niederwerfungs- zur Ermattungsstrategie vor, was dem Eingeständnis gleichkam, sich auf die Behauptung des Gewonnenen konzentrieren zu wollen. Dem widersprach die Großoffensive im Juni 1942 in Südrussland, da man entgegen dem realen Kräfteverhältnis nochmals die militärische Entscheidung suchte und hiermit die militärischen Ressourcen weit überforderte. Es hätte sich der Übergang zur strategischen Defensive mit kräfteschonenden Angriffen und begrenztem Ziel an der Ostfront, hingegen eine Verstärkung der Panzerarmee in Afrika mit dem Ziel einer Gewinnung des Suezkanals angeboten. Ein solches Maßhalten mit den vorhandenen Kräften hätte auch den Vorteil besessen, die britischen Positionen im Mittelmeer einschließlich Malta zu erobern, ehe noch die USA auf diesem Kriegsschauplatz eingriffen.

In der Folge erwies sich der Parallelkrieg, den die „Achsenmächte" und Japan führten, als strategischer Fehler ersten Ranges, zumindest als „strategischer Luxus", da es zu keinem gemeinsamen Vorgehen gegen die britischen Nahostpositionen kam. Die schweren Niederlagen bei den Midway-Inseln und auf Guadalcanal zwangen Japan im Sommer und Herbst in die strategische Defensive, die es in der Folge nicht mehr aufbrechen konnte. Die USA und Großbritannien hielten am Grundsatz „Germany first" fest, auch wenn sie den direkten Angriff von England aus zurückstellten und sich zunächst auf die Zerschlagung der deutsch-italienischen Kräfte in Nordafrika festlegten.

Auf sowjetischer Seite hielt man trotz der zunehmenden militärischen Stärke an der Defensive fest, mit dem Ziel, die Deutschen tunlichst abzunutzen und dann die Gunst der Lage für Gegenangriffe zu nutzen. Der wiederholte Ruf nach der „zweiten Front", die seitens der Westalliierten zunächst auf das Jahr 1943, dann auf den 1. Mai 1944 verschoben wurde, trübte das Einvernehmen zwischen den Bündnispartnern merklich. Im Herbst 1942 zeigte sich mit großer Deutlichkeit, dass die Deutschen die Ökonomie der Kräfte missachtet und das richtige Verhältnis zwischen Ziel und Mitteln verloren hatten. Dieser Verlust des Maßhaltens im strategischen und rüstungswirtschaftlichen Sinn, gepaart mit einer unrealistischen Lagebeurteilung, trug nicht nur zu den Niederlagen bei Stalingrad, am Don, bei El Alamein und Tunis bei, sondern bewirkte auch eine unwiederbringliche Einbuße an Substanz.

Die Strategie der Westalliierten richtete sich 1943 zunächst auf das Niederkämpfen der deutschen U-Boot-Waffe, hierauf auf die Intensivierung des Luftkrieges und schließlich auf die Landungen in Sizilien und Italien. Von manchen Seiten wurde im strategischen Luftkrieg sogar das Mittel zur Niederwerfung des Gegners ohne Invasion in Westeuropa gesehen. Was das Verhältnis zur Sowjetunion betraf, so litt dies unter der höchst mangelhaften Koordination in der strategischen Zielsetzung. Die sowjetische Führung beschloss, den erkannten deutschen Angriff gegen den Kursker Bogen abzuwehren und hierauf zur Generaloffensive auf möglichst breiter Front überzugehen. Wenn auch die Deutschen die strategische Defensive akzeptiert hatten, so lag das Schwergewicht nach wie vor an der Front im Osten, wobei Hitler und die

Heeresführung ihre militärstrategischen Hoffnungen auf einen Sieg in der Schlacht bei Kursk setzten.

Aber selbst ein überragender Schlachtenerfolg hätte keine grundlegende Wende des Kriegsverlaufs erzielt, es sei denn, dass Hitler auf die Option eines Waffenstillstandes mit der Sowjetunion eingegangen wäre. Da man trotz des Misserfolges bei Kursk an der starren Verteidigung der Front mit sämtlichen Schwachstellen festhielt, spielte man nicht nur dem Gegner in die Hand, sondern band übermäßig viele Ressourcen für die Heeresrüstung. Auch verfehlte man die rechtzeitige Umsteuerung auf Luftverteidigung, die angesichts der vernichtenden Bombenangriffe immer dringender wurde. Das deutsche Militärpotential unterlag im Verlauf der Winterschlachten 1943/44 im Vergleich zum sowjetischen zwar einer geringeren Abnutzung, doch dies fiel angesichts der sowjetischen Überlegenheit kaum ins Gewicht, so dass nur eine radikale Frontverkürzung Abhilfe geboten hätte.

Obwohl Hitler und seine engsten Berater erkannt hatten, dass die endgültige Entscheidung des Krieges 1944 im Zuge der alliierten Invasion fallen würde, bildete man kein Schwergewicht im Westen, sondern versuchte bis zum April 1944, die weit zurückgeworfene Ostfront auf Kosten des Westheeres zu stützen. Die Vorteile einer „Strategie der inneren Linie“ blieben somit ungenutzt. Die gelungene Invasion der Alliierten im Juni bedeutete im Verein mit der fast gleichzeitig errungenen Luftherrschaft über dem Reichsgebiet die Niederlage Deutschlands schlechthin. Die Konzentration deutscher Kräfte in Westfrankreich, die den gegnerischen Durchbruch ins Landesinnere unbedingt verhindern wollten, verschaffte andererseits Stalin den Vorteil, bei seinen Sommeroffensiven mit keiner Zuführung gegnerischer Reserven rechnen zu müssen. Die katastrophalen Niederlagen des Ostheeres in Weißrussland, Galizien und Rumänien ließen die ohnehin geringe Chance verblassen, an der Ostfront dauerhaften Widerstand zu leisten.

Damit war der Krieg im Spätsommer 1944 entschieden, auch wenn sich Hitler, Goebbels und andere Amtsträger noch an eine überraschende Offensive an der Westfront und an die Massenfertigung von Hochleistungswaffen, wie Strahlflugzeugen und steuerbaren Fernraketen, klammerten. Die gewagte Ardennen-Offensive hatte aus strategischer Sicht zur Folge, dass die Deutschen ihre letzten Reserven festlegten und verausgabten und dadurch der Roten Armee ihre Großoffensive im Januar 1945 zwischen Ostsee und Karpaten wesentlich erleichterten.

Betrachtet man aus heutiger Sicht den Gesamtverlauf des Krieges auf strategischer Ebene, so tritt zutage, dass es ein großes Risiko bedeutet, eine Strategie vorwiegend auf die militärische Komponente abzustellen. Doch gerade dieses Risiko gingen die Deutschen ein, wohl im Wissen, dass sie angesichts der gegnerischen Koalition nur wenig Spielraum auf politisch-diplomatischer Ebene hatten. Aber zumindest wäre der Fehler des Parallelkrieges gemeinsam mit Japan zu vermeiden gewesen, und auch die Chance eines Sonderfriedens blieb weitgehend ungenutzt. So bewirkten alle militärischen Erfolge deutscherseits, so eindrucksvoll sie auch sein mochten, letztlich nicht das gewünschte strategische Ergebnis. Die Ressourcen der beteiligten Mächte hatten derartige Dimensionen angenommen, dass selbst große Teilsiege der einen Seite bzw. schwere Niederlagen der Gegenseite nur insofern ins Gewicht fielen, als sie zur Endentscheidung beitrugen. In der Verfolgung des strategischen Endzweckes erwiesen sich jedenfalls die Alliierten trotz aller internen Querelen geschickter und konsequenter als die Deutschen: „Die ganze Schwierigkeit besteht darin: den Grundsätzen, welche man sich gemacht hat, in der Ausführung treu zu bleiben"[430].

In der Gesamtschau der Kriegsziele und Strategien der großen Mächte im Zweiten Weltkrieg sowie nach dem Verlauf des Krieges kam es zu Ergebnissen, von denen manche unmittelbar, manche aber erst im Laufe der folgenden Jahre erkennbar und wirksam wurden. Deutschland stand als absoluter Verlierer fest. Es war vollständig geschlagen, hatte furchtbare Einbußen erlitten und war als europäische Macht eliminiert. Sehr bald relativierte die aufbrechende Ost-West-Konfrontation jedoch Ausmaß und Folgen der totalen Niederlage und ermöglichte einen ungleich rascheren Wiederaufbau als dies zunächst für wünschenswert und möglich gehalten wurde. Geopolitisch gesehen bildeten dann sowohl die Bundesrepublik Deutschland als auch die DDR jeweils ein Glacis und einen Stationierungs- und Aufmarschraum im Rahmen der beiden in politischer und militärischer Konfrontation sich gegenüber stehenden Weltpaktsysteme NATO und Warschauer Pakt.

Italien, das an der Seite Deutschlands 1940 in den Krieg eingetreten war, um am erwarteten Sieg teilzunehmen und ein Mittelmeerreich zu errichten, aber im September 1943 die Seiten wechselte, konnte nach 1945 sehr bald die Stellung eines Verbündeten des Westens einnehmen, auch wenn sein Großmachtanspruch zerronnen war.

Die zweite Nation, die als Verlierer in Form einer vollständigen und totalen Niederlage unter Aufgabe aller Machtpositionen feststand, nämlich Japan, erfuhr nach dem Krieg binnen weniger Jahre eine erstaunliche Rehabilitierung. In der zunehmenden Konfrontation der USA gegenüber dem kommunistischen China und der Sowjetunion wurde Japan, nicht zuletzt auf Grund des

430 Clausewitz, Vom Kriege, a.a.O., S. 978.

Korea-Krieges, zum wichtigsten Verbündeten Washingtons in der Großregion. Indem Japan gewaltige Anstrengungen zum Wiederaufbau des Landes unternahm und später nur sehr wenige Ressourcen für seine „Selbstverteidigungskräfte“ einsetzte, stieg es sehr schnell zur führenden Wirtschaftsgroßmacht des Fernen Ostens und zu einer Technologiemacht im globalen Maßstab auf. Auch im Inneren und im nationalen Bewusstsein überwand es den Willen der Sieger. Obwohl ein Prozess gegen 28 Männer stattfand, denen man Kriegsverbrechen vorwarf, änderte sich die öffentliche Einstellung gegenüber den Verurteilten sehr rasch. So wurde der ehemalige Außenminister Mamoru Shigemitsu 1950 aus der Haft entlassen und 1954 wieder in sein Amt eingesetzt. 1978 ehrte man den hingerichteten Ministerpräsidenten General Tojo als einen im Dienst des Kaisers gefallenen „Märtyrer“, indem man seinen Namen im Yasukini-Schrein in Tokio verwahrte.

Die USA und die Sowjetunion waren die Sieger des Krieges. Bei genauer Betrachtung sind allerdings erhebliche Unterschiede in Art und Ausmaß sowie in der Wirkung und der Beständigkeit des „Sieges“ festzustellen. Die USA – zunächst alleinige Atommacht – konnten nach dem militärischen Sieg sowohl im Krieg um Europa als auch im pazifischen Krieg als der große Sieger im Weltmaßstab gelten, was in den Folgejahren militärstrategisch durch die weltweite Dislozierung militärischer konventioneller und nuklearer Kräfte sowie durch den Aufbau eines weit gespannten Systems von Bündnissen unterstrichen wurde. Erste Grenzen dieser Weltmacht wurden jedoch schon im Korea-Krieg erkennbar, in dem die im Auftrag der Vereinten Nationen handelnden USA trotz Atomwaffenmonopol keinen militärischen Sieg erringen konnten.

Die raffiniert angelegte Strategie Stalins hätte die Sowjetunion 1941 fast in eine Katastrophe geführt, und auch der mühselige Sieg über Deutschland konnte nur unter äußerst schweren Verlusten und unter entsetzlichen Entbehrungen errungen werden. So verlor Sowjetrussland fast 9,2 Mill. Soldaten und 17, 4 Mill. Zivilisten, und die Beseitigung der Kriegsschäden in den westlichen Landesteilen erforderte enorme Aufwendungen. Die Tatsache, dass die Sowjetunion den in der Schlussphase des Kriegs militärisch gewonnenen Raum bis in die Mitte Deutschlands und Europas nach dem Krieg weiter behaupten und durch den Aufbau und die Kontrolle der sowjetisierten Satellitenstaaten absichern konnte, bedeutet eine grundlegend neue machtpolitische und geostrategische Konstellation und einen Erfolg der Sowjetunion, den diese selbst kaum erwartet haben konnte.

In der neuen Rivalität zum Westen, und vor allem zur westlichen Globalmacht USA, konnten jedoch die Schwächen im Inneren und die Risse im Bündnis – man denke nur an die aufbrechende Gegnerschaft zu China –

nicht übersehen werden. Trotz Machterweiterung bis in die Mitte Deutschlands und der Beherrschung großer Teile Europas blieb die kontinentale Beschränkung der Sowjetunion weiterhin wirksam. Die sowjetische Führung sah in dieser Lage keine andere Möglichkeit, als die errungene Machtposition durch den Versuch der ideologischen Expansion und vor allem durch den Ausbau der militärischen Macht mit dem Ziel globaler Wirkungsmöglichkeiten zu sichern. Die Kontinentalmacht Sowjetunion sah sich gezwungen, in einem permanenten Rüstungswettlauf durch Aufbau global wirksamer See-, Luft- und Nuklearstreitkräfte eine in Europa überlegene und im globalen Maßstab den USA ebenbürtige Militärmacht zu werden. Am Ende musste die Sowjetunion an dieser Überspannung der Ziele und Überforderung der Kräfte ebenso scheitern wie Deutschland als kontinentale Macht in Europa gescheitert war.

Frankreich und Großbritannien zählten formal zu den Siegermächten, waren de facto jedoch nur Scheinsieger. Das 1940 völlig besiegte Frankreich erhielt nur dank der Zähigkeit de Gaulles und der Nachgiebigkeit der amerikanischen Regierung den Status einer Besatzungsmacht in Deutschland und Österreich zuerkannt. Die zahlreichen Krisen im Inneren, der Verlust Indochinas im Zuge einer schmerzlichen militärischen Niederlage, der Verlust Marokkos sowie der endgültige Rückzug aus Nordafrika 1962 ließen der „grand nation“ nur den Rang einer bescheidenen Mittelmacht. Lediglich aus dem Status der Atommacht und dem damit verbundenen ständigen Sitz im Weltsicherheitsrat mit Vetorecht konnte Frankreich den Schein der Weltgeltung sowie eine Sonderstellung mit Führungsanspruch in Europa ableiten, mit der zumindest die Illusion alten Glanzes gewahrt werden sollte. An diesem Abstieg sollten auch die 1966 vollzogene Distanzierung von den USA und der Austritt aus der militärischen Organisation der NATO nichts ändern.

Eines der wichtigsten Ergebnisse der Krieges war der Untergang des britischen Weltreiches. Der amerikanische Präsident Roosevelt hatte diesen Untergang – ebenso wie Hitler – schon frühzeitig erkannt und bewusst in Kauf genommen, wenn nicht sogar gewollt. Das Ende des britischen Reiches trat schneller und deutlicher ein, als dies selbst Pessimisten vorausgesehen hatten. Die Regierung Churchill wurde unmittelbar nach Kriegsende abgelöst, und Großbritannien bekam schon auf der Konferenz von Potsdam im Juli 1945 den Abstieg in die Zweitrangigkeit zu spüren. Die Regierung Attlee zog die Konsequenzen und entließ 1947 Indien samt seinen Nebenländern in die Unabhängigkeit; ein Jahr später gab sie das Mandat über Palästina auf und 1956 mussten britische Truppen die wichtigste geopolitische Position im Nahen Osten, die Zone am Suezkanal, endgültig räumen, die man bis zuletzt als Herzstück des britischen Empire halten wollte. Auch die Einführung von strategischen Atomwaffen in den britischen Streitkräften brachte keinen Positionszuwachs: der Abstieg Großbritanniens zur Mittelmacht blieb unwiderruflich. Im folgenden konnte Großbritannien nur noch in der durch nukleare Zusammenarbeit und besondere Bündnisgefolgschaft begründeten „special relationship“ mit den USA Einfluss entfalten.

Im Gesamtergebnis konnten sich nur die Vereinigten Staaten als unbezweifelbare Siegermacht des Zweiten Weltkrieges bezeichnen. Sie waren durch den Krieg zur Weltmacht aufgestiegen. Doch bald wurden die enormen Belastungen fühlbar, die während der Zeit des Kalten Krieges, aber auch danach auf die Weltmacht zukamen. Der endgültige Verlust Südvietnams im Frühjahr 1975 bescherte den USA die erste schwere Niederlage nach 1945 und einen weltweiten Prestigeverlust. Als Erfolg konnten die USA den Sieg im Rüstungswettlauf mit der Sowjetunion verzeichnen. Gestützt auf größere Ressourcen und ungleich stärkere wirtschaftliche und technologische Macht wurde die Sowjetunion – zuletzt durch das SDI-Projekt – zu Rüstungsanstrengungen gezwungen, die deren Möglichkeiten auf Dauer hoffnungslos überforderten und zum Scheitern des Systems führten. Damit war die Phase des Kalten Krieges und der angeblichen „Strategie des Gleichgewichts“ beendet.

Die USA blieben am Ende der Zeitepoche des ersten wirklichen Weltkrieges und des anschließenden Kalten Krieges als alleinige militärische und politische Supermacht mit dem Anspruch einer prinzipiellen moralischen Überlegenheit übrig.

Eine neue Weltfriedensordnung ließ sich hieraus jedoch nicht begründen. Dem Ringen zwischen Staaten und Staatenbündnissen um Macht und Überlegenheit, aber auch der Kooperation von Staaten und Bündnissen zur Eindämmung oder Eliminierung von Kriegsgefahr folgte als neue Herausforderung das Zusammentreffen der technisch-wirtschaftlich überlegenen „westlichen Welt“ unter dem Führungsanspruch der USA mit der von gestärktem religiösen Bewusstsein geprägten Welt des Islam.

Die amerikanische Reaktion auf den Terroranschlag vom 11. 9. 2001 ließ jedoch eine politische und militärische Strategie erkennen, die von klassischem Freund-Feind-Denken, vom Rückgriff auf die einst religiös (Christentum) oder ideologisch (Marxismus-Leninismus) begründete Lehre vom gerechten und ungerechten Krieg und von der Priorisierung militärischer Macht und militärischer Lösungen gekennzeichnet war. So erklärten die USA mittels Beschuldigungen, die sich später als haltlos erwiesen, den Angriffskrieg gegen den Irak schlichtweg zu einem politisch und moralisch gerechtfertigten „Präventivkrieg“ gegen eine akute Bedrohung der gesamten westlichen Welt und des Weltfriedens, wobei es im Kern um die „nationalen Sicherheitsinteressen“ der USA ging.

Mit Stichworten wie „Präventivkrieg“ und „Verschwörung gegen den Weltfrieden“ schließt sich in der Rückschau auf das Jahr 1941 ein Kreis. Dabei scheint die Feststellung nicht unberechtigt, dass aus der damaligen deutschen Sicht die Darstellung des Angriffs auf die Sowjetunion als Präventivkrieg politisch und militärstrategisch ebenso berechtigt war oder gar mit besseren Gründen geltend gemacht werden konnte.

Die derzeitige strategische Doktrin der USA erlaubt und gebietet präventive militärische Schläge gegen Staaten, von denen eine Bedrohung für die USA ausgeht oder in Kürze ausgehen kann. Es ist dies eine Doktrin und Handlungsweise, die dem geltenden Völkerrecht eindeutig widerspricht. Es ist aber auch eine Doktrin, die als allgemeines Ordnungsprinzip zur Gestaltung politischen Beziehungen sowie zur Erhaltung des Friedens kaum geeignet erscheint.

Mit der Entwicklung seit Beginn des Krieges gegen den Irak und mit dem Scheitern der US-Strategie zur Neuordnung dieser Region wird die Fragwürdigkeit einer auf eine dominierende Führungsmacht gegründeten Ordnungspolitik in einer zunehmend multipolaren Welt deutlich. Andererseits hat sich immer wieder gezeigt, dass die UNO – eben so wie der von den USA nach dem Ersten Weltkrieg initiierte „Völkerbund“ – als friedens- und rechtstiftende Ordnungsmacht nur in sehr begrenztem Maß wirksam werden kann. Der Dualismus zwischen dem Anspruch und dem Wirken einer Weltführungsmacht USA und dem mit der UNO verankerten Prinzip internationaler kollektiver Ordnungspolitik, die auch den Einsatz militärischer Mittel einschließt, wird bis auf weiteres erhalten bleiben. Mit dem Entstehen neuer Großmächte wie Indien, dem weiteren Wachsen von Großmächten wie China und dem Entstehen neuer Regionalmächte wie im Falle des Iran werden neue Mächtekonstellationen entstehen, die mit den bisherigen Instrumenten nicht zu steuern sein werden. Die Rolle Europas, das aus den Verlierern des ersten wirklichen Weltkriegs besteht, ist dabei eine offene Frage.

Eine letzte Erkenntnis ist: Mit der Niederwerfung und totalen Ausschaltung der „Aggressoren“ und „Verschwörer gegen den Weltfrieden“ Deutschland und Japan ist der ewige Friede nicht ausgebrochen. Kriege, Vernichtung, Verfolgung und millionenfachen Mord hat es auch in den 60 Jahren danach in vielfacher und unterschiedlichster Weise gegeben. Erspart wurde der Welt immerhin ein neuer Weltkrieg unter Gegenwart oder gar unter Einsatz der riesigen Arsenale von Nuklearwaffen – auch in Krisensituationen, die in der vornuklearen Zeit unzweifelhaft zu einem Krieg geführt hätten. Man hat dies als „Fortschritt“ registriert. Dass dies weniger das Ergebnis größerer politischer

Vernunft, sondern mehr eine Folge der Furcht vor den Nuklearwaffen war, zeigt die Tatsache, dass nach der Ost-West-Konfrontation Krisen und Konflikte bis hin zum Einsatz militärischer Macht und neuer Formen der Gewalt auch in asymmetrischer Kriegführung zugenommen haben. Auch bis ins Mittelalter zurückreichende Erklärungs- und Rechtfertigungsformeln, wie die Einteilung der Welt in „Gut“ und „Böse“ und die Lehre von „gerechten“ und „ungerechten Krieg“ haben eine Wiederbelebung erfahren. Der Weltfriede bleibt eine Sehnsucht, gegen die es Verschwörer in immer neuer Gestalt gibt.

Literaturauswahl

Anmerkung: Eine ausführliche aktuelle Übersicht über Nachschlagewerke, Gesamt- und Spezialdarstellungen findet sich in Lothar Gruchmann, Der Zweite Weltkrieg, 11. Auflage, Wiesbaden 2004, S. 522 ff.

Afanassijew, Jurij (Hrsg.),
Der andere Krieg 1939 - 1945 (Russisch), Russische Staatsuniversität, Moskau 1996.

Bagramjan, Ivan Chr.,
So begann der Krieg, Berlin-Ost, 3. Auflage, 1990.

Baum, Walter/Weichhold, Eberhard,
Der Krieg der „Achsenmächte" im Mittelmeer-Raum. Die „Strategie" der Diktatoren, Göttingen - Zürich - Frankfurt/M. 1973.

Beevor, Anthony,
Stalingrad, München 1998.

Besymenski, Lew,
Stalin und Hitler. Das Pokerspiel der Diktatoren, Berlin 2004.

Bordjugov, Grigorij/Neveschin, Vladimir (Hrsg.),
Hat Stalin einen Angriffskrieg gegen Hitler vorbereitet? Eine ungeplante Diskussion. Sammelband von Materialien (Russisch), Verlag AIRO-XX, Moskau 1995.

Bradley, Joseph (Hrsg.),
Was the UdSSR Planning to Attack Germany in 1941? (Russian Studies in History 2/1997).

Brenneke, Jochen,
Die Wende im U-Bootkrieg. Ursachen und Folgen 1939 - 1943 (Heyne-Taschenbuch Nr. 7966), München 1991.

Charmley, John,
Der Untergang des Britischen Empires. Roosevelt – Churchill und Amerikas Weg zur Weltmacht, Graz 2005.

Danilow, Walerij,
Hat der Generalstab der Roten Armee einen Präventivschlag gegen Deutschland vorbereitet?, in: ÖMZ 1/1993, S. 41 – 51.

Das Deutsche Reich und der Zweite Weltkrieg,
hrsg. vom Militärgeschichtlichen Forschungsamt (MGFA), 7 Bände, Stuttgart 1979 bis 2002.

Duffy, Christopher,
Der Sturm auf das Reich. Der Vormarsch der Roten Armee 1945, München 1994.
Erickson, John/Dilks, David (Hrsg.),
Barbarossa. The Axis and the Allies, Edinburgh 1994.
Falin, Valentin,
Zweite Front. Die Interessenkonflikte in der Anti-Hitler-Koalition, München 1995.
Fest, Joachim,
- Hitler. Eine Biographie (Ullstein-Buch Nr. 33089), Frankfurt/M. - Berlin 1987.
- Speer. Eine Biographie, Berlin 1999.
Foerster, Roland G. (Hrsg.),
- „Unternehmen Barbarossa". Zum historischen Ort der deutsch-sowjetischen Beziehungen von 1933 - 1941, München 1993.
- Gezeitenwechsel im Zweiten Weltkrieg, Hamburg 1996.
Forstmeier, Friedrich/Volkmann, Hans-Erich (Hrsg.),
Kriegswirtschaft und Rüstung 1939 - 1945, Düsseldorf 1977.
Förster, Jürgen (Hrsg.), Stalingrad. Ereignis, Wirkung, Symbol (Serie Piper Nr. 1618), München - Zürich, 2. Auflage, 1993.
Frieser, Karl-Heinz,
Blitzkrieg-Legende. Der Westfeldzug 1940, München 1995.
Glantz, David M.,
Barbarossa. Hitler's Invasion of Russia 1914, Stroud/GB - Charleston/USA 2001.
Glantz, David M./House, Jonathan, When Titans Clashed. How the Red Army Stopped Hitler, Lawrence, Kansas 1995.
Graml, Hermann,
Die Wehrmacht im Dritten Reich, in: Vierteljahreshefte für Zeitgeschichte 3/1997, S. 365 – 384.
Groehler, Olaf,
Bombenkrieg gegen Deutschland, Berlin 1990.
Gruchmann, Lothar,
Der Zweite Weltkrieg. Kriegführung und Politik, 11. Auflage, Wiesbaden 2004.
Gundelach Karl,
Die deutsche Luftwaffe im Mittelmeer 1940 - 1945, Frankfurt/M. - Bern u.a. 1981.
Hastings, Max,
Overlord. D-Day und die Invasion in der Normandie 1944, Wien - München 1985.
Hildebrand, Klaus,
- Das Dritte Reich, 6. neu bearbeitete Auflage, München 2003.
- Die Entfesselung des Zweiten Weltkrieges und das internationale System, in: Historische Zeitschrift 251 (1990).
Hillgruber, Andreas,
- Hitlers Strategie. Politik und Kriegführung 1940-1941, 2. Auflage, München 1982.
- Der Zweite Weltkrieg. Kriegsziele und Strategie der großen Mächte, Stuttgart - Berlin - Köln - Mainz, 6. Auflage 1996.
Hoffmann, Joachim,
Stalins Vernichtungskrieg 1941 - 1945, 5. Auflage, München 1999.
Junker, Detlef,
Kampf um die Weltmacht. Die USA und das Dritte Reich 1933 - 1945, Düsseldorf 1988.

Keegan, John,
Der Zweite Weltkrieg, Berlin 2004.
Kehrig, Manfred,
Stalingrad. Analyse und Dokumentation einer Schlacht, 3. Auflage, Stuttgart 1979.
Krivoschejev, G. F. (Generaloberst, Hrsg. und Gesamtredaktion),
Russland und die UdSSR in den Kriegen des 20. Jahrhunderts. Verluste der Streitkräfte. Statistische Forschung, Moskau 2001.
Martin, Bernd,
Friedensinitiativen und Machtpolitik im Zweiten Weltkrieg 1939 - 1942, 2. Auflage, Düsseldorf 1976.
Matloff, Maurice/Snell, Edwin M.,
Strategic Planning for Coalition Warfare 1941-1942, Washington D.C. 1953.
Matloff, Maurice,
Strategic Planning for Coalition Warfare 1943 – 1944, Washington D.C. 1959.
Maser, Werner,
- Der Wortbruch. Hitler, Stalin und der Zweite Weltkrieg, München 1994.
- Fälschung, Dichtung und Wahrheit über Hitler und Stalin, München 2004.
Meltjuchov, Michael,
- Der Vorabend des Großen Vaterländischen Krieges. Das Dilemma geht weiter (Russisch), Moskau 1999.
Die versäumte Chance Stalins. Die Sowjetunion und der Kampf um Europa: 1939 – 1941 (Dokumente, Fakten, Überlegungen), (Russisch), 2. Auflage, Moskau 2002.
Disputes over 1941, in: Russian Studies in History 2/1997, S. 6 – 34.
Neillands, Robin,
Der Krieg der Bomber. Arthur Harris und die Bomberoffensive der Alliierten 1939 – 1945, Berlin 2003.
Neveschin (Nevezhin), Vladimir A.,
- Syndrom des Angriffskrieges. Die sowjetische Propaganda am Vorabend der „heiligen Kämpfe“ 1939 - 1941 (Russisch), Moskau 1997.
- Stalin's Speech of 5 May 1941 and the Apologia for an Offensive War, in: Russian Studies in History 2/1997, S. 48 – 72.
Ose, Dieter,
Entscheidung im Westen 1944. Der Oberbefehlshaber West und die Abwehr der alliierten Invasion (= Beiträge zur Militär- und Kriegsgeschichte, Band 22), Stuttgart 1982.
Overy, Richard,
- Die Wurzeln des Sieges. Warum die Alliierten den Zweiten Weltkrieg gewannen, München 2000.
- Russlands Krieg 1941 – 1945, Hamburg 2003.
- Bomber Command 1939 – 1945, London 1997.
Post, Walter,
- Operation Barbarossa. Deutsche und sowjetische Angriffspläne 1940/41, Berlin – Hamburg 1995.
- Die Ursprünge des Zweiten Weltkriegs. Ein Grundriss der internationalen Diplomatie von Versailles bis Pearl Harbor, Tübingen 2003.
Russland - 20. Jahrhundert - Dokumente (Hauptredakteur: Alexander Jakovlev): Das Jahr 1941 in zwei Büchern, herausgegeben von L. E. Reschin u.a., Moskau 1998.

Salewski, Michael,
Die deutsche Seekriegsleitung 1935 - 1945, 2 Bände, Frankfurt/M. - München 1970/1975.
Sokolov, Boris V.,
Did Stalin Intend to Attack Hitler?, in: The Journal of Slavic Military Studies, Juni 1998, S. 113 - 141.
Scheil, Stefan,
Fünf plus zwei. Die europäischen Nationalstaaten, die Weltmächte und die vereinte Entfesselung des Zweiten Weltkrieges, Berlin 2003.
1940/41 – Die Eskalation des Zweiten Weltkriegs, München 2005.
Schlie, Ulrich,
Kein Friede mit Deutschland. Die geheimen Gespräche im Zweiten Weltkrieg 1939 - 1941, München - Berlin 1994.
Schreiber, Gerhard,
Der Zweite Weltkrieg, München 2002.
Schustereit, Hartmut,
Vabanque. Hitlers Angriff auf die Sowjetunion 1941 als Versuch, durch den Sieg im Osten den Westen zu bezwingen, 2. Auflage, Kiel 2000.
Stegemann, Bernhard,
Geschichte und Politik. Zur Diskussion über den deutschen Angriff auf die Sowjetunion 1941, in: Beiträge zur Konfliktforschung 1/1987, S. 73 – 97.
Töppel, Roman,
Legendenbildung in der Geschichtsschreibung – Die Schlacht bei Kursk, in: Militärgeschichtliche Zeitschrift 2/2002, S. 369 – 401.
Topitsch, Ernst,
Stalins Krieg, 4. Auflage, Herford 1993.
Ueberschär, Gerd R./Bezymenski, Lev A. (Hrsg.),
Der deutsche Angriff auf die Sowjetunion 1941. Die Kontroverse um die Präventivkriegsthese, Darmstadt 1998.
Verrier, Anthony,
Bomberoffensive gegen Deutschland, 1939 – 1945, Frankfurt/M. 1970.
Voß, Stefan,
Stalins Kriegsvorbereitungen 1941 erforscht, gedeutet und instrumentalisiert. Eine Analyse postsowjetischer Geschichtsschreibung, Hamburg 1998.
Wegner, Bernd,
Das Ende der Strategie. Deutschlands politische und militärische Lage nach Stalingrad, in: Gezeitenwechsel im Zweiten Weltkrieg, ed. Roland G. Foerster, Hamburg – Berlin – Bonn 1996, S. 211 – 228.
Wegner, Bernd (Hrsg.),
Zwei Wege nach Moskau. Vom Hitler-Stalin-Pakt zum „Unternehmen Barbarossa“ (Serie Piper Nr. 1346), München - Zürich 1991.
Wolkogonow, Dimitri,
Stalin, Triumph und Tragödie, Düsseldorf 1989.
Zeidler, Manfred,
Kriegsende im Osten. Die Rote Armee und die Besetzung Deutschlands östlich von Oder und Neiße, München 1996.

Anhang

Anhang 1: Die Kriegsgliederung der West-, Brjansker- und Reservefront am 30. 9./2. 10. 1941 (von Nord nach Süd)

Westfront		**Reservefront**	
22. Armee	Reserven	**31. Armee**	
126.		249. (abgetrennt, Waldai-Höhen)	
133. (wird abgezogen)		110. (nordwestlich Rschev)	
174.		247.	
179.		219.	
186.		5. SchDiv (wird abgezogen)	
29. Armee		**49. Armee** (bis 1. 10.)	
256. SchDiv		220. SchDiv (wird abgezogen)	
246.	1 motSchBr	194. (wird abgezogen)	
252.	243. SchDiv	248. (wird abgezogen)	
178.	Gruppe Dovator:	303. (wird zur 32. Armee abgezogen)	
	50., 53. KavDiv	29., 31. KavDiv	
30. Armee		**32. Armee**	
250. SchDiv	251. SchDiv	140. SchDiv	
242.	(südlich Beloj)	2.	
162.		8., 29. SchDiv	
19. Armee		**33. Armee**	
244.	91. (Reserve)	18. SchDiv	
89.		60.	
166. (Reserve)		17.	
50., 173.			
16. Armee		**24. Armee**	
112. SchDiv		309.SchDiv	170. SchDiv
38.	214. SchDiv	103.	106. SchDiv
108.	127. PzBr	139.	144. PzBr
	(ostwärts Jarzevo)	19. (Res.)	146. PzBr
20. Armee		**43. Armee**	
144. SchDiv		222. SchDiv	113. SchDiv
229.	73. SchDiv	211.	(unterstellt)
129.		53.	145. PzBr
		149.	148. PzBr

Frontreserven		**Frontreserven**	
Gruppe General Boldin:			
101., 107. mechDiv,		147. PzBr	
134., 152. SchDiv, 5. GdDiv		42. GdMotGruppe	
126., 128., 143. PzBrigade		(Brigade)	
45. KavDiv		3 ArtRgt	
5 FliegerDiv, 7. FlAkBr		1 RakWAbt	
2 ArtRgt, 3 GdmotRgt, 3 PiBtl		1 SchBtl (selbst)	
Summe:	Summe:		
30 SchDiv*	4 PzBr	28 SchDiv	5 PzBr
3 KavDiv	1motSchBr	2 KavDiv	1 GdMotGruppe
2 mechDiv	28 HeeresArtRgt	27 HeeresArtRgt	6 SchBtl (selbst)
3 GdmotRgt	1 ArtAbt (selbst)	3 ArtAbt (selbst)	3 FliegerDiv
5 FliegerDiv	3 RakWRgt	1 RakWAbt	2 JagdfliegerRgt
1 FlAkBr	9 SchBtl (selbst)	6 PiBtl (selbst)	5 FlAkAbt
11 FlAkAbt	21 PiBtl (selbst)		
5 ResMilizBr			

Brjansker Front

50. Armee		**13. Armee**	
217. SchDiv		6. SchDiv	
279.		155.	
278. (-)		132.	141. PzBr
299.		307.	(Reserve)
258.		143.	
260.		298.	
290.		121.	
3. Armee		**Gruppe Generalmajor Jermakov**	
280. SchDiv	1 SchRgt	52. KavDiv	21. KavDiv
269.	(von 278.)	283.SchDiv	55. KavDiv
137.		2. Gd.Div.	(ex 127. SchDiv)
282.	4. KavDiv	160. SchDiv	
148.		Reserve: 121., 150. PzBr	
Frontreserven			
7. GdDiv		108. MechDiv, 42. PzBr,	
154., 287. SchDiv		14 HeeresArtRgt, 2 PzBtl (selbst)	

Summe Brjansker Front: 25 SchDiv**, 4 KavDiv, 1 mechDiv, 4 PzBr, 4 PzBtl (selbst)
14 HeeresArtRgt, 2 RakWRgt, 4 PiBtl (selbst), 3 FliegerRgt, 7 FlAkAbt

* Einschließlich der 5. Garde-Schützendivision.

** Einschließlich der beiden Garde-Schützendivisionen.

Summe der drei 3 Fronten:

83 SchDiv, 9 KavDiv, 3 mechDiv, 13 PzBr, 4 PzBtl (selbst), 1 motSchBr, 3 GdMotRgt, 15 SchBtl (selbst), 1 GdMotGruppe, 5 ResMilizBr; 69 HeeresArtRgt, 4 ArtAbt (selbst), 5 RakWRgt, 1 RakWAbt, 31 PiBtl (selbst); 8 Fliegerdivisionen, 3 FlRgt, 1 FlAkBr, 23 FlAkAbt.

Abkürzungen:

SchDiv	Schützendivision	Fliegerdiv	Fliegerdivision
KavDiv	Kavalleriedivision	FlAkBr	Fliegerabwehrbrigade
mechDiv	mechanisierte Division	FlAkAbt	Fliegerabwehrabteilung
GdDiv	Garde-Schützendivision	FlRgt	Fliegerregiment
PzBr	Panzerbrigade	ArtKorps	Artilleriekorps
PzRgt	Panzerregiment	ArtDurchbr	Durchbruchsartillerie
PzBtl	Panzerbataillon	ArtRgt	Artillerieregiment
motSchBr	motor. Schützenbrigade	ArtAbt	Artillerieabteilung
WBr	Werferbrigade	WRgt	Werferregiment
ResMilizBr	Reserve-Milizbrigade	RakWRgt	Raketenwerfer-Regiment
SchBtl	Schützenbataillon	RakWAbt	Raketenwerferabteilung
PiBtl	Pionierbataillon	selbst	selbständig
mot	motorisiert	Gd	Garde-
Zerst	Zerstörer-	LL-	Luftlande

Anhang 2: Die sowjetische Kriegsgliederung im Großraum Kursk – Voronesch – Tula – Kaluga vor der Schlacht bei Kursk, 1. Juli 1943

Teile Westfront 1. Luftarmee

50. Armee	1 PzBr	**11. Garde-Armee**	4 PzBr	2 PzRgt
38. SchK		8. GdSchK		
17. SchDiv		11. GdSchDiv		
326.	26.			
413.	83.			
49. SchDiv		16. GdSchK		
64.		1. GdSchDiv		
212.		16.		
324.		31.		
		169. SchDiv		
		36. GdSchK		
		5. GdSchDiv		
		18.	108. SchDiv	
		84.	217.	

Brjansker Front 15. Luftarmee

61. Armee	1 PzBr	**3. Armee**	2 PzRgt	**63. Armee**	1 PzRgt
9. GdSchK	1 PzRgt	235. SchDiv		5. SchDiv	
12. GdSchDiv		269.		41.	
76.		283.		129.	
77.		308.		250.	
97. SchDiv		342.		287.	
110.		380.		348.	
336., 415., 356.				397.	

Frontreserven

25 SchK (3 SchDiv)		1. GdPzK 3 GdPzBr, 1 GdmotSchBr, 1 GdPzRgt)		5 PzRgt	
2 ArtKorps	5 ArtDurchbrDiv* 2 GdWDiv	1 ArtBr 1 GdWBr	4 ArtRgt 3 GdWRgt	1 WBr	3 WRgt

* Eine Artilleriedivision des Durchbruchs bestand aus 4 Artilleriebrigaden, darunter einer überschweren, und einer Werferbrigade mit insgesamt 256 Geschützen und Werfern.

Zentralfront 16. Luftarmee

48. Armee		**13. Armee**		**2. PzArmee**	
42. SchK	3 PzRgt	17. GdSchK	1 PzBr	3. PzK	
16. SchDiv		6. GdSchDiv	3 PzRgt	50. PzBr	
202.		7.	2 GdPzRgt	51.	
399.		75.		103.	
73.		18. GdSchK		57. motSchBr	
137.		2. LL-Div			
143.		3.		16. PzK	
170.		4.		107. PzBr	
		15. SchK		109.	
		8. SchDiv		164.	
		74.		15. motSchBr	
		148.			
		29. SchK		11. GdPzBr	
		15. SchDiv			
		81.			
		307.			
70. Armee		**65. Armee**		**60. Armee**	
28. SchK	3 PzRgt	18. SchK	1 GdPzRgt	24. SchK	1 PzBr
132. SchDiv		69. SchDiv 3 PzRgt		112. SchDiv	

211.	149.	42. SchBr
289.	246.	149. SchBr
102. SchDiv	27. SchK	30. SchK
106.	60. SchDiv	121. SchDiv
140.	193.	141.
162.	115. SchBr	322.
175.	37. GdSchDiv	
81. SchDiv		55. SchDiv
2 ZerstBr	194. SchDiv	248. SchBr
	354. SchDiv	

Frontreserven

2. ZerstDiv	9. PzK	17. PzK
14. ZerstBr	23. PzBr	79. PzBr
	95.	101.
3 befestigte Räume	108.	102.
	8. motSchBr	26. motSchBr

Voronesch-Front 2. Luftarmee

38. Armee		**40. Armee**		**6. Garde-Armee**	
167. SchDiv	2 PzBr	100. SchDiv	1 PzBr	22. GdSchK	1 PzBr
180.		181.	2 PzRgt	67. GdSchDiv	
204.		184.		71.	2 PzRgt
232.		206.		90.	
240.		219.		23. GdSchK	
340.		237.		51. GdSchDiv	
				52.	
				375. SchDiv	
				89. GdSchDiv	

7. Garde-Armee		**1. PzArmee**	**69. Armee**
24. GdSchK	1 GdPzBr	3. mechK	107. SchBr
15. GdSchDiv		1. motSchBr	111.
36.		3.	183.
72.		10.	270.
25. GdSchK		1. GdPzBr	305.
73. GdSchDiv		49. PzBr	
78.		6. PzK	
81.		22. PzBr	
		113.	
213. SchDiv		200.	
		6. motSchBr	
		31. PzK	
		100. PzBr	
		237.	
		242.	

Frontreserven

35. GdSchK	2. GdPzK	5. GdPzK
92. GdSchDiv	4. PzBr	20. GdPzBr
93.	25.	21.
94.	26.	22.
1 selbst PzRgt	4. GdmotSchBr	5. GdmotSchBr
	26. GdPzRgt	48. GdPzRgt

Steppenfront (Reserve des Oberkommandos) 5. Luftarmee

5. Garde-Armee		**27. Armee**		**47. Armee**
32. GdK		41. SchDiv	1 PzBr	21. SchK
13. GdSchDiv		147.	1 PzRgt	23. SchDiv
66.		155.		218.
6. GdLL-Div		163.		337.
33. GdK		166.		
95. GdSchDiv		241.		23. SchK
97.				29. SchDiv
9. GdLL-Div				30.
10. PzK	42. GdSchDiv			38.
178. PzBr				
183.				
186.				
11. motSchBr				

53. Armee		**5. Garde-Panzerarmee**
28. GdSchDiv		5. GdmechK
84. SchDiv	2 PzRgt	10. GdmotSchBr
116.		11.
214.		12.
233.		24. GdPzBr
252.		29. GdPzK
299.		25. PzBr
		31.
		32.
		53. motSchBr

Frontreserven

4. GdPzK	3. GdmechK	1. mechK	2. mechK
12. GdPzBr	7. GdmotSchBr	19. motSchBr	18. motSchBr
13.	8.	35.	34.
14.	9.	37.	43.
3. GdmotSchBr	35. GdPzBr	219. PzBr	33. PzBr

3. GdKavK (3 KavDiv) 5. GdKavK (3 KavDiv) 7. GdKavK (3 KavDiv)

Sonstige Reserven des Oberkommandos

4. Garde-Armee	**11. Armee**	**3. Garde-Panzerarmee**
20., 21. GdSchK		
3. GdPzK		

Diesem Buch liegen folgende farbige Faltkarten bei:

Der Aufmarsch, gemäß General Vatutin, am 13. Juni 1941.
Der sowjetische Aufmarsch, Lage am 22. Juni 1941 – morgens.
Lage vor Moskau, am 15. November 1941.
Lage der Heeresgruppe A und B, am 19. November 1942.
Deutsch-Sowjetische Front, am 15. April 1943.
Gesamtlage EUROPA, am 1. März 1944.
Der Zusammenbruch der Ostfront 1945.